2026
최신판

SK그룹 종합역량검사
기출동형 모의고사

정답 및 해설

SK 취업은 렛유인

Chapter 01 언어이해

01	02	03	04	05	06	07	08	09	10
④	④	③	⑤	⑤	③	②	③	⑤	③
11	12	13	14	15	16	17	18	19	20
③	②	④	③	②	③	③	③	①	⑤

01 ④

글의 초반부에서는 AI로 인해 변화하는 '창의성'의 정의를 다루고 있으며, 중반부에서는 예술의 민주화와 부작용을, 후반부에서는 결론적으로 '협업적 창의성'이라는 새로운 지향점을 제시하고 있다.

[오답 체크]
① ② ⑤ 지문에서 언급된 일부 부정적 측면이나 지엽적인 사실에 치우쳐 있어 전체 주제로 보기 어렵다.
③ 예술의 대중화 측면은 일부 언급되었으나, 핵심인 창의성의 개념 변화를 포괄하지 못한다.

02 ④

지문에서 인간은 먼저 실존하고 이후에 스스로를 만들어간다고 했으므로, 정의되어가는 과정에 있다는 ④번이 적절하다.

[오답 체크]
① ② 지문의 내용과 정반대이다.
③ '기만'은 책임을 회피하는 태도이다.
⑤ 사회적 관습이나 종교에 의지하는 것은 주체적인 삶과 대조되는 태도로 설명되었다.

03 ③

지문에서 전통 경제학의 '합리적 인간' 가설을 비판하며 '손실 회피', '앵커링 효과' 등 인간의 비합리적 선택 사례를 나열하고 있다. 따라서 ⓐ에는 인간의 선택이 심리적 편향에 의해 영향을 받는다는 내용이 들어가는 것이 가장 적절하다.

04 ⑤

(D)에서 '직역'과 '의역'이라는 대립적인 두 핵심 개념을 처음 소개하며 논의를 시작한다.
(C)에서 '먼저'라는 표지를 사용하여 직역의 특징과 한계를 설명한다.
(B)에서 '반면'을 사용하여 의역의 특징과 한계를 대조한다.
(A)에서 '이러한'을 통해 앞선 논쟁을 요약하며 번역가의 역할이라는 결론으로 마무리한다.

05 ⑤

지문에서는 공유경제가 '관계의 복원'과 '공동체적 유대'를 강화한다고 주장한다. ⑤번은 그 '유대'의 실체가 진심 어린 신뢰가 아니라 시스템에 의한 통제일 뿐이라고 지적함으로써, 지문의 핵심 주장(사회적 가치 창출)을 근본적으로 반박하고 있다.

[오답 체크]
① ②는 공유경제의 부작용(불평등, 갈등)에 해당하나 '유대감 형성'이라는 지문의 특정 논리를 직접적으로 공격하지는 않는다.

06 ③

본문에서 그래핀은 대규모 합성·균일 품질 확보가 제한적임을 명시하였다.

[오답 체크]
① 그래핀은 2차원 평면 구조, CNT는 1차원 원통 구조이다.
② 그래핀이 2차원 구조로 전자소자와 투명 전극에 적합하다. CNT는 1차원 구조이다.
④ 균일한 품질 확보가 어려운 것은 그래핀이다.
⑤ 그래핀과 CNT는 구조와 응용이 다르며, 성질이 동일하지 않다.

07 ②

본문의 ⓐ 바로 뒤에서 "지속적이고 반복적인 미세먼지 노출"이 폐 조직 염증을 만성화시키고 면역 반응을 저하시킨다고 설명하였다. 따라서 이를 나타내는 문장은 ②번이다.

[오답 체크]
① 본문에서 장기간 환경적 요인이 개인 생활습관보다 더 큰 영향을 미쳤다고 명시하였다.
③ 질환은 개인적 요인과 환경적 요인이 상호작용하며 독립적이지 않다.
④ 예방 접종만으로 충분하지 않으며, 환경 요인의 장기적 누적이 핵심이다.
⑤ 반복적 노출과 농도가 핵심 요인이며, 계절 변동보다 중요하다.

08 ③

(A) 제3자에게 손해(폐수 피해)를 끼치고도 대가를 치르지 않으므로 외부 불경제이다.
(B) 제3자에게 이득(즐거움)을 주지만 보상을 받지 못하는 상황이므로 외부 경제이다.
(C) 비용을 지불하지 않아도 혜택에서 배제할 수 없어 무임승차자가 발생하는 재화의 특성을 설명하므로 공공재이다.

09 ⑤

마지막 문장에서 갈릴레이와 케플러의 법칙이 더해져 지동설이 사실로 확립되었다고 언급되었다.

[오답 체크]
① 천동설은 복잡한 이론을 도입해서라도 현상을 설명하려 유지되었다.
②, ④ 지문의 내용과 반대이다.
③ 코페르니쿠스의 지동설은 천동설보다 훨씬 단순하고 체계적이었다.

10 ③

ⓐ 앞의 문장은 생태계에서 공생이 단순한 예외적 현상이 아니라, 다양한 생명체가 서로 이익을 주고받으며 생존과 진화를 가능하게 하는 핵심 원리임을 설명하고 있다. 특히 뿌리혹박테리아와 장내 미생물의 사례를 통해 생물의 생존이 타 종과의 상호작용에 깊이 의존하고 있음을 강조한다. ⓐ를 포함한 문장은 이러한 논의를 종합하여 생존의 본질이 개체 간의 경쟁이 아니라 무엇을 통해 완성되는지를 정리하는 결론부에 해당한다. 따라서 ⓐ에는 생물의 생존을 가능하게 하는 핵심 개념으로서 타자와의 유기적인 연결과 상호 의존적 협력이 들어가야 하므로, 가장 적절한 답은 ③번이다.

[오답 체크]
① 개별적인 유전적 변이는 진화의 한 요소일 수 있으나, 지문은 종 간 상호작용과 공생을 중심으로 논의를 전개하고 있으므로 초점에서 벗어난다.
② 종 내 위계질서와 역할 분담은 사회적 구조를 설명하는 개념으로, 종 간 공생을 강조한 본문의 내용과 직접적으로 연결되지 않는다.
④ 먹이사슬 상위 포식자의 역할은 생태계 질서를 설명할 수는 있으나, 공생과 상호 의존이라는 핵심 논지를 대체할 수 없다.
⑤ 자원 선점을 위한 경쟁은 지문에서 부정적으로 대비된 개념으로, '무한 경쟁이 아니다'라는 문맥과 맞지 않는다.

11 ③

(B)는 열역학 제2법칙과 엔트로피의 개념을 제시하며, 자연 현상이 비가역적인 방향성을 지닌다는 글의 핵심 원리를 설명하는 도입부에 해당한다. (A)는 이러한 추상적 원리를 뜨거운 물과 차가운 물의 혼합이라는 구체적인 예시를 통해 설명함으로써, 앞에서 제시한 이론을 직관적으로 이해하도록 돕는다. (D)는 엔트로피 증가가 무질서의 확산만을 의미하는 것이 아니라, 생명 현상이나 복잡한 구조의 형성과 같은 질서 있는 과정 역시 포함할 수 있음을 설명하며 논의를 확장·전환한다. (C)는 이러한 자연 법칙이 인간 사회의 자원 이용과 지속 가능한 시스템 구축에 주는 시사점을 제시하며 글 전체를 현실적 함의로 마무리하고 있다. 따라서 문맥에 가장 적절한 배열은 ③ (B) – (A) – (D) – (C)이다.

12 ②

지문에서는 넛지가 "자유를 침해하지 않는 민주적 도구"라고 주장한다. 이에 대해 ②번은 넛지의 작동 방식이 '은밀한 조종'임을 지적하며, 이는 결국 '민주적 정당성'과 '개인의 자율권'을 위협한다고 반박한다. 주장의 핵심 논거를 정면으로 부정하는 가장 논리적인 비판이다.

[오답 체크]
① 실행상의 기술적 '실수' 가능성을 언급할 뿐, 넛지 원리 자체를 비판하지 않는다.
③ 효과의 편차를 다루는 지엽적인 지적이다.
④ '언제나'라는 극단적 표현을 사용하며, 넛지의 윤리적 결함을 비판하는 본질에서 벗어나 있다.
⑤ 경제적 비용 문제를 다루고 있어, 지문의 '민주적/자유적 가치'에 대한 반론으로 적절하지 않다.

13 ④

고도가 높아지면 대기압이 낮아지고, 이에 따라 산소의 분압도 감소한다. 지문은 폐에서 혈액으로의 산소 이동이 분압 차이에 의해 이루어진다고 설명하므로, 고산에서는 혈액으로 전달되는 산소의 분압이 낮아져 고산병 증상이 나타난다고 볼 수 있다. 따라서 정답은 ④번이다.

[오답 체크]
① 이산화탄소 농도 증가는 고산병의 직접적 원인이 아니며, 지문에서 강조한 산소 전달 과정과도 연결되지 않는다.
② 산소 분자의 응집은 실제 생리 과정과 부합하지 않아 지문의 과학적 설명과 어긋난다.
③ 고도 상승 시 산소의 비율은 변하지 않으므로, '절대량 감소'라는 표현은 지문의 설명과 일치하지 않는다.
⑤ 고산 환경에서는 일반적으로 심박수가 증가하므로, 문맥상 반대되는 내용이다.

14 ③

주어진 지문은 단순히 글로벌 금융위기 이후 규제가 강화되었다는 사실을 나열하는 데 그치지 않고, 국제 금융 규범이 형성되는 과정에서 각국의 이해관계가 어떻게 충돌하고 조정되는지를 중심으로 설명하고 있다. 특히 금융 안정성 확보라는 공통 목표에도 불구하고 국가별 금융 산업 구조와 위기 경험의 차이로 인해 규제 도입에 대한 입장이 달라졌으며, 그 결과 국제 금융 규제가 정치적 협상과 타협의 산물로 전개되었음을 강조한다. 따라서 지문의 핵심 주제를 가장 잘 드러내는 제목은 ③ 국제 금융 규범 형성을 둘러싼 국가 간 이해 충돌이다.

15 ②

주어진 지문은 공유 경제가 효율성과 편리성이라는 장점을 지니고 있음에도 불구하고, 기존 산업과의 관계 속에서 갈등과 충돌이 발생하는 구조적 문제를 중심으로 설명하고 있다. 특히 공유 경제 플랫폼이 기존 업계의 수익 구조를 흔들고, 규제 적용의 차이로 인해 불공정 경쟁 논란이 발생하며, 이를 조정하기 위한 제도적 노력이 필요하다는 흐름으로 전개되므로 ⓐ에 들어갈 문장으로는 ②번이 가장 적절하다.

[오답 체크]
① 공유 경제가 사회적 인프라 확충을 주도한다는 내용은 지문에서 다루지 않으며, 오히려 기존 산업과의 충돌이 핵심이다.
③ 기술 혁신을 통한 동반 성장은 지문의 결론적 과제로 언급될 수는 있으나, 현재 상황을 설명하는 ⓐ의 위치에는 어울리지 않는다.
④ 소비자 권익 보호 기준 확립에 대한 직접적인 논의는 지문에 제시되어 있지 않다.
⑤ 자본 유입이나 거품 경제 형성에 관한 내용은 지문의 핵심 논점과 거리가 있다.

16 ③

지문의 전개는 도시 재생의 긍정적 효과 → 그에 따른 부작용(젠트리피케이션) → 해결 방안과 인식의 전환이라는 흐름으로 구성되어 있다.
첫 번째 문단에서는 도시 재생의 일반적인 긍정 효과를 설명하고, 두 번째 문단에서는 그 이면에 존재하는 젠트리피케이션 문제를 제시한다. 이어지는 문단은 이러한 문제를 해결하기 위한 제도적·윤리적 대안을 제시하는 문단이다.
〈보기〉의 내용은 젠트리피케이션으로 인해 지역 고유의 문화가 사라지고 상업화가 심화되는 부정적 결과를 구체적으로 설명하고 있으므로, 문제 상황을 제시한 직후에 보충 설명으로 들어가는 것이 자연스럽다. 따라서 〈보기〉는 (C)에 들어가는 것이 가장 적절하다.

17 ③

주어진 지문은 비행 시 발생하는 항력을 유도 항력과 유해 항력으로 구분하고, 두 항력이 발생 원인과 속도 변화에 따라 서로 반대되는 특성을 보인다는 점을 중심으로 설명하고 있다. 특히 유도 항력은 저속에서 커지고, 유해 항력은 고속에서 급격히 증가하며, 이 두 항력의 합이 최소가 되는 지점을 고려해 최적 운항 속도를 설정한다는 점을 강조하므로 ③번이 가장 적절한 제목이다.

[오답 체크]
① 비행 속도 증가에 따라 유도 항력은 감소하고 유해 항력은 증가하므로, 두 항력이 동시에 상승한다는 내용은 지문과 일치하지 않는다.
② 익단 와류의 형성 원리는 설명하고 있으나, 이를 활용하거나 양력 극대화를 위한 방안까지는 다루고 있지 않다.
④ 기체 표면 마찰 항력에 대해 언급은 있으나, 이를 원천적으로 제거하는 기술이나 연료 효율 향상 방안에 초점을 맞추지는 않는다.
⑤ 형상 항력 감소가 유도 항력에 미치는 영향에 대한 설명은 지문에 제시되어 있지 않다.

18 ③

급성 거부 반응은 항체가 아니라 T세포가 이식된 조직을 직접 공격하여 발생하며, 현대 의학에서는 면역억제제를 통해 어느 정도 조절이 가능하다고 하였다. 따라서 항체가 혈관 벽을 직접 타격하여 발생하고 면역억제제로 제어하기 어렵다고 설명한 ③번은 지문 내용과 일치하지 않는다.

[오답 체크]
① 초급성 거부 반응은 수혜자에게 이미 존재하던 항체가 이식 직후 혈관을 공격해 혈전과 괴사를 일으킨다고 하였으므로 지문과 일치한다.
② 교차 시험은 기증자의 림프구와 수혜자의 혈청을 반응시켜 항체 존재 여부를 확인하는 필수적인 사전 절차로, 지문 내용과 부합한다.
④ 만성 거부 반응은 수년에 걸쳐 서서히 진행되며, 혈관이 점진적으로 좁아져 장기 기능이 저하된다고 설명되어 있으므로 옳다.
⑤ 조직적합성항원(HLA)의 일치도가 높을수록 면역 거부 반응의 위험이 낮아진다고 하였으므로 지문과 일치한다.

19 ①

지문의 전체적인 주제는 심해 잠수정이 부력의 원리를 이용하여 수중에서 이동하고 이를 제어하는 방식에 관한 것이다. 문단의 흐름을 살펴보면, 먼저 기본 개념을 설명한 뒤 구체적인 장치와 운용 방식, 그리고 한계와 보완 요소를 제시하는 순서가 자연스럽다.

우선 부력의 개념을 정의하고 잠수정의 이동 원리를 포괄적으로 설명하는 (C)가 전체 내용을 이끄는 첫 문단으로 가장 적절하다. 이어서 (A)는 "이때"라는 표현을 사용하여 앞에서 설명한 부력 원리를 구체적인 장치인 부력재와 밸러스트 탱크에 적용해 설명하고 있으므로 두 번째에 오는 것이 자연스럽다.

다음으로 (B)는 "하지만"이라는 접속사를 통해 앞서 설명한 방식의 한계를 제시하며, 심해에서의 극심한 수압과 이에 대응한 설계상의 보완을 다루고 있다. 마지막으로 (D)는 "또한"을 사용해 수압 외에 저온이라는 추가 변수를 제시하며, 부력 제어의 복합성을 보완 설명하고 있으므로 글의 마무리로 적절하다.

따라서 문단의 올바른 배열 순서는 (C) – (A) – (B) – (D)이다.

20 ⑤

CBDC는 실명 기반의 디지털 화폐로서 익명성이 보장되지 않는다. 따라서 익명성이 보장된다고 전제를 제시한 ⑤번은 비판으로 적절하지 않다.

[오답 체크]
① 중앙은행의 직접 개입 확대가 민간 시장의 자율적 자원 배분 기능을 약화시킬 수 있다는 점은, CBDC 도입에 대한 타당한 비판이다.
② 거래 투명성의 강화가 국가의 과도한 감시로 이어질 수 있다는 프라이버시 침해 우려는 지문에서도 언급된 핵심 쟁점으로, 적절한 비판이다.
③ 수수료 절감 효과에도 불구하고 공공 인프라 구축 및 보안 비용이 더 클 수 있다는 지적은 현실적인 비용 문제를 짚은 합리적 비판이다.
④ CBDC로 인한 예금 감소가 민간 금융기관의 대출 기능을 위축시키고 혁신 기업에 대한 신용 공급을 어렵게 할 수 있다는 우려는 지문 내용과도 부합하는 비판이다.

01	02	03	04	05	06	07	08	09	10
③	②	⑤	④	②	④	②	⑤	③	③
11	12	13	14	15	16	17	18	19	20
①	①	④	③	④	④	⑤	①	②	③

01 ③

신규사업팀 계약 성사율은 425점이고 국내영업팀은 430점이므로 신규사업팀이 더 낮다.

[오답 체크]
① 매출 달성률이 2,000점 이상인 팀은 국내영업팀(2,400점), 해외영업팀(2,050점), 신규사업팀(2,100점) 3곳이다.
② 고객 유지율이 1,000점 이상인 팀은 국내영업팀(1,250점), 해외영업팀(1,180점), 신규사업팀(1,210점) 3곳이다.
④ 온라인영업팀 고객 만족도는 155점, 전략영업팀은 165점으로 온라인영업팀이 더 낮다.
⑤ 공공영업팀 신규 고객 확보 점수는 230점, 교육영업팀은 320점으로 공공영업팀이 더 낮다.

02 ②

가입자 수는 스탠다드가 가장 많이 증가하였다. 스탠다드 가입자 수 증가율은 $4,500 \div 18,000 = 0.25$이므로 25%이다.

스트리밍 서비스	2024년	2025년	증가량	증가율
라이트	9,000	10,700	1,700	$1,700 \div 9,000 \times 100 ≒ 19\%$
베이직	12,500	15,000	2,500	$2,500 \div 12,500 \times 100 = 20\%$
스탠다드	18,000	22,500	4,500	$4,500 \div 18,000 \times 100 = 25\%$
프리미엄	20,000	23,500	3,500	$3,500 \div 20,000 \times 100 ≒ 18\%$
얼티밋	25,000	27,000	2,000	$2,000 \div 25,000 \times 100 = 8\%$

03 ⑤

'실시간 강의' 콘텐츠 이용 학생 수 기준 상위 두 학과는 컴퓨터공학과(110명)와 경영학과(150명)이며 합은 $110 + 150 = 260$명이다. 전체 실시간 강의 콘텐츠 이용 학생 수 합계는 685명이므로 차지하는 비중은 $\frac{260}{685} \times 100 ≒ 37.96\%$ 이다. 소수점 둘째 자리에서 반올림하면 38.0%이다.

04 ④

유지보수비용은 교체 비용의 7%이므로 전체 교체 비용이 가장 적은 도서관의 유지보수비만 계산하면 된다. C도서관의 매년 교체 비용이 가장 적으므로 합계도 가장 적다는 것을 알 수 있다. C도서관의 유지보수비는 $(520 + 540 + 560 + 580 + 600) \times 7\% = 196$(만 원)이다.

05 ②

2025년 라면의 수출액은 950백만 불, 2024년은 760백만 불이다. 증가율을 계산하면 $\frac{950 - 760}{760} = \frac{190}{760} = 0.25$이므로 전년 대비 정확히 25% 증가하여 '30% 이상'이라는 조건에 부합하지 않는다. 따라서 옳지 않은 설명이다.

[오답 체크]
① 김, 라면, 음료, 김치는 3년 연속 5위 안에 있다.
③ 2024년 쌀 가공식품 수출액이 180백만 불이고 이것이 전년 대비 12.5% 증가한 수치라면, 2023년 수출액은 $180 \div 1.125 = 160$(백만 불)이 된다.
④ 2025년 수출액: 라면 950 > 김 790 > 음료 570 > 쌀 가공식품 210 > 김치 150
⑤ 2025년 김치의 수출액은 150백만 불, 2024년은 140백만 불이다. 증가율을 계산하면 $\frac{150 - 140}{140} = \frac{10}{140} ≒ 0.714$이므로 전년 대비 7.1% 증가하였다.

06 ④

세트별 수익금을 계산하면 아래와 같다.
A세트: $(2,000 \times 10 \times 0.5) + (1,500 \times 21 \times 0.5) = 25,750$원
B세트: $(2,000 \times 22 \times 0.5) + (1,500 \times 15 \times 0.5) = 33,250$원
C세트: $(2,000 \times 12 \times 0.5) + (1,500 \times 12 \times 0.5) = 21,000$원

A세트는 4개가 팔렸으므로 총 수익금은 $25,750 \times 4 = 103,000$원

B세트는 3개가 팔렸으므로 수익금은 $33,250 \times 3 = 99,750$원

C세트는 5개가 팔렸으므로 수익금은 $21,000 \times 5 = 105,000$원이다.

따라서 수익금이 105,000원인 C세트가 가장 높다.

07 ②

설비 B의 연간 유지비는 구축 비용의 5%이므로, 장비 B의 연간 유지비는 $\frac{5}{100} \times 1,200 = 60$억 원이다.

설비 C의 연간 유지비는 구축 비용의 5%이므로, 설비 C의 구입비는 $180 \div 0.05 = 3,600$억 원이다.

따라서 두 비용의 합은 $3,600$억 원 $+ 60$억 원 $= 3,660$억 원이다.

08 ⑤

㉠ 2024년 대비 2025년의 이용자 수 증가율은 $\frac{225 - 180}{180} \times 100 = 25\%$이다. 따라서 20%를 초과한다.

㉡ 2024년 1인 평균 이용료는 12,000원, 2025년 1인 평균 이용료는 11,500원으로 감소하였다.

㉢ 2024년 1인 평균 이용료 12,000 > 1인당 평균 운영비 8,500, 2025년 1인 평균 이용료 11,500 > 1인당 평균 운영비 9,200으로 두 해 모두 1인당 평균 이용료가 1인당 평균 운영비보다 높다.

09 ③

각 도시별 1인당 이용 횟수 합계는 아래와 같다.

서울: $13 + 28 + 55 + 61 + 24 + 17 = 198$
뉴욕: $17 + 39 + 93 + 75 + 11 + 19 = 254$
런던: $15 + 53 + 76 + 68 + 22 + 16 = 250$
도쿄: $12 + 24 + 12 + 54 + 35 + 14 = 151$
베를린: $11 + 47 + 51 + 79 + 22 + 13 = 223$

1인당 연간 이용 횟수가 가장 적은 도시의 인구수는 100만 명이라 하였으므로 도쿄의 인구수는 100만 명이다.

중앙 도서관: $12 \times 100 = 1,200$(만 회)
전문 도서관: $14 \times 100 = 1,400$(만 회)

중앙 도서관과 전문 도서관의 실제 이용 건수 합계는 2,600만 회이다.

10 ③

2024년 청년층 이용 건수가 90만 건이고, 이것이 전체의 30%를 차지한다. 2024년 전체 이용 건수를 x라고 하면 다음과 같다.

$x \times 30\% = 90$만 건, $x = 300$만 건

중장년층의 이용 건수를 구하기 위해서는 전체 이용 건수에서 중장년층을 제외한 나머지 항목(청년층, 고령층, 관광객, 기타)의 합을 빼야한다. 중장년층의 이용 건수는 $300 - (90 + 15 + 120 + 30) = 45$(만 건)이다.

11 ①

광화문 지점의 참여 고객 수가 모든 지점 중 가장 적다. 따라서 굳이 계산하지 않아도 평균 이하임을 알 수 있다. 계산식은 아래와 같다.

전체 평균 $= (270 + 330 + 390 + 280 + 260) \div 5 = 306$명이다. 따라서 광화문 지점의 참여 고객 수는 전체 평균보다 작다.

[오답 체크]

② 방문 고객 수 $=$ (참여 고객 수 $\div$ 참여율) $\times 100$으로 구할 수 있다.

강남: $270 \div 0.9 = 300$명
역삼: $330 \div 0.75 = 440$명
신촌: $390 \div 0.65 = 600$명
잠실: $280 \div 0.8 = 350$명
광화문: $260 \div 0.65 = 400$명

모든 지점 중 방문 고객 수가 가장 많은 지점은 신촌이다.

③ 참여율이 가장 낮은 지점은 65%인 신촌과 광화문이다.

④ 참여 고객 수가 280명 이상인 지점은 역삼(330), 신촌(390), 잠실(280) 3곳이다.

⑤ ②번 선택지에서 계산한 전체 지점 방문 고객 수를 참고하면 가장 적은 지점은 강남이다.

12 ①

시설 수: $9,800 \rightarrow 9,300 \rightarrow 8,900 \rightarrow 8,700$ (매년 감소)
근무 인원: $21,600 \rightarrow 20,100 \rightarrow 18,900 \rightarrow 18,200$ (매년 감소)

시설 수와 근무 인원은 해마다 모두 줄었다.

[오답 체크]

② 2025년에 연간 이용료 수입은 전년 대비 증가하였으나, 일평균 이용객 수는 감소하였다.

③ 2022년 대비 2025년의 시설 수 증감률은

$\dfrac{8,700 - 9,800}{9,800} \times 100 ≒ -11\%$이고,

2022년 대비 2025년의 근무 인원 증감률은

$\dfrac{18,200 - 21,600}{21,600} \times 100 ≒ -16\%$이다.

따라서 시설 수 증감률이 근무 인원 증감률보다 크다.

④ 조사 기간 중 이용객 수가 감소한 해는 2025년이며, 해당 연도에 연간 이용료 수입은 증가하였다.

⑤ 조사 기간 동안 시설 수는 지속 감소하고 있지만, 일 평균 이용객 수는 2024년까지 증가했다. 시설 한 곳 당 일평균 이용객 수는 $\dfrac{\text{일평균 이용객}}{\text{시설 수}}$의 식으로 구할 수 있는데, 분모가 감소하였을 때 분자는 증가하였으므로 2024년까지는 시설 한 곳당 이용객 수가 증가하였을 것이다.

13 ④

㉠ 비교과와 교과 영역 만족도 점수를 연도별로 비교하면 2021년 3.73 > 3.60, 2022년 3.50 > 3.41, 2023년 3.56 > 3.45이므로 모든 연도에서 비교과가 교과보다 높다.

㉡ 2022년 각 영역 점수는 교과 3.41, 비교과 3.50, 교수활동 3.52, 학생복지 3.27, 교육환경 및 시설 3.48, 교육지원 3.39이다. 이 중 최저 값은 학생복지이다.

㉢ 교수활동의 2021년 점수는 3.72, 2023년 점수는 3.57이므로 변화량은 3.57 - 3.72 = -0.15이다. 즉 0.15점 증가가 아니라 0.15점 감소이다.

㉣ 2022년 교육환경 및 시설은 3.48, 교육지원은 3.39이므로 교육환경 및 시설 점수가 더 높다.

14 ③

매년 양자내성암호 분야의 투자금액이 양자컴퓨팅보다 많다.

[오답 체크]

① 2022년 양자내성암호 754, 양자컴퓨팅 558이므로 차이는 754 - 558 = 196이다.

② 2020년에 가장 많은 투자가 이루어진 분야는 양자내성암호이다.

④ 양자센서 분야의 투자금액은 2020년 125 대비 2021년에 124로 감소하였다.

⑤ 2019년 양자내성암호 209는 양자통신 192보다 많다.

15 ④

30대에서 50대의 가입자 비중이므로 30대, 40대, 50대 인구를 모두 더한 뒤 전체 인구에서 차지하는 비중을 구하면 된다. (720 + 930 + 820) ÷ 4,360 × 100 = 56.65%이다.

16 ④

실적CSI가 두 번째로 높은 기간은 2025년 3월이다. 이 기간의 실현율은 다음과 같다.

실현율 $= (1 - \dfrac{|\text{전망CSI} - \text{실적CSI}|}{\text{실적CSI}}) \times 100$

$= (1 - \dfrac{|104 - 108|}{108}) \times 100 ≒ 96.29 ≒ 96.3\%$

17 ⑤

㉠ 이용자 수 1인당 평균 매출액은 '매출액 ÷ 이용자 수'를 통해 계산할 수 있다.

2024년: 9,600 ÷ 1,240 ≒ 7.74

2025년: 11,200 ÷ 1,380 ≒ 8.12

따라서 2025년에는 2024년에 비해 이용자 수 1인당 평균 매출액이 증가하였다.

㉡ 2024년 국내 점유율 46%, 2025년 국내 점유율 41%로 모두 50%를 넘지 못하였다.

㉢ 2024년 강의 평균 수강료 52천 원, 교재 평균 가격 34천 원으로 강의 평균 수강료가 교재 평균 가격보다 높다.

18 ①

연도별 대여소 개장과 폐점 수를 통해 순증가 수를 확인할 수 있다. 이를 통해 2026년 대여소 수 55개를 기준으로 연도별 대여소 수를 역순으로 계산하면 다음과 같다.

연도	개장	폐점	순증가	대여소 수
2026	6	5	+1	55
2025	4	2	+2	54
2024	5	7	-2	52
2023	2	5	-3	54
2022	9	2	+7	57
2021	3	1	+2	50

따라서, 2022년 57개로 가장 많은 자전거 대여소가 있었다.

19 ②

2024년 전체 외국 근로자 수 : $57,450 + 188,340 = 245,790$

2024년 아시아계 근로자 수 : $42,150 + 185,400 = 227,550$

$$\frac{227,550}{245,790} \times 100 ≒ 92.6\%$$

따라서 2024년 전체 외국인 근로자 중 아시아계 근로자가 차지하는 비중은 90% 이상이다.

[오답 체크]

① 유럽의 경우 2025년 비전문인력이 $1,2000 \rightarrow 1,100$으로 감소하였다.

③ 유럽계 근로자 중 전문인력의 증가율 $= \dfrac{5,800 - 5,200}{5,200}$

$\times 100 ≒ 11.54\%$

2025년 유럽계 근로자 중 전문인력 인원의 전년 대비 증가율은 20% 미만이다.

④ 아메리카 근로자 중 전문인력의 증가율 $= \dfrac{9,100 - 8,400}{8,400}$

$\times 100 ≒ 8.33\%$

아메리카 근로자 중 비전문인력의 증가율 $= \dfrac{420 - 350}{350}$

$\times 100 = 20\%$

따라서 비전문인력의 증가율이 더 높다.

⑤ 2025년 아프리카계 전문인력에 $\times 2$를 했을 때의 값이 비전문인력보다 높으면 2배를 넘지 않는 것이다.
$750 \times 2 = 1,500 < 1,550$이므로 2배가 넘는다.

20 ③

부품 W의 생산비는 $4,2000$이고 유지비 비율은 6%이다. (유지 관리비 $\div 4,200) = 0.060$이므로 유지 관리비는 252(천 원)이다.

부품 Y의 유지 관리비는 315이고 유지관리비 비율은 5%이다. (315 $\div$ 생산비) $= 0.050$이므로 구입비는 6,300(천 원)이다.

따라서 부품 W의 유지관리비와 부품 Y의 생산비의 합은 $252 + 6,300 = 6,552$(천 원)이다.

Chapter 03 창의수리

01	02	03	04	05	06	07	08	09	10
②	③	②	③	①	③	①	②	②	③
11	12	13	14	15	16	17	18	19	20
①	③	③	④	③	⑤	③	②	②	①

01 ②

작년 감자의 수확량을 $x$kg, 고구마 수확량을 $400 - x$kg 라고 하자.

올해 수확량은 다음과 같다.

감자: $1.2x$, 고구마: $0.9(400 - x)$

올해 총 수확량은 420kg이므로 식을 세우면

$1.2x + 0.9(400 - x) = 420$

$1.2x + 360 - 0.9x = 420$

$0.3x = 60, \; x = 200$

02 ③

기차가 터널을 완전히 통과하려면 '기차길이 + 터널길이'를 달려야 한다. 터널을 완전히 통과하는 데 40초가 걸렸으므로 기차의 속력은 $(200 + 400) \div 40 = 15$m/s이다. 이 기차가 길이가 700m인 터널을 완전히 통과하기 위해 걸리는 시간은 $(200 + 700) \div 15 = 60$초이다.

03 ②

처음 소금물에서 소금의 양은 $400 \times 15\% = 60$g이고 물의 양은 340g이다. 여기서 물을 xg 증발시키고, 소금을 xg추가하면 물의 양은 $(340 - x)$이고 소금의 양은 $(60 + x)$이다. 이때 농도가 40%라고 하였으므로 식을 세우면 아래와 같다.

$$\frac{60 + x}{340 - x + 60 + x} = 0.4, \; \frac{60 + x}{400} = 0.4,$$

$x = 100$

따라서 증발시킨 물의 양은 100g이다.

04 ③

5의 배수가 되려면 일의 자리가 0 또는 5이어야 한다.
1) 일의 자리가 0인 경우
    일의 자리: 0 고정 → 1가지
    백의 자리: 1,2,3,4,5 중 1개 → 5가지
    십의 자리: 남은 4개 중 1개 → 4가지
    따라서 $1 \times 5 \times 4 = 20$가지
2) 일의 자리가 5인 경우
    일의 자리: 5 고정 → 1가지
    백의 자리: 0은 올 수 없으므로 1,2,3,4 중 1개 →
    4가지
    십의 자리: 0과 남은 3개 중 1개 → 4가지
    따라서 $1 \times 4 \times 4 = 16$가지
둘을 합하면 $20 + 16 = 36$가지이다.

05 ①

전체 일의 양을 1이라 하면 지훈, 민아가 하루에 할 수 있는 일의 양은 각각 $\frac{1}{10}$, $\frac{1}{15}$이다. 이 때 지훈이가 먼저 4일 동안 한 일은 $\frac{1}{10} \times 4 = \frac{4}{10}$이므로 남은 일의 양은 $\frac{6}{10}$이다.

지훈이와 민아가 함께 x일 동안 일해서 남은 일을 완료했다면, $(\frac{1}{10} + \frac{1}{15}) \times x = \frac{6}{10}$로 나타낼 수 있다.

$\frac{5x}{30} = \frac{6}{10}$, $x = 3.6$

따라서 두 명이 함께 일한 기간은 3.6일이다.

06 ③

원가를 x라고 하면 정가는 $1.3x$이고 판매가는 $1.3x - 1,000$이다. 판매가로 한 개를 팔 때마다 원가의 10%에 해당하는 이익을 얻었으므로 이익은 $0.1x$이다. 이익은 판매가에서 원가를 뺀 값이므로 이를 정리하면 아래와 같다.

$(1.3x - 1,000) - x = 0.1x$, $0.2x = 1,000$, $x = 5,000$

07 ①

물탱크에 들어가는 물의 양을 1이라고 하면 A, B 호스로 1시간 동안 채우는 물의 양은 각각 $\frac{1}{4}$, $\frac{1}{6}$이고, C호스로 1시간 동안 빼는 물의 양은 $\frac{1}{12}$이다.

물통에 물을 가득 채우는 데 걸리는 시간을 x시간이라고 하면,

$(\frac{1}{4} + \frac{1}{6} - \frac{1}{12})x = 1$, $\frac{4}{12}x = 1$, $x = 3$

08 ②

복지 행사 예산의 30%가 상품구입비이므로 200만원 × $0.3 = 600,000$. 즉 최대 600,000원까지 물품을 구입할 수 있다. 물품의 개수를 최대한 많이 구입해야 하므로 가장 저렴한 상품부터 가장 많이 구입해야 한다.
G상품: $15,000 \times 8 = 120,000$원
          → 남은 예산 480,000원
F상품: $28,000 \times 8 = 224,000$원
          → 남은 예산 256,000원
E상품: $40,000 \times 6 = 240,000$원
          → 남은 예산 16,000원
E상품을 7개 구매할 경우 예산을 초과한다. 따라서 총 구매 금액은 $120,000 + 224,000 + 240,000 = 584,000$원이다.

09 ②

B대리점에서 C대리점까지의 거리를 d라 하자.
시속 10km로 가는 것과 시속 20km가는 시간은 0.5시간 차이가 나므로

$\frac{d}{10} - \frac{d}{20} = 0.5$, $\frac{d}{20} = 0.5$, $d = 10$

10 ③

농도 8% 설탕물 200g에 포함된 설탕의 양은 $200 \times 0.08 = 16$g이다.
추가해야 할 물의 양을 x라고 하면, 물을 xg 추가하여 5% 설탕물을 만들어야 한다. 이때 두 용액 간 설탕의 양은 동일하다. 이를 정리하면 아래와 같다.

$\frac{8}{100} \times 200 = 16 = \frac{5}{100} \times (200 + x)$,

$16 = 10 + 0.05x$, $x = 120$

11 ①

전체 10개의 공 중에서 2개의 공을 뽑는 모든 경우의 수는 $_{10}C_2 = \dfrac{10 \times 9}{2} = 45$이다.

합이 3의 배수가 되는 경우는

1) 3의 배수 + 3의 배수

   {3, 6}, {3, 9}, {6, 9} → 3가지

2) 3으로 나눴을 때 나머지가 1인 수 + 3으로 나눴을 때 나머지가 2인 수

   나머지 1인 수: {1, 4, 7, 10} (4개)

   나머지 2인 수: {2, 5, 8} (3개)

   두 그룹에서 하나씩 뽑는 경우: 4 × 3 = 12가지

두 경우를 모두 더하면 3 + 12 = 15가지가 된다.

따라서 $\dfrac{\text{두 수의 합이 3의 배수인 경우의 수}}{\text{10개의 공 중에서 2개의 공을 뽑는 경우의 수}} =$

$\dfrac{15}{45} = \dfrac{1}{3}$이다.

12 ③

12,000원의 티켓을 20명 이상 구매하면 25%가 할인되므로 할인된 1장의 가격은 9,000원이다. A팀의 인원을 x명이라고 할 때, 단체 관람보다 개별구매가 더 저렴하다고 하였으므로 $12,000x < 9,000 \times 20$이다.

계산하면 $x < 15$이므로 A팀의 최대 인원은 14명이다.

13 ③

원가가 10,000원인 가방에 a%의 이익을 붙이면 가방의 정가는 $10,000 \times (1 + \dfrac{a}{100})$이다.

정가에서 20%를 할인하여 팔았으므로 상품의 판매가격은 $10,000 \times (1 + \dfrac{a}{100}) \times 0.80$이다.

이때 상품 1개를 팔 때마다 400원의 손해를 입었으므로 판매가격에서 원가를 뺐을 때 −4000이 되어야 한다. 이를 식으로 구성하면 다음과 같다.

$10,000 \times (1 + \dfrac{a}{100}) \times 0.8 - 10,000 = -400$, $a = 20$

14 ④

첫 2시간 동안 A 기계는 2 × 2 = 4개, B 기계는 3 × 2 = 6개 총 10개의 벽을 색칠했다. 이후 남은 벽 6개를 B 기계 혼자 색칠하는 데 걸린 시간은 $\dfrac{6}{3} = 2$시간이다. 따라서, 전체 벽을 색칠하는 데 걸린 시간은 2 + 2 = 4시간이다.

15 ③

민수가 영희를 처음 추월한다는 것은 민수가 영희보다 한 바퀴를 빠르게 이동했다는 것이다. 민수와 영희가 만났을 때의 시간을 x시간이라 두면 $5x - 3x = 400$이고 $x = 200$이다. 따라서 200초 후에 처음으로 추월한다.

16 ⑤

남학생을 이어달리기, 줄다리기, 피구 세 종목에 1명씩 배치해야 하므로 5명 중 3명을 뽑은 후 순서를 고려하여 배치하는 경우의 수는 다음과 같다. $_5P_3 = 5 \times 4 \times 3 = 60$가지

여학생을 이어달리기, 줄다리기, 피구 세 종목에 1명씩 배치해야 하므로 4명 중 3명을 뽑은 후 순서를 고려하여 배치하는 경우의 수는 다음과 같다. $_4P_3 = 4 \times 3 \times 2 = 24$가지

따라서, 남학생과 여학생을 배치하는 경우의 수는 60 × 24 = 1,440가지이다.

17 ③

작년 수확한 귤의 개수를 x, 복숭아의 개수를 y라고 하면

작년 농장의 수확량: $x + y = 400$ ⋯⋯⋯⋯ (1)

올해 농장의 수확량: $1.2x + 0.9y = 420$ ⋯ (2)

(1), (2)를 연립하여 풀면 $x = 200$, $y = 200$개이다.

따라서 작년 귤의 수확량은 200개이다.

18 ②

A는 1시간 동안 900 ÷ 6 = 150장을 인쇄할 수 있고, B는 1시간 동안 900 ÷ 9 = 100장을 인쇄할 수 있다. A와 B가 함께 2시간을 일했으므로, 총 (150 + 100) × 2 = 500장을 인쇄하였으며, 나머지 400장은 B가 혼자 인쇄하였다. 이때 B의 작업 시간은 400 ÷ 100 = 4시간이 소요되므로 900장을 인쇄하기 위해 소요된 시간은 2 + 4 = 6시간이다.

19 ②

12%의 소금물 400g에 들어있는 소금의 양은 $\frac{12}{100} \times$ 400 = 48g이다. 이 소금물에서 일정량 xg을 덜어냈다. 덜어낸 소금물에 포함된 소금의 양은 $0.12x$이다. 이후, 덜어낸 만큼의 물 xg 다시 넣었더니, 소금물의 농도가 9%로 낮아졌고, 이때 소금의 양은 $\frac{9}{100} \times 400 = 36$g 이다. 즉 $48 - 0.12x = 36$, $x = 100$g이다.

20 ①

작업자 A는 12시간 만에 창고를 가득 채우므로 1시간 동안 창고의 $\frac{1}{12}$만큼, 작업자 B는 18시간 만에 창고를 가득 채우므로 1시간에 창고의 $\frac{1}{18}$만큼 물품을 채운다. 정리 작업은 가득 찬 창고를 36시간 만에 모두 비우므로 1시간에 창고의 $\frac{1}{36}$만큼 물품이 줄어든다.

창고를 A와 B가 동시에 물품을 채우면서 정리 작업도 함께 진행될 때, 창고가 가득차기 위한 시간을 x시간 이라 두면 $(\frac{1}{12} + \frac{1}{18} - \frac{1}{36})x = 1$이다. 정리하면

$\frac{4}{36}x = 1$, $x = 9$이다.

Chapter 04 언어추리

01	02	03	04	05	06	07	08	09	10
③	⑤	③	⑤	①	④	①	③	⑤	②
11	12	13	14	15	16	17	18	19	20
②	⑤	④	②	②	②	③	④	④	⑤

01 ③

[추천 풀이 도구] 눈으로만

출근하는 사람에만 집중하여 풀이하자. 굳이 메모장 등에 적을 필요가 없다고 생각된다.

B가 출근하지 않는다는 확정적인 정보를 토대로 추가 정보를 얻어보자.

A가 출근하거나 B가 출근하지 않으면 C는 출근하지 않는다. 앞부분(= 전건)이 OR조건이다. OR는 둘 중 하나만 만족해도 참이다. B가 출근하지 않는다를 만족하기에 C도 출근하지 않는다고 알 수 있다. 참고로 A의 출근 여부는 확인할 수 없다.

C와 D 중 1명만 출근한다. C가 출근하지 않으니 D가 출근한다고 알 수 있다. 그러면서 D가 출근하면 E는 출근한다는 조건을 토대로 E도 출근한다고 알 수 있다.

반드시 출근하는 사람은 D, E로 2명이다.

02 ⑤

[추천 풀이 도구] 눈으로만

문제에서 특정 순서로 줄을 서는 사람을 묻는다. 문제의 상황과 〈보기〉의 조건을 만족하는 경우가 여럿이 나오더라도 다섯 번째로 줄을 서는 사람은 항상 같다. 이에 집중하며 풀이하자.

D와 B 사이에 2명이 줄을 선다. D와 B 중 누가 앞에 줄을 서는지는 알 수 없다. A는 C와 이웃하게 줄을 선다. D와 B 사이에 A와 C가 줄을 선다. A와 C 중 누가 앞에 줄을 서는지 알 수 없다. 4명이 1, 2, 3, 4등으로 줄을 서는 경우와 2, 3, 4, 5등으로 줄을 서는 경우로 나뉜다.

B는 E보다 앞에 줄을 선다. E를 제외한 4명이 2, 3, 4, 5등으로 줄을 서게 되면 E가 줄을 설 곳이 없다. A, B, C, D의 정확한 순서는 모르지만 이들은 1, 2, 3, 4등으로 줄을 서고 E가 5등으로 줄을 선다.

[오답 체크]

문제의 상황과 〈보기〉의 조건을 만족하는 경우를 모두 찾으면 다음과 같다. D와 B가 순서를 바꿀 수 있기에 D/B 또는 B/D로 표기하였고 A와 C도 마찬가지다.

1	2	3	4	5
D/B	A/C	C/A	B/D	E

03 ③

[추천 풀이 도구] 눈으로만

진술관계가 보이지 않는다. 3명 중 1명만 물건을 훔친 경우는 3가지밖에 되지 않는다. A가 훔친 경우, B가 훔친 경우, C가 훔친 경우 중 1명 거짓을 말하는 경우를 찾아보자. 다시 말해 A가 훔쳤다는 가정하에 A, B, C의 진술 중 1명의 진술만 거짓인지를 확인하고 B가 훔친 경우, C가 훔친 경우 순으로 확인하자. 해설에서는 보기 편하도록 다음과 같이 표로 정리했다.

훔침＼진술	A	B	C	거짓말 인원
A	거짓	진실	진실	1
B	진실	거짓	진실	1
C	거짓	거짓	거짓	3

A가 훔친 경우와 B가 훔친 경우 둘 다 1명만 거짓을 말한다. 두 경우를 모두 만족하는 선택지를 찾자.

[오답 체크]

3명 중 1명이 물건을 훔친 3가지 경우 중 1가지만 문제의 조건을 만족한다면 ①, ②, ③의 선택지 중 2개 선택지가 정답이 된다. 다시 말해 문제에서 제시한 조건을 만족하는 경우가 2가지일 가능성이 가장 높다고 알 수 있다. A가 훔친 경우에서 1명만 거짓을 말한다고 점검한 뒤 B가 훔친 경우 등을 확인하지 않는 실수를 주의하자.

04 ⑤

[추천 풀이 도구] 눈으로만

항상 참을 묻는 문제이며 선택지에서 같은 기념품을 받는지 다른 기념품을 받는지를 묻는다. 어느 부서가 어떤 기념품을 받는지 정확하게 몰라도 같은 기념품을 받는지 아닌지에만 집중하자.

어느 부서가 같은 기념품을 받는지 추리고 싶어도 〈보기〉의 조건만 가지고는 판단하기 어렵다고 생각된다. 어느 두 부서가 각기 다른 기념품을 받는지 위주로 먼저 확인하자.

C 부서는 텀블러를 받고 E 부서는 티셔츠를 받지 않는다. 만년필을 받거나 텀블러를 받는 4개 부서에 C 부서와 E 부서가 있다. A 부서와 같은 기념품을 받은 부서가 존재한다. A 부서도 만년필을 받거나 텀블러를 받는 4개 부서 중 하나이다.

B 부서와 D 부서 중 한 부서는 티셔츠를 받고 나머지 한 부서는 만년필을 받거나 텀블러를 받는다. B 부서와 D 부서는 각기 다른 기념품을 받는다.

[오답 체크]

오답인 선택지에 반례를 제시하면 다음과 같다. 참고로 해설에서 제시한 반례 외에도 여러 반례가 있다.

① C 부서와 A 부서는 각기 다른 기념품을 받는다.

> 만년필(2): E, D
> 텀블러(2): C, A
> 티셔츠(1): B

② D 부서와 E 부서는 같은 기념품을 받는다.

> 만년필(2): E, A
> 텀블러(2): C, B
> 티셔츠(1): D

③ E 부서와 B 부서는 각기 다른 기념품을 받는다.

> 만년필(2): B, E
> 텀블러(2): C, A
> 티셔츠(I): D

④ A 부서와 C 부서는 같은 기념품을 받는다.

> 만년필(2): A, B
> 텀블러(2): C, E
> 티셔츠(1): D

05 ①

[추천 풀이 도구] 눈으로만

세 전제를 토대로 결론을 얻는다. 제시한 세 명제를 비교하며 연결하면 되기에 눈으로 처리하자.

전제1과 결론에서 뒤에 오는 개념이 역사이다. 전제1, 전제2, 전제3을 이어서 결론을 만들텐데 결론을 대우하지 않는다고 생각하면 전제1이 전제1, 전제2, 전제3을 이을 때 맨 마지막이라고 알 수 있다. 전제2를 대우하여 '전제2

의 대우 → 전제1'의 순서로 이어주자. 전제3은 전제2의 대우 앞이라고도 알 수 있다.

결론에서 앞에 온 개념은 영어다. 즉 전제3에서 앞에 오는 개념도 영어라고 알 수 있다. 그리고 전제3의 뒤에 오는 개념은 전제2의 대우의 앞에 온 개념이다. 즉 전제3은 '영어 → ~물리'라고 알 수 있다.

[오답 체크]

전제2, 전제1의 대우 순으로 이으며 풀었다면 세 전제를 이은 결과가 [영어 → ~물리 → 수학 → 역사]가 아니라 [~역사 → ~수학 → 물리 → ~영어]이다. 이를 토대로 전제3은 '물리 → ~영어'라고 알 수 있다. 여기서 답이 없다고 당황하지 말고 '물리 → ~영어'를 대우하자.

06 ④

[추천 풀이 도구] 눈으로만

[치트키]

E와 A의 진술이 모순관계다. A와 D의 진술은 모든 경우에서 두 진술 모두 다 진실일 수 없다. 두 진술이 거짓인 경우는 존재하지만 1명만 거짓을 말한다는 조건을 만족하지 않는다. A와 D의 진술을 모순관계처럼 활용할 수 있다. E와 A의 진술과 A와 D의 진술을 토대로 A가 거짓을 말한다고 알 수 있다. ②, ③, ⑤를 소거하자.

C의 진술에 의해 E는 다섯 번째로 줄을 선다고 알 수 있다. B의 진술에 의해 A는 첫 번째로 줄을 선다고 알 수 있다. ①을 소거하자.

[일반풀이]

E는 A가 거짓을 말한다고 한다. E의 말이 진실이면 A의 말은 거짓이고 E의 말이 거짓이면 A의 말은 진실이다. E와 A의 진술은 모든 경우에서 둘 중 1명이 진실을 말하고 나머지 1명이 거짓을 말하는 모순관계다. 문제의 조건을 모두 만족하는 경우에서 B, C, D의 진술은 진실이다. 이를 토대로 등수를 최대한 정리하자.

C의 진술을 토대로 D가 두 번째, E가 다섯 번째로 줄을 선다고 알 수 있고 D의 진술을 토대로 B가 네 번째로 줄을 선다고 알 수 있다.

1	2	3	4	5
	D		B	E

B는 A가 첫 번째로 줄을 서거나 다섯 번째로 줄을 선다고 한다. 이미 다섯 번째로 E가 줄을 선다는 것을 알았으니

A는 첫 번째로 줄을 선다. 자연스럽게 세 번째로 줄을 서는 사람은 C라고 알 수 있다.

1	2	3	4	5
A	D	C	B	E

도출한 결과를 토대로 A와 E 중 A가 거짓을 말하는 사람이라 판단할 수 있다.

07 ①

[추천 풀이 도구] 메모장

사람을 기준으로 출장지가 두 곳이다. A, B, C, D를 기준으로 어디로 출장을 가는지 정리하자.

D는 일본으로 출장을 가고 B는 스페인으로 출장을 가지 않는다. 그러면서 독일로 출장을 가는 사람은 C와 D이다. 이를 바로 표기하자.

A:
B: ~스페인
C: 독일
D: 일본, 독일

각 국가로 출장을 가는 사람이 2명이다. 독일로 출장을 가는 사람이 C와 D이니 A와 B는 독일로 출장을 가지 않는다. B는 스페인과 독일로 출장을 가지 않는다. 출장지 후보가 4곳이기에 B는 스페인과 독일을 제외한 일본과 호주로 출장을 간다.

A: ~독일
B: 일본, 호주
C: 독일
D: 일본, 독일

A의 두 출장지 중 한 곳으로 C가 출장을 간다. 각 국가로 출장을 가는 사람이 2명이기에 1명이라도 출장을 간다고 알게 된 국가는 A와 C가 둘 다 가는 출장지가 아니다. A가 출장을 가는 두 곳 중 C와 겹치게 출장을 가는 한 곳은 일본, 호주, 독일이 아닌 스페인이다.

각 국가로 출장을 가는 사람이 2명이다. 일본, 독일, 스페인으로 출장을 가는 2명씩을 확인했다. A는 호주로 출장을 간다.

A: 호주, 스페인
B: 일본, 호주
C: 독일, 스페인
D: 일본, 독일

08 ③

[추천 풀이 도구] 메모장

3층에 살 가능성이 있는 사람을 묻는다. 문제의 상황과 〈보기〉의 조건을 만족하는 경우를 모두 찾아야 한다. 통으로 생각하는 것보다 나눠서 사고 하는 편이 편할 것으로 보인다. B가 짝수 층에 산다는 정보를 토대로 B가 2층에 사는 경우와 4층에 사는 경우로 나누어 접근하자.

Case 1. B가 2층 거주

C가 사는 층과 E가 사는 층은 2층 차이다. C와 E가 1, 3층에 사는 경우와 3, 5층에 사는 경우로 나눌 수 있다. 누가 몇 층에 사는지는 확정할 수 없다.

A가 사는 층보다 1층이 높은 층에 C가 산다. C와 E가 1, 3층에 사는 경우 C가 1층이든 C가 3층이든 A가 사는 층보다 1층이 높은 층에 사는 사람이 C가 되도록 A를 배치할 수 있는 경우가 없다. C와 E가 3, 5층에 사는 경우도 정리하자. C가 3층에 사는 경우 A가 사는 층보다 1층이 높은 층에 사는 사람이 C가 되도록 A를 배치할 수 없다. C는 5층, E는 3층, A는 4층에 산다.

1	2	3	4	5
	B	E	A	C

Case 2. B가 4층 거주

Case 1과 접근이 비슷하기에 풀이를 간단히 하겠다. C가 사는 층과 E가 사는 층은 2층 차이고 A가 사는 층보다 1층이 높은 층에 C가 살도록 하는 경우를 정리하면 다음과 같다.

1	2	3	4	5
	A	C	B	E
E	A	C	B	

09 ⑤

[추천 풀이 도구] 눈으로만
[치트키]

각 선택지에서 제시한 2명은 거짓을 말하는 2명이다. 진술관계를 토대로 선택지를 소거하자.
– B와 D의 말이 모순관계: ② 소거
– C와 E의 말이 모순관계: ① 소거

남은 선택지에서 공통적으로 A를 언급하지 않는다. A의 진술은 진실이다. A의 진술이 진실이기에 차를 산 1명이 E라고 알 수 있다. E가 차를 샀다는 정보를 토대로 D와 E가 거짓을 말한다고 알 수 있다.

[일반풀이]

B는 D가 거짓을 말한다고 한다. B의 말이 진실이면 D의 말은 거짓이고 B의 말이 거짓이면 D의 말이 진실이다. B와 D는 모든 경우에서 둘 중 1명이 진실을 말하고 나머지 1명은 거짓을 말한다.

C는 E가 하는 말이 진실이 아니라고 한다. 즉 E가 거짓을 말한다고 한다. B와 D의 말이 모순관계인 점을 확인한 과정과 같이 C와 E의 말도 모순관계라고 알 수 있다.

문제에서 거짓을 말하는 사람이 2명이라고 한다. 2명 중 1명은 B이거나 D이고 나머지 1명은 C이거나 E이다. A는 거짓말을 하는 사람이 아니다. A의 말이 진실이니 E가 차를 샀다고 알 수 있다. 이 정보를 활용하여 D와 E가 거짓을 말한다고 확인할 수 있다.

[오답 체크]

5명 중 1명이 차를 산 각 경우에서 A, B, C, D, E의 말이 진실인지 거짓인지 판별하면 다음과 같다.

말 차	A	B	C	D	E	거짓말 인원
A	거짓	진실	거짓	거짓	진실	3
B	거짓	거짓	진실	진실	거짓	3
C	거짓	거짓	진실	진실	거짓	3
D	거짓	거짓	거짓	진실	진실	3
E	진실	진실	진실	거짓	거짓	2

10 ②

[추천 풀이 도구] 메모장

4개의 명제를 이어준 결과를 머리로 기억할 자신이 없다. 빠르게 메모장에 〈보기〉의 명제를 정리한 뒤 선택지를 판별하자.

〈보기〉 중 맨 위의 조건을 조건1, 그 아래의 조건을 조건2와 같이 명명하겠다. 조건3, 조건2의 대우, 조건4, 조건1의 대우 순서로 이어주면 다음과 같다.

[DIP → ~ISP → ~LSP → OCP → ~SRP]

이어준 명제 전체를 대우한 결과도 적어둔 후 풀이해도 좋다. 다만 이보다는 정리한 명제를 왼쪽으로 읽으며 NOT(~)을 붙이며 풀이하는 편이 더 편하다. 그럼에도 해설이기에 아래와 같이 정리 후 선택지를 판별하겠다.

[SRP → ~OCP → LSP → ISP → ~DIP]

② SRP를 준수한 코드는 ISP를 준수한다.

[SRP → ~OCP → LSP → ISP]에 의해 항상 참이라고 알 수 있다.

[오답 체크]

① DIP를 준수한 코드는 SRP를 준수한다.

[DIP → ~ISP → ~LSP → OCP → ~SRP]에 의해 항상 거짓이라고 알 수 있다.

③ ISP를 준수한 코드는 OCP를 준수한다.

[SRP → ~OCP → LSP → ISP → ~DIP]를 보면 ISP를 준수한 코드는 DIP를 준수하지 않는다고만 알 수 있다. ISP를 준수한 코드라고 하여 OCP를 준수하는지 준수하지 않는지는 알 수 없다. 즉 항상 참인지 거짓인지 알 수 없다.

④ OCP를 준수한 코드는 DIP를 준수한다.

[DIP → ~ISP → ~LSP → OCP → ~SRP]를 통해 OCP를 준수한 코드는 SRP를 준수하지 않는다고 알 수 있지만 DIP를 준수하는지 아닌지는 알 수 없다. 즉 항상 참인지 거짓인지 알 수 없다.

⑤ LSP를 준수한 코드는 SRP를 준수한다.

[SRP → ~OCP → LSP → ISP → ~DIP]를 보면 LSP 기준 왼쪽에 SRP가 있다. 즉 LSP를 준수한 코드라고 하여 SRP를 준수하는지 아닌지는 알 수 없다. 다시 말해 항상 참인지 거짓인지 알 수 없다.

11 ②

[추천 풀이 도구] 눈으로만

[치트키]

각 선택지에서 제시한 2명은 커피를 마시는 2명이다. 커피를 마시는 2명은 거짓을 말한다. 즉 각 선택지에서 제시한 2명은 거짓을 말하는 2명이기도 한다. 진술관계 또는 진술관계처럼 활용할 수 있는 정보를 토대로 선택지를 소거하자.

– E, D의 진술이 모순관계: ①, ③, ⑤ 소거
– C, D의 진술을 모순관계처럼: ① 소거
– D, B의 진술을 모순관계처럼: ④ 소거
– B, E의 진술을 동일관계처럼: ①, ③, ④, ⑤ 소거

[일반풀이]

진술관계 또는 진술관계처럼 활용할 수 있는 정보를 먼저 확인하자.

– E, D의 진술이 모순관계: E는 D의 말이 거짓이라고 한다. 이를 토대로 E와 D의 진술이 모순관계라고 알 수 있다.

– C, D의 진술을 모순관계처럼: C는 D가 커피를 마신다고 한다. C의 진술이 진실이면 D는 커피를 마신다. 문제에서 커피를 마시는 2명은 거짓을 말한다고 한다. 해당 조건을 만족하는 경우에서 D는 거짓을 말한다. C의 진술이 거짓이면 D는 커피를 마시지 않는다. 커피를 마시지 않는 3명이 진실을 말한다는 조건을 만족하는 경우에서 D는 진실을 말한다. 즉 커피를 마시는 2명은 거짓을 말하고 나머지 3명은 진실을 말한다는 조건을 만족하는 경우에서는 C와 D의 진술을 모순관계처럼 활용할 수 있다.

– D, B의 진술을 모순관계처럼: D의 진술을 토대로 D와 B의 진술을 모순관계처럼 활용할 수 있다고 알 수 있다. 사고하는 과정은 바로 앞의 'C, D의 진술을 모순관계처럼'과 같다.

– B, E의 진술을 동일관계처럼: B의 진술이 진실이면 E는 커피를 마시지 않는다. 커피를 마시지 않는 3명이 진실을 말한다는 조건을 만족하는 경우에서 E는 진실을 말한다. B의 진술이 거짓이면 E는 커피를 마신다. 커피를 마시는 2명은 거짓을 말한다는 조건을 만족하는 경우에서 E는 거짓을 말한다. 즉 커피를 마시는 2명은 거짓을 말하고 나머지 3명은 진실을 말한다는 조건을 만족하는 경우에서는 B와 E의 진술을 동일관계처럼 활용할 수 있다.

위 정보를 토대로 편을 나눠보자. 진실게임에서 진술은 진실과 거짓으로 이분법적으로 나뉘기에 편을 나눠 풀이하는 방법이 편할 때가 많다. 'E, C, B VS D'의 구도를 보인다. 문제에서 2명만 커피를 마신다고 한다. 즉 2명만 거짓을 말한다고 한다. E, C, B는 진실을 말한다. 거짓을 말하는 2명은 D와 A이다.

[오답 체크]

선택지에서 제시한 5가지의 각 경우에서 A, B, C, D, E의 진술의 진실/거짓 여부를 파악하면 다음과 같다.

진술 커피	A	B	C	D	E	거짓말 인원
① A, B	거짓	진실	거짓	진실	거짓	3
② A, D	거짓	진실	진실	거짓	진실	2
③ B, C	거짓	진실	거짓	진실	거짓	3
④ C, E	진실	거짓	거짓	거짓	진실	3
⑤ D, E	거짓	거짓	진실	거짓	진실	3

2명만 거짓을 말하는 경우는 A, D가 커피를 마신 경우뿐이다. 그러면서 커피를 마신 A, D가 거짓을 말한다.

12 ⑤

[추천 풀이 도구] 메모장

변수의 종류가 4가지이다. 한 가지의 변수를 기준으로 잡은 뒤 〈보기〉의 조건을 토대로 내용을 정리하자. 점검 내용은 안전 점검과 설비 점검으로 두 가지이다 보니 점검 내용을 기준으로 잡아 정리하기 어렵다고 생각된다. 〈보기〉에서 자주 언급한 공장의 위치 또는 일자를 기준으로 잡은 후 정리하며 풀이하는 방법이 수월할 것으로 생각된다. 임의로 일자를 기준으로 잡고 해설하겠다. Tab키의 기능을 지원하지 않는 메모장이기에 세로 방향으로 1, 2, 3, 4를 적은 후 그에 맞는 정보를 정리하자. 이해를 돕기 위해 1행에 일자, 공장, 위치, 점검을 적었지만 메모장을 활용한 풀이에서는 적지 않아도 무방하다.

A 공장은 울산에 있으며 3일에 점검을 받는다. 창원에 있는 공장은 1일에 점검을 받는다. 4일에 방문하는 공장은 안전 점검을 받는다는 세 조건을 토대로 내용을 정리하면 다음과 같다.

일자	공장	위치	점검
1		창원	
2			
3	A	울산	
4			안전

부산에 있는 공장은 설비 점검을 받는다. 부산에 있는 공장을 점검할 수 있는 일자는 2일과 4일이다. 4일에 점검을 받는 공장은 안전 점검을 받으니 2일에 점검을 받는 공장의 위치가 부산이고 점검 내용은 설비 점검이라고 알 수 있다.

자연스럽게 거제에 있는 공장을 4일에 점검한다고 알 수 있다.

일자	공장	위치	점검
1		창원	
2		부산	설비
3	A	울산	
4		거제	안전

채우지 않은 칸은 확정할 수 없는 칸이다. 즉 경우가 나뉘는 이유가 된다. 문제에서 묻는 것은 항상 참이기에 확정적으로 알 수 있는 정보를 토대로 선택지를 확인하자.

13 ④

[추천 풀이 도구] 눈으로만

B가 남직원이면 A의 두 진술이 거짓이 된다. B는 남직원이 아니다. A가 남직원인 경우와 C가 남직원인 경우로 나누어 6개의 각 진술이 진실인지 거짓인지 눈으로만 판별하자. 다만 해설이기에 다음과 같이 표로 제시하였고 A의 첫 번째 진술을 A1, 두 번째 진술을 A2와 같이 간략히 표현했다. B, C도 마찬가지다. 참고로 이해를 돕기 위해 B가 남직원인 경우도 함께 정리했다.

남\진술	A1	A2	B1	B2	C1	C2
A	거짓	진실	거짓	진실	진실	거짓
B	거짓	거짓	거짓	거짓	거짓	거짓
C	진실	거짓	진실	거짓	거짓	진실

A가 남직원인 경우(= A가 남직원이고 B와 C가 여직원인 경우)와 C가 남직원인 경우(= C가 남직원이고 A와 B가 여직원인 경우) 둘 다 사람을 기준으로 1번의 진술은 진실이고 나머지 1번의 진술은 거짓이다. B는 두 경우 모두 여직원이다.

[오답 체크]

1) A가 남직원인 경우를 가정 후 6개의 진술이 진실인지 거짓인지 판별하면 A가 남직원인 경우가 문제의 조건을 만족한다고 알 수 있다. 그 후 C가 남직원인 경우를 판별하지 않는 실수가 없었으면 한다. 선택지 중 ①이 정답이라면 ④, ⑤도 정답이어야 한다.

2) 선택지 중 ①이 정답이라면 ④, ⑤도 정답이어야 한다는 점을 토대로 A가 남직원이 아니라고 할 수 없다. 문제에서 묻는 것은 항상 참인 선택지이다. A가 남직원이 아니어서 ①이 정답이 아닐 수도 있지만 A가 남직원인 경우가 문제의 조건을 만족하고 또 다른 누군가가 남직원인 경우도 문제의 조건을 만족하여 ①이 정답이 아닐 수도 있다.

3) B가 여직원일 때 A의 두 진술이 진실이기에 B가 여직원이 아니라고 생각할 수 있다. B가 여직원인 경우는 B, C는 여직원이고 A가 남직원인 경우와 B, A는 여직원이고 C가 남직원인 경우로 나뉜다. 3명 중 1명이 남직원인 경우로 사고하는 풀이로 접근하여 실수를 줄이자.

14 ②

[추천 풀이 도구] 메모장

6칸에 6명을 배치하며 나뉘는 경우를 머리로 기억하기 어렵다. 메모장을 활용하자. Tab키의 기능을 쓸 수 있다면 줄을 서는 순서를 가로로 처리해도 무방하지만 아쉽게도 Tab키의 기능을 지원하지 않는다. 줄을 서는 순서를 세로로 둔 후 경우를 나누자.

D는 4번째로 줄을 선다. B와 E 사이에 2명이 줄을 선다. B와 E가 2, 5번째로 줄을 서는 경우와 3, 6번째로 줄을 서는 경우로 나눌 수 있다. 아직 누가 앞에 줄을 서는지 알 수 없기에 B/E 또는 E/B로 표기했다. 메모장으로 풀이하는 것과 유사하게 보이도록 구성했다.

1		
2	B/E	
3		B/E
4	D	D
5	E/B	
6		E/B

A 바로 뒤에 C가 줄을 선다. B와 E가 2, 5번째로 줄을 서는 경우는 A와 C를 배치할 수 있는 곳이 없다. 소거하자. B와 E가 3, 6번째로 줄을 서는 경우에서 A는 1번째, C는 2번째로 줄을 선다.

1	A
2	C
3	B/E
4	D
5	
6	E/B

F를 언급하지 않았다. F는 아직 채우지 않은 5번째 자리에 온다. F는 B와 이웃하게 줄을 서지 않는다. B는 6번째로 줄을 설 수 없다. B는 3번째로 줄을 선다.

1	A
2	C
3	B
4	D
5	F
6	E

15 ②

[추천 풀이 도구] 메모장

4개의 명제를 이어준 결과를 머리로 기억한 뒤 풀이하기 어렵다고 생각된다. 빠르게 메모장에 〈보기〉의 명제를 정리한 뒤 선택지를 판별하자.

〈보기〉 중 맨 위의 조건을 조건1, 그 아래의 조건을 조건2와 같이 명명하겠다. 조건1, 조건3, 조건2의 대우로 이을 수 있고 조건1, 조건3, 조건4로 이을 수 있다.

[약지 → ~소지 → 검지 → 중지]
[약지 → ~소지 → 검지 → ~엄지]

참고로 선택지를 판별하며 이해를 돕기 위해 〈보기〉의 조건을 모두 대우 후 이어준 결과를 제시하기도 하는데 이미 정리한 결과를 왼쪽으로 읽으며 NOT(~)을 붙이면 대우이다.

② 엄지가 예쁜 사람은 약지가 예쁘다.
  [약지 → ~소지 → 검지 → ~엄지] 전체를 대우한다고 생각하고 정리하면 [엄지 → ~검지 → 소지 → ~약지]이다. 엄지가 예쁜 사람은 약지가 예쁘지 않다. 항상 거짓이다.

[오답 체크]
① 중지가 예쁜 사람은 엄지가 예쁘다.
  중지가 예쁜 사람과 엄지가 예쁜 사람의 관계를 확인할 수 없다. 항상 참인지 거짓인지 알 수 없다.

③ 약지가 예쁜 사람은 중지가 예쁘다.
  [약지 → ~소지 → 검지 → 중지]에 의해 항상 참이라고 알 수 있다.

④ 소지가 예쁜 사람은 중지가 예쁘다.
  [약지 → ~소지 → 검지 → 중지]를 보면 소지가 예쁜 사람은 약지가 예쁘지 않다고 알 수 있다. 하지만 소지가 예쁜 사람이라고 하여 중지가 예쁜지 아닌지는 알 수 없다.
  [약지 → ~소지 → 검지 → 중지] 전체를 대우한다고 생각하고 정리한 [~중지 → ~검지 → 소지 → ~약지]를 토대로 더 확실하게 이해할 수 있다.

⑤ 엄지가 예쁜 사람은 소지가 예쁘다.
  [약지 → ~소지 → 검지 → ~엄지] 전체를 대우한다고 생각하고 정리한 [엄지 → ~검지 → 소지 → ~약지]를 통해 엄지가 예쁜 사람은 소지가 예쁘다고 알 수 있다. 항상 참이다.

16 ②

[추천 풀이 도구] 눈으로만

[치트키]

문제에서 경우의 수를 묻는다. 어떤 조건으로 경우가 어떻게 나뉘는지에 집중하며 풀어보자.

중국행 비행기를 타는 사람이 일본행 비행기를 타는 사람보다 많다. 그러면서 A와 B는 일본행 비행기를 탄다. C, D, E가 중국행 비행기를 탄다고 알 수 있다. 행선지로 경우가 더 나뉘지 않는다.

5명 중 2명의 좌석이 이코노미이고 나머지 3명의 좌석이 비즈니스이다. A의 좌석이 이코노미이니 같은 종류의 좌석인 B와 C의 좌석은 비즈니스이다. D와 E가 남았다. D의 좌석이 이코노미이고 E의 좌석이 비즈니스인 경우와 D의 좌석이 비즈니스이고 E의 좌석이 이코노미인 2개 경우로 나뉜다.

[일반풀이]

변수의 종류가 3가지이다. 한 축에 행선지의 값을 놓고 다른 한 축에는 좌석의 값을 놓은 뒤 사람을 배치하자. 5명 중 2명의 좌석은 이코노미이고 나머지 3명의 좌석은 비즈니스라는 점도 적어 실수를 줄이자.

A의 좌석은 이코노미이고 A와 B는 일본행 비행기를 탄다. A를 배치한 뒤 B는 일본행이지만 좌석을 모른다는 점보도 적어두자.

	이코노미(2)	비즈니스(3)
일본행	A	B
중국행		

B와 C의 좌석이 같은 종류다. 이코노미는 2명인데 이미 1명이 A로 밝혀졌으니 B와 C의 좌석은 비즈니스이다. B를 일본행이며 비즈니스인 자리에 배치하고 C는 비즈니스이지만 어떤 비행기인지 모르는 자리에 적어두자.

	이코노미(2)	비즈니스(3)
일본행	A	B
중국행		
		C

중국행 비행기를 타는 사람이 일본행 비행기를 타는 사람보다 많다. 일본행 비행기를 A와 B가 타니 C, D, E는 중국행 비행기를 탄다. C를 비즈니스이며 중국행 비행기에 배치 후 D와 E를 중국행 비행기를 타지만 좌석의 종류를 모르는 곳에 정리하자.

	이코노미(2)	비즈니스(3)
일본행	A	B
중국행		C	DE

D와 E는 둘 다 중국행 비행기를 탄다. D의 좌석이 이코노미이고 E의 좌석이 비즈니스인 경우와 D의 좌석이 비즈니스이고 E의 좌석이 이코노미인 2개 경우가 〈보기〉의 조건을 만족한다.

17 ③

[추천 풀이 도구] 눈으로만

진급을 기준으로 경우를 나눈 후 3명의 진술 중 1명만 거짓인 경우를 확인하자. 눈으로만 풀 수 있는 문제이지만 해설이기에 다음과 같이 표로 정리하여 제시한다.

진술 \ 진급	A	B	C	거짓말 인원
A	거짓	거짓	진실	2
B	거짓	거짓	거짓	3
C	진실	진실	거짓	1

C가 진급한 경우만 1명만 거짓을 말한다.

18 ④

[추천 풀이 도구] 눈으로만

세 전제를 토대로 결론을 얻는다. 제시한 세 명제를 비교하며 연결하면 되기에 눈으로 처리하자.

전제1, 전제2, 전제3을 어떤 순서로 이었는지 확인하자. 결론의 앞이 포미를 좋아하는 사람인 점을 토대로 전제1의 대우가 첫 번째 순서라고 알 수 있다. 결론의 끝이 뭉치를 좋아하는 사람인 점을 통해 전제3이 세 번째 순서라고 알 수 있다. 즉 '전제1의 대우 → 전제2(대우 유무 모름) → 전제3'의 순서로 이어 결론을 도출했다.

전제1의 대우에서 끝에 온 개념이 전제2의 앞 개념이고 전제3에서 앞에 온 개념이 전제2에서 뒤에 온 개념이다. 이를 통해 전제2는 '티미를 좋아하지 않는 사람 → 큐리를 좋아하지 않는 사람'이라고 알 수 있다. 선택지에 답이 없다. '티미를 좋아하지 않는 사람 → 큐리를 좋아하지 않는 사람'를 대우하여 답을 찾자.

19 ④

[추천 풀이 도구] 눈으로만

변수의 종류가 사람, 출장지, 직급으로 3가지이다. 그런데 선택지에서 묻는 건 직급 하나만을 묻거나 출장지 하나만을 묻는다. 직급은 확정할 수 있지만 출장지를 확정하지 못하거나 출장지를 확정할 수 있지만 직급을 확정할 수 없는 경우가 존재할 것으로 예상된다. 다시 말해 문제의 상황과 〈보기〉의 조건을 만족하는 경우가 많을 것으로 예상된다. 출장지에 집중하여 풀어보고 직급에 집중하여 풀어보자.

먼저 출장지에 집중하여 풀어보자. 전주로 출장을 가는 사람은 3명이며 3명의 직급은 서로 다르다. 태안으로 가는 사람도 3명이며 태안으로 출장을 가는 3명의 직급도 서로 다르다고 알 수 있다. F는 태안으로 출장을 간다. A와 B는 서로 다른 곳으로 출장을 간다. C와 E의 직급이 같다. C와 E는 서로 다른 곳으로 출장을 간다. 자연스럽게 D가 전주로 출장을 간다고 알 수 있다. 운 좋게 답을 찾았다.

[오답 체크]

문제의 상황과 〈보기〉의 조건을 만족하는 경우를 모두 정리하면 다음과 같다. C와 E를 바꿀 수 있기에 C/E 또는 E/C로 정리하였고 A와 B도 마찬가지다.

	전주	태안
차장(2)	D	F
과장(2)	C/E	E/C
대리(2)	A/B	B/A

Case 1

	전주	태안
차장(2)	A/B	F
과장(2)	C/E	E/C
대리(2)	D	B/A

Case 2

	전주	태안
차장(2)	D	F
과장(2)	A/B	B/A
대리(2)	C/E	E/C

Case 3

	전주	태안
차장(2)	A/B	F
과장(2)	D	B/A
대리(2)	C/E	E/C

Case 4

20 ⑤

[추천 풀이 도구] 눈으로만

B는 C가 거짓을 말한다고 한다. B의 진술이 참이면 C의 진술은 거짓이고 B의 진술이 거짓이면 C의 진술은 참이다. B와 C의 진술은 모든 경우에서 둘 다 참을 말하지 않고 둘 다 거짓을 말하지 않는 모순관계다.

문제에서 1명의 진술만 참이라고 한다. 문제의 조건을 만족하는 경우에서 B와 C 중 1명의 진술이 참이다. 그러면서 A, D, E의 진술은 거짓이다. A의 진술이 거짓이니 E가 벌을 받았다고 알 수 있다. E가 벌을 받았다. B와 C의 진술 중 B와 C가 벌을 받지 않았다고 하는 C의 진술이 진실이다.

[오답 체크]

5명 중 1명이 벌을 받은 각 경우에서 A, B, C, D, E의 진술이 참인지 거짓인지 판별하면 다음과 같다.

진술 \ 벌	A	B	C	D	E	참 인원
A	참	거짓	참	참	참	4
B	참	참	거짓	거짓	참	3
C	참	참	거짓	참	참	4
D	참	거짓	참	참	거짓	3
E	거짓	거짓	참	거짓	거짓	1

Chapter 05 수열추리

01	02	03	04	05	06	07	08	09	10
②	③	②	⑤	③	④	③	⑤	④	④

11	12	13	14	15	16	17	18	19	20
③	②	⑤	③	②	③	④	④	②	①

01 ②

제시된 수들은 홀수 항과 짝수 항이 각각 다른 규칙을 가지는 특수 수열이다. 홀수 항은 + 2 규칙을 가지며, 짝수 항은 + 4의 규칙을 가진다. A항은 짝수 항이므로 11 + 4 = 15, B항은 홀수 항이므로 10 + 2 = 12이다. 따라서 A + B는 15 + 12 = 27이다.

02 ③

제시된 수들은 공비가 $\frac{1}{5}$인 등비수열의 규칙을 가지므로 A 위치에 들어갈 알맞은 수는 $6.008 \times \frac{1}{5} = 1.20160$이다.

03 ②

제시된 수들은 세 개의 항씩 묶어 규칙을 갖는 군수열로 (a, b, c)가 하나의 군이라고 할 때, a × b = c인 규칙을 가진다. 따라시 빈 칸에 들어갈 값은 45 × 4 = 180이다.

04 ⑤

주어진 수열은 '(n)항 + (n + 1)항 = (n + 2)항'의 규칙을 가지는 피보나치수열이다. 따라서 A위치에 들어갈 알맞은 수는 362 + 596 = 958이다.

05 ③

제시된 수들은 '+ 3', '× − 2' 이 반복되는 규칙을 가지는 특수 수열이므로 A위치에 들어갈 알맞은 수는 − 26 + 3 = − 23이다.

06 ④

제시된 수열은 인접한 항의 차이가 일정한 규칙을 갖는 계차수열로, 인접한 항의 차이가 초항이 2, 공비가 2인 등비수열의 규칙을 가지므로 A 위치에 들어갈 알맞은 수는 40 + 32 = 72이다.

07 ③

제시된 수열은 정수 부분은 × 2, 소수 부분은 + 0.1를 계산하는 규칙을 가진다. 따라서 빈 칸에 들어갈 값의 정수 부분은 32 × 2 = 64, 소수 부분은 0.5 + 0.1 = 0.60이므로 빈 칸에 들어갈 값은 64.60이다.

08 ⑤

주어진 수열은 분자가 + 1, 분모가 + 4씩 증가하는 수열이다. 따라서 9번째 항의 분자는 1 + (1 × 8) = 90이고 분모는 11 + (4 × 8) = 43이다.

09 ④

주어진 수열은 공비가 $\times \frac{1}{2}$인 등비수열이다. 따라서 8번째 항의 값은 $\frac{3}{4} \times \frac{1}{2^7}$이며 이를 계산하면 $\frac{3}{512}$이다.

10 ④

주어진 수열은 세 개의 항씩 묶어 규칙을 가지는 군수열로, 세 개의 항의 합이 같다는 규칙을 가진다. 세 개의 항의 합은 727이므로 ( ) + 217 + 195 = 727. 따라서 빈 칸에 들어갈 값은 315이다.

11 ③

제시된 수열은 인접한 항의 차이가 일정한 규칙을 갖는 계차수열로, 인접한 항의 차이가 초항이 9, 공차가 28인 등차수열의 규칙을 가진다. 따라서 빈 칸에 들어갈 값은 817 + (149 + 28) = 994이다.

12 ②

주어진 수열은 공차가 − 752인 등차수열이다. 따라서 12번째 항은 20,315 − (752 × 11) = 12,043이다.

13 ⑤

주어진 수열은 × (− 2)와 + 10이 교대로 반복되는 수열이다. 따라서 빈 칸에 들어갈 숫자는 4 + 10 = 14이다.

14 ③

주어진 수열은 주어진 수열은 '(n)항 $+ (n+1)$항 $= (n+2)$ 항'의 규칙을 가지는 피보나치수열이다. 따라서 빈 칸에 들어갈 값은 $\frac{19}{11} + \frac{31}{11} = \frac{50}{11}$이다.

15 ②

제시된 수들은 역수가 등차수열인 조화수열로, 제시된 수들의 역수는 다음과 같다.

$$\frac{1}{80} \quad \frac{2}{80} \quad \frac{3}{80} \quad \frac{4}{80} \quad \frac{5}{80}$$

이에 따라 제시된 수들의 역수는 초항이 $\frac{1}{80}$ 이고 공차가 $\frac{1}{80}$인 등차수열로 8번째 들어갈 알맞은 수는 $\frac{8}{80} = \frac{1}{10}$의 역수인 10이다.

16 ③

주어진 수열은 공비가 × 0.3인 등비수열이다. 따라서 빈 칸에 알맞은 수는 0.0497664 × 0.3 = 0.014929920이다.

17 ④

주어진 수열은 세 개의 항씩 묶어 규칙을 가지는 군수열로 '1항 × 3항 = 2항'인 규칙을 가진다. 따라서 빈 칸에 들어갈 값은 $\frac{11}{12} \times \frac{2}{3} = \frac{11}{18}$이다.

18 ④

주어진 수열은 정수 부분은 × 2, 소수 부분은 −0.07를 계산하는 규칙을 가진다. 따라서 5항의 정수 부분은 8 × 2 = 16이며, 소수 부분은 0.62 − 0.07 = 0.55이다.

19 ②

제시된 수열은 인접한 항의 차이가 일정한 규칙을 갖는 계차수열로, 인접한 항의 차이가 초항이 16, 공차가 19인 등차수열의 규칙을 가진다. 빈칸에 알맞은 수는 734 + (92 + 19) = 845이다.

20 ①

제시된 수열은 홀수 항과 짝수 항에 각기 다른 규칙이 적용되는 수열로, 홀수 항은 '× $\frac{2}{3}$', 짝수 항은 '× $\frac{3}{2}$'이 적용된다.

A는 9번째 항으로 홀수 항이며 $\frac{16}{63} \times \frac{2}{3} = \frac{32}{189}$,

B는 10번째 항으로 짝수 항이며 $\frac{15}{8} \times \frac{3}{2} = \frac{45}{16}$이다.

따라서 A × B $= \frac{32}{189} \times \frac{45}{16} = \frac{10}{21}$이다.

혹은 $[\frac{6}{7} \times (\frac{2}{3})^4] \times [\frac{5}{9} \times (\frac{3}{2})^4]$이므로

결국 $\frac{6}{7} \times \frac{5}{9} = \frac{10}{21}$이다.

Chapter 01 언어이해

01	02	03	04	05	06	07	08	09	10
③	③	④	⑤	①	①	②	②	③	④
11	12	13	14	15	16	17	18	19	20
⑤	②	⑤	②	②	④	④	③	④	③

01 ③

주어진 지문은 열역학 제2법칙이 말하는 엔트로피 증가의 보편성을 전제로 하면서도, 생명체가 국소적인 범위에서는 질서를 형성·유지하는 것처럼 보이는 이유를 설명하고 있다. 특히 생명체는 외부로부터 에너지를 받아 내부 구조를 조직화함으로써, 국지적으로는 엔트로피가 감소하고 질서가 강화되는 현상이 나타난다는 점을 강조하므로 ⓐ에 들어갈 문장으로는 ③번이 가장 적절하다.

[오답 체크]

① 생명체는 외부와 에너지 교환을 적극적으로 수행하므로, 에너지 교환이 차단되는 현상은 지문의 설명과 정반대이다.

② 우주 전체의 엔트로피는 오히려 더 크게 증가한다고 설명하고 있으므로, 전체 무질서도의 감소는 지문과 일치하지 않는다.

④ 에너지 전환 과정에서 손실이 발생하기 때문에, 무손실 전환을 전제로 한 설명은 지문의 취지와 맞지 않는다.

⑤ 고립된 계에서의 평형 상태 도달은 무질서 증가의 결과를 설명하는 개념으로, 생명 활동이 나타내는 국소적 질서 형성과는 관련이 없다.

02 ③

이 글은 인공지능 기술의 발전이 예술 창작의 방식에 변화를 가져왔음을 설명하면서, 그 변화의 의미를 예술의 개념 재정의라는 관점에서 다루고 있다. 인공지능이 창작 과정에 참여하고 있지만, 인간은 여전히 결과물에 의미를 부여하고 해석하는 주체로 남아 있으며, 이에 따라 창작

은 인간과 기계의 경쟁이 아니라 상호 보완적인 협력 관계로 재구성되고 있음을 강조한다. 따라서 글의 주제로 가장 적절한 것은 인공지능과 인간의 협력을 통해 새롭게 정의되는 예술의 개념을 담은 ③번이다.

[오답 체크]

① 예술 산업의 생산성 향상은 글의 핵심 논점이 아니라 부차적인 결과에 해당한다.

② 글에서는 인간의 역할이 사라진다고 보지 않고, 여전히 중요한 역할을 한다고 설명하고 있다.

④ 기술 발전이 예술의 감정적 가치를 약화시킨다는 평가는 글에서 제시되지 않았다.

⑤ 알고리즘 중심 사회로의 전환은 예술 창작이라는 글의 중심 주제에서 벗어난다.

03 ④

이 글은 디지털 기술과 플랫폼 경제의 확신으로 인해 노동이 더 이상 특정 공간·시간·조직에 고정되지 않게 되었으며, 이에 따라 노동의 개념 자체가 변화하고 있음을 중심으로 설명하고 있다. 또한 이러한 변화가 개인의 자율성 확대와 사회 제도적 문제를 동시에 낳고 있음을 종합적으로 다루고 있다. 따라서 글 전체를 포괄하는 제목으로는 노동 방식과 인식의 전환을 모두 담은 ④번이 가장 적절하다.

[오답 체크]

① 새로운 직업군의 등장은 언급되지만, 글의 핵심은 직업의 종류보다 노동 개념의 변화에 있다.

② 개인의 자유 확대는 일부 내용일 뿐, 문제점과 사회적 논의까지 아우르지 못한다.

③ 불안정 노동 문제는 중요한 요소지만, 글 전체를 대표하기에는 범위가 좁다.

⑤ 프리랜서 정책은 부분적인 논점으로, 글의 중심 주제라고 보기는 어렵다.

04 ⑤

지문에서는 쇼펜하우어가 세계의 근본을 맹목적인 '의지'로 설명하며, 인간의 삶을 욕망과 그로 인한 고통의 연속으로 보았다고 했다. 욕망이 충족되더라도 곧 새로운 욕망이 생겨 다시 고통에 빠지기 때문에, 지속적인 행복은 욕망의 실현에서 나오지 않는다고 설명한다. 또한 그는 예술적 관조와 연민의 윤리를 통해 일시적으로 고통을 완화할 수 있으며, 궁극적으로는 의지를 절제하거나 부정함으로써 삶의 고통을 줄일 수 있다고 보았다. 이는 욕망을 강화하기보다 억제해야 한다는 관점과 일치한다. 따라서 정답은 ⑤번이다.

[오답 체크]
① 욕망의 실현은 잠깐의 만족만 줄 뿐, 지속적인 행복을 주지 않는다고 했으므로 지문과 다르다.
② 예술은 욕망을 강화하는 수단이 아니라, 욕망에서 벗어나 세계를 객관적으로 바라보게 하는 역할을 한다.
③ 쇼펜하우어는 세계를 이성적 질서가 아닌 맹목적인 의지의 표현으로 보았다.
④ 그는 의지를 긍정하고 욕망을 추구해야 한다고 보지 않고, 오히려 이를 절제하거나 부정해야 한다고 주장했다.

05 ①

이 글은 블록체인의 핵심 특성을 탈중앙화, 변경 불가능성, 분산 검증 구조를 중심으로 설명하고 있다. 블록체인은 중앙 관리자가 없어도 참여자들이 공동으로 거래를 검증하고 기록을 공유함으로써, 신뢰를 특정 기관이 아닌 기술 시스템 자체에 맡긴다는 점이 강조된다. 또한 스마트 계약을 통해 중개자 없이도 거래가 가능해졌다는 설명은 이러한 신뢰 구조의 변화를 뒷받침한다. 따라서 빈칸에는 블록체인이 수행하는 역할을 가장 잘 요약한 ①번이 적절하다.

[오답 체크]
② 글에서는 참여자의 윤리 의식이나 교육적 기능을 언급하지 않았다.
③ 가격 변동성 안정화는 블록체인의 직접적인 기능으로 제시되지 않았다.
④ 블록체인은 거래 기록을 은폐하기보다 투명하게 공유하는 구조를 가진다.
⑤ 국제 금융 질서나 규범의 통합에 대한 내용은 글의 범위를 벗어난다.

06 ①

(C) 디지털 환경에서 정보 유통 방식을 '알고리즘 중심 모델'과 '인간 편집 중심 모델'이라는 두 가지로 구분하며, 이후 내용에서 각각의 특징과 한계를 설명할 것임을 제시하는 역할을 한다. 따라서 글의 첫 문장에 위치하는 것이 자연스럽다.
(A) 위에서 언급한 두 방식 중 알고리즘 중심 모델에 대해 설명한다. 특히 "예를 들어 알고리즘 기반 추천 시스템은"이라는 표현을 통해 알고리즘 방식의 구체적 사례와 한계(필터 버블)를 제시하고 있어 (C) 다음에 이어지는 것이 적절하다.
(B) "반면"이라는 접속어로 시작하여 (A)에서 설명한 알고리즘 방식과 대조되는 전통적인 편집자 중심 방식의 특징과 한계를 설명한다. 따라서 (A) 뒤에 이어져 두 모델의 장단점을 대비하는 구조를 형성한다.
(D) "이처럼 어느 한 방식만으로는"이라는 표현을 통해 앞에서 제시된 두 방식의 장단점을 종합하며, 최근에는 알고리즘과 인간 판단을 결합하려는 시도가 나타나고 있음을 제시하는 결론적 문장이다. 따라서 글의 마지막에 위치하는 것이 가장 자연스럽다.
따라서 글의 올바른 배열은 (C) → (A) → (B) → (D)이다.

07 ②

지문은 플랫폼 전략이 참여자 행동과 시장 구조에 영향을 미쳐 산업 표준을 변화시킬 수 있으며, 플랫폼과 생태계가 상호 진화한다는 점을 강조한다. ②번은 이러한 주장에 대해 플랫폼이 산업 표준을 변화시키려면 일정 수준 이상의 시장 영향력이 필요하지만, 모든 플랫폼이 그런 영향력을 갖는 것은 아니라는 점이 고려되지 않았다고 지적한다. 즉, 지문의 주장이 모든 플랫폼에 일반적으로 적용될 수 있는 것처럼 제시된 점을 문제 삼으며 주장 범위를 제한하는 비판이므로 가장 적절하다.

[오답 체크]
① 플랫폼 전략의 효과를 구분하기 어렵다는 것은 연구·분석의 어려움을 지적한 것이지, 지문 주장의 타당성을 직접적으로 반박한 것은 아니다.
③ 개인정보 보호 규제 문제를 제기한 것으로 지문 주장에 대한 윤리적·정책적 논의일 뿐, 주장 자체를 비판한 것은 아니다.
④ 플랫폼 전략이 작동하기 위한 조건을 보충 설명한 것으로, 비판이 아니라 보완적 설명에 해당한다.

⑤ 정부 정책이나 기술 변화의 영향은 지문에서도 이미 인정된 내용이므로, 이를 지적하는 것은 비판이 되지 않는다.

08 ②

주어진 글에서는 글로벌 에너지 기업과 국가별 환경 규제 간의 긴장과 상호작용을 설명하며, 이를 통해 국제 규범 형성과 협력의 진행 과정을 보여주고 있다. 단순히 갈등이나 규제 자체에 초점을 맞춘 것이 아니라, 국제 협력과 규범 조정이라는 맥락 속에서 탄소 규제와 기업 운영의 균형이 논의되고 있음을 강조한다. 따라서 글의 주제를 가장 포괄적으로 담고 있는 제목은 ② 탄소 규제와 국제 에너지 협력의 전개이다.

[오답 체크]
① 갈등 자체만 강조하여 글에서 다룬 협력적 맥락과 흐름을 반영하지 못한다.
③ 에너지 시장 통합에 관한 내용은 글에서 언급되지 않았다.
④ "선진국 중심 규범 재편"은 글의 균형적 관점과 일부 개발도상국 입장을 반영하지 못한다.
⑤ 기업 자유 논쟁만 강조하여 국제 협력과 규범 형성이라는 글의 핵심을 놓쳤다.

09 ③

이 글은 밴드왜건 효과에 대하여 정의, 유래, 예시, 인용을 통해 설명하고 있으나, 다른 현상과의 차이점을 밝히는 대조의 방식은 사용되지 않았으므로 ③번이 가장 적절하지 않다.

[오답 체크]
① 정의: '밴드왜건 효과는 어떤 선택이 대중적으로 유행하고 있다는 정보가 개인의 선택에 영향을 미치는 현상을 말하는 것으로'라는 부분에서 개념을 명확히 규정하였다.
② 유래: '서부 개척 시대의 역마차 대열(Bandwagon)이 악단을 선두에 세우고 가면 사람들이 뒤따라갔던 것에서 유래했다.'는 부분에서 용어의 배경을 설명하였다.
④ 인용: "개인은 타인의 선택을 모방함으로써 불확실한 상황에서 심리적 안정감을 얻는다"라는 심리학적 통찰은~' 부분에서 전문가적 견해를 인용하여 논거를 보강하였다.
⑤ 예시: '특정 브랜드의 패딩 점퍼가 중고등학생들 사이에서 '교복'처럼 유행하자~ 너도나도 구매 대열에 합류하는 현상'을 통해 구체적인 사례를 제시하였다.

10 ④

이 글은 불쾌한 골짜기가 '인간과 어설프게 닮았을 때 발생하는 심리적 거부감'임을 설명하고 있다. 따라서 인간과 닮지 않은 대상에게서 느끼는 단순한 혐오감은 이 사례로 적절하지 않다.

[오답 체크]
①, ②, ③, ⑤번 모두 인간과 흡사하지만 완전히 구별할 수 없을 정도는 아닐 때 발생하는 불쾌한 감정을 보여준다.

11 ⑤

주어진 글에서 기존 항생제는 유익균까지 무차별적으로 공격하여 사멸시킨다고 언급하였다. 따라서 기존의 항생제가 유익균에는 영향을 주지 않는다는 ⑤번은 옳지 않다.

[오답 체크]
① 지문 첫 부분에서 항생제는 세균의 세포벽 합성을 방해하거나 단백질 제조 과정을 차단하여 감염 질환을 치료한다고 설명하고 있다.
② 내성균은 유전자 변이를 통해 항생제의 공격 경로를 차단하거나 약물을 배출하는 능력을 갖추게 된다고 명시되어 있다.
③ 다제내성균(슈퍼박테리아)은 여러 종류의 항생제에 모두 내성을 가진 세균을 의미한다고 정의되어 있다.
④ 기존 항생제의 한계를 극복하기 위해 박테리오파지를 활용한 치료법이나 세균 통신 체계 교란 연구 등이 대안으로 진행 중이다.

12 ②

지문은 거대 마젤란 은하와 우리 은하의 미래 충돌 시나리오를 통해 블랙홀의 활성화, 항성 형성률 증가, 태양계의 궤도 변화 등 은하가 겪게 될 역동적인 진화 과정을 설명하고 있다. 따라서 이를 포괄하는 ②번이 제목으로 가장 적절하다.

[오답 체크]
① 태양계 내 행성들이 직접 충돌할 확률은 희박하다고 언급했으므로 '물리적 위협'은 핵심 내용이 아니다.
③ 블랙홀 활성화는 충돌로 인해 발생하는 현상 중 하나일 뿐, 글 전체를 포괄하는 제목으로는 부족하다.
④ 가스 압축에 의한 항성 형성은 언급되었으나, 은하 간 거리와 형성률 사이의 일반적인 상관관계를 분석한 글은 아니다.

⑤ 은하의 '소멸'이 아니라 상호작용을 통한 '진화'와 '재배치'에 초점을 맞추고 있다.

13 ⑤

지문은 디지털세가 '물리적 사업장이 없는 국가에서도 수익을 낼 때' 과세하기 위한 제도라고 설명하고 있지만, 이것이 전통적 제조업 기업이 영향을 받지 않는다는 것을 의미하지는 않는다. 또한 비판의 관점에서 ⑤번은 지문의 논리를 비판하는 것이 아닌 제도 자체에 대한 오해를 언급하고 있다.

[오답 체크]
① 기업 비용 증가가 소비자 가격 인상으로 이어질 수 있다는 경제적 측면의 타당한 비판이다.
② 국가 간 조세 주권과 이익 배분이 다르기 때문에 합의의 현실적 어려움을 지적하는 적절한 비판이다.
③ 지문에서 언급한 '행정 효율성'이나 '세수 확대'의 장점에 대응하여, 오히려 산출 과정의 복잡성과 비용 문제를 제기할 수 있다.
④ 조세가 혁신과 기업 성장에 미칠 부정적 영향을 우려하는 관점에서 비판이 가능하다.

14 ②

품질에 대한 정보가 부족한 구매자는 불확실성에 따른 손실을 피하기 위해 시장의 평균적인 품질을 기준으로 낮은 가격만을 지불하려는 보수적인 선택을 하게 된다. 이러한 구매자의 행동은 고품질 차량이 시장에서 퇴출당하는 '역선택'의 직접적인 원인이 되므로 빈칸에 들어갈 내용으로 가장 적절하다. 이는 정보 비대칭성이 시장 왜곡을 야기하는 인과관계를 명확히 보여준다.

[오답 체크]
① 구매자는 판매자보다 정보가 적은 '정보 열위' 상태에 있으므로, 정보 우위를 바탕으로 가격을 주도한다는 설명은 지문의 전제와 모순된다.
③ 지문은 중고차 시장 내에서 발생하는 가격 형성 원리와 그로 인한 시장의 질적 저하를 다루고 있으며, 신차 시장으로의 수요 전환은 논점에서 벗어난다.
④ 지문의 핵심은 정보 비대칭으로 인한 경제적 메커니즘이지, 법적 처벌이나 공공 기관의 개입을 통한 사후 해결책을 설명하는 것이 아니다.
⑤ 지문은 개별 소비자의 학습 능력이나 전문가가 되려는 노력이 아니라, 정보 불균형이 시스템 전체에 미치는 구조적인 영향에 집중하고 있다.

15 ②

지문의 전체적인 주제는 반도체의 기본 성질과 P–N 접합을 통한 디지털 신호 제어 원리에 관한 것이다. 우선 문단 시작 부분에 '하지만'이나 '또한'과 같은 접속사가 위치한 (C)와 (D)는 문장의 첫머리에 올 수 없다. (A)와 (B) 중에서 반도체의 정의와 도핑을 통한 유형 분류(P형, N형)를 포괄적으로 다루는 (B)가 첫 번째 문단으로 적합하다.
(B)의 마지막 부분에서 불순물에 따라 N형과 P형으로 나뉜다고 설명하였는데, (A)에서 이 두 반도체를 접합했을 때 발생하는 현상을 이어 설명하므로 두 번째 문단으로는 (A)가 적절하다. (D)에서는 접합면에 전압을 걸었을 때 나타나는 스위칭 작용을 보충 설명하고 있으며, (C)에서는 이러한 개별 원리들이 현대의 집적회로 기술로 확장됨을 언급하며 글을 마무리하고 있다. 따라서 흐름상 구체적인 작동 원리를 마친 후 기술적 진화로 연결되는 (D) – (C) 순서로 위치하는 것이 바람직하다.

16 ④

지문은 의료계의 경고와 환자 급증이라는 전조 증상(위험 신호)이 있었음에도 불구하고, 가이드라인 부재(규제 공백)를 방치하다가 여론이 악화된 후(피해가 커진 후)에야 대응에 나선 보건당국의 태도를 비판하고 있다. 따라서 정답은 ④번이다.

[오답 체크]
① 기업의 도덕적 해이가 지문에 암시되어 있으나, 글의 주된 비판 대상은 위험 신호를 무시하고 규제하지 않은 행정 당국이다.
② 기업의 데이터를 근거로 허가를 내준 점은 언급되었으나, 지문은 기업 검증 체계 자체보다는, 경고를 무시한 행정 당국의 사후적 대응 방식을 핵심적으로 비판하고 있다.
③ 지문에서는 의료계와 연구자들이 경고를 보냈음을 강조하고 있으므로, 과학계의 실패를 비판하는 것은 적절하지 않다.
⑤ 기술 지상주의에 대한 일반적인 비판일 뿐, 지문에서 강조하는 '행정적 방치와 뒤늦은 대처'라는 핵심 논지와는 거리가 있다.

17 ④

④번의 사례는 중앙 정부(소수)가 시민 전체(다수)를 일방적으로 관리하고 통제하는 전형적인 판옵티콘(혹은 빅브라더) 모델이다. 이는 다수의 시선이 개입되는 시놉티콘의 특성과 정반대되는 사례이다.

[오답 체크]

① 대중(다수)이 정치인(소수)을 감시하는 역감시의 전형적인 사례이다.

② 시민들(다수)이 서로를 감시하며 사회적 규범을 유지하는 수평적 감시의 사례이다.

③ 다수의 대중이 특정 개인(소수)을 감시하여 부정적인 영향(사생활 침해)을 끼치는 시놉티콘의 이면이다.

⑤ 약자인 개인이나 대중이 권력 기관의 부정행위를 감시하고 폭로하는 시놉티콘적 기능이다.

18 ③

지문에서는 데카르트가 인간을 세계와 분리된 '주체'로 설정하였고 이러한 사고가 과학 기술의 비약적 발전을 이끈 근대적 사고의 틀이 되었다고 하였다. 따라서 정답은 ③번이다.

[오답 체크]

① 데카르트는 인간을 세계와 분리된 '주체'로, 사물을 관찰되는 '대상'으로 파악하는 이분법적 세계관을 제시하였으므로 유기체적으로 보았다는 설명은 틀리다.

② '고립된 주체'는 데카르트가 설정한 개념이며, 하이데거의 현존재는 이미 세계 안에 던져져 관계를 맺고 있는 존재를 의미하므로 지문의 내용과 반대된다.

④ 하이데거는 데카르트적 주객 이분법이 인간을 소외시켰다고 보아 이를 비판하고 전복하려 했으므로, 계승하여 발전시켰다는 설명은 적절하지 않다.

⑤ 하이데거의 핵심 주장은 인간이 세계와 분리될 수 없는 '세계 – 내 – 존재'라는 점이므로, 이를 부정하고 주관성을 강조했다는 설명은 지문의 취지에 어긋난다.

19 ④

주어진 글에서는 오리엔탈리즘을 둘러싼 상반된 학자들의 입장을 동시에 보여준다기 보다는, 에드워드 사이드의 비판적 관점을 중심으로 개념 설명과 사례 제시를 통해 논지를 전개하고 있다. 따라서 논지 전개 방식으로 가장 적절하지 않은 것은 ④번이다.

[오답 체크]

① 첫 문단에서 '본래 학문적 태도'였던 용어가 사이드에 의해 '비판적 의미'로 재정의(개념 변화)되었음을 명시하고 있다.

② 장 레옹 제롬의 회화와 오페라 '나비부인'이라는 구체적인 작품을 통해 논지의 타당성을 증명하고 있다.

③ 서구는 이성적, 동양은 비이성적이라는 이분법적 구도와 그 뒤에 숨겨진 지배 정당화의 의도를 날카롭게 분석하고 있다.

⑤ 마지막 문단에서 이 논의가 현대 사회에서 문화 간 평등한 소통을 가능하게 하는 인문학적 가치가 있음을 강조하며 마무리하고 있다.

20 ③

지문은 시냅스가 자극의 강도에 따라 신호 전달 효율을 바꾸고(LTP, LTD), 수용체 밀도를 변화시켜 신경망의 구조를 재편한다는 점을 설명하고 있다. 마지막 문장에서 이러한 과정이 '학습과 경험'을 뇌에 각인시키는 기반이라고 했으므로, 빈칸에는 경험이라는 소프트웨어를 뇌라는 하드웨어(물리적 구조)에 저장한다는 맥락이 적절하다. 따라서 정답은 ③번이다.

[오답 체크]

① 지문은 자극에 따른 '강화'와 '약화'를 다루고 있지, 피로 방지를 위한 '차단'을 핵심으로 하지 않는다.

② 시냅스 가소성은 신경세포 간의 '연결 효율' 문제이지, 유전 정보 해독이나 세포 분화와는 직접적 관련이 없다.

④ 시냅스 가소성은 정보를 '각인'하고 '구조화'하는 과정이므로 '무작위 분산'과는 정반대되는 개념이다.

⑤ 지문은 학습과 기억을 위한 '변화'를 다루고 있으며, 손상된 조직의 '재생'에 관한 내용은 언급되지 않았다.

01	02	03	04	05	06	07	08	09	10
②	②	⑤	①	③	⑤	②	③	④	①

11	12	13	14	15	16	17	18	19	20
③	③	④	⑤	④	④	②	④	③	②

01 ②

㉠ 1차 시험 합격률은 아래와 같다.

연도	응시 인원	합격 인원	합격률(%)
2022	1,800	720	720 ÷ 1,800 × 100 = 40.0
2023	2,000	760	760 ÷ 2,000 × 100 = 38.0
2024	2,300	805	805 ÷ 2,300 × 100 ≒ 35.0
2025	2,560	900	900 ÷ 2,560 × 100 ≒ 35.2

1차 시험 합격률은 2022년부터 2024년까지는 감소했지만, 2025년에서 소폭 증가하였다.

㉡ 2차 시험 합격률은 아래와 같다.

연도	응시 인원	합격 인원	합격률(%)
2022	710	120	120 ÷ 710 × 100 ≒ 16.9
2023	720	138	138 ÷ 720 × 100 ≒ 19.2
2024	800	120	120 ÷ 800 × 100 = 15.0
2025	690	83	83 ÷ 690 × 100 ≒ 12.0

2차 시험의 합격률이 가장 높았던 해는 2023년이다.

㉢ 2차 시험의 응시 인원은 2024년에 800명으로 가장 많았다.

㉣ 2차 합격 인원은 2022년 120명에서 2023년 138명으로 증가하였다.

02 ②

주어진 기간 동안 경북의 평균 상경 인구는

$\dfrac{300 + 350 + 410 + 410 + 600}{5} = 414$(백 명)로 4만 명 이상이다.

[오답 체크]

① 충남에서 상경한 인구는 2021년 300, 2024년 410 이다. 따라서 증가율은 $\dfrac{410 - 300}{300} ≒ 36.7\%$이다.

③ 경북은 2024년 상경 인구가 전년 대비 동일하므로 지속적으로 증가한 지역은 없다.

④ 2025년 상경 인구가 2021년 대비 증가한 지역은 충남, 강원, 경북으로 3개 지역이다.

⑤ 2021년 대비 2023년 충남 상경 인구는 + 900이지만 강원의 경우 + 1500이므로 강원이 더 많이 증가했다.

03 ⑤

강남구 미세먼지 농도는 1월에 14, 4월에 56이다. 즉 4배 증가하였다.

[오답 체크]

① 강남구와 마포구는 눈으로만 봐도 강서구보다 평균 값이 높아보인다. 노원구, 구로구, 강서구만 비교해 보자. 노원구 = (22 + 25 + 23 + 25) ÷ 4 = 23.75 구로구 = (27 + 22 + 24 + 20) ÷ 4 = 23.25 강서구 = (30 + 18 + 17 + 14) ÷ 4 = 19.75 따라서 강서구가 가장 낮다.

② 2월 강서구 값에 1.3을 곱했을 때 노원구보다 높은지 확인하면 된다. 18 × 1.3 = 23.40이므로 노원구는 강 서구보다 30% 이상 높다.

③ 2월 대비 3월에 수치가 증가한 자치구는 구로구 1개 이다.

④ $\dfrac{4월\ 구로구\ 수치}{4월\ 노원구\ 수치} = \dfrac{20}{25} = \dfrac{4}{5}$ 즉 80%이다.

04 ①

2021년 대비 2023년 총 판매 증가율은 (396 - 300) ÷ 300 = 32%이다.

[오답 체크]

② 2021년 대비 2023년 국내 판매 증가율은 (150 - 120) ÷ 120 = 30 ÷ 120 = 25%이다. 해외 판매 증 가율은 (246 - 180) ÷ 180 = 66 ÷ 180 ≒ 36.7%이 다. 해외 증가율이 더 크므로 옳지 않다.

③ 2021년 대비 2022년 총 판매 증가율은 (345 - 300) ÷ 300 = 15%이고, 2022년 대비 2023년 증가율은 (396 - 345) ÷ 345 ≒ 14.8%이다. 증가율이 감소했 으므로 옳지 않다.

④ 2021년 해외 판매 비중은 180 ÷ 300 = 60%이고, 2023년은 246 ÷ 396 ≒ 62.1%이다. 비중은 증가하 였으므로 감소하였다는 설명은 옳지 않다.

⑤ 2021년 국내 판매 비중은 120 ÷ 300 = 40%이고, 2022년 국내 판매 비중은 135 ÷ 345≒39.1%이다. 2021년이 더 높으므로 증가하였다는 설명은 옳지 않다.

05 ③

불량 칩을 구하기 위해서는 투입 웨이퍼 수에서 정상 칩 생산량을 빼면 된다. A 공장은 1,300, B 공장은 2,400, C 공장은 1,200이다. 따라서 가장 많은 불량 칩을 생산한 공장은 B 공장이므로 ③번은 옳지 않다.

[오답 체크]
① 정상 칩 생산량을 모두 더하면 8,700 + 9,600 + 6,800 = 25,100이고, 투입 웨이퍼 수를 모두 더하면 10,000 + 12,000 + 8,000 = 30,000이다. 따라서 전체 평균 수율은 $\frac{25,100}{30,000} \times 100 ≒ 83.7%$로 80% 이상이다.

② 불량 칩 생산량은 투입 웨이퍼 수에서 정상 생산량을 뺀 값이므로 A는 1,300, B는 2,400, C는 1,200이다. 이를 모두 더하면 4,900이므로 옳다.

④ B 공장 정상 칩 생산량은 9,600으로 A 공장 정상 칩 생산량인 8,700보다 많지만, B 공장 수율은 80%로 A 공장 수율인 87%보다 낮다.

⑤ C 공장의 수율이 5%p 상승하면 85% → 90%가 되며, 정상 생산량은 8,000 × 0.9 = 7,200이다. 기존 6,800 대비 400 증가하므로 옳다.

06 ⑤

3개년 동안 미국, 중국, 한국, 독일의 전년 대비 자동차 생산량 증감 추이는 [감소, 증가]이지만, 일본은 지속 감소하고 있다.

[오답 체크]
① 2023년 전체 전기차 생산량은 85 + 98 + 65 + 22 + 42 = 312이며 이 중 미국의 비율은 85 ÷ 312≒27%이다. 따라서 30% 이하이다.

② (98 + 96 + 100) ÷ 3 = 98이다. 따라서 중국의 평균 전기차 생산량은 98만 대이다.

③ 2024년 독일의 전기차 생산량 32에 1.3을 곱했을 때 45 미만인지 확인하면 된다. 32 × 1.3 = 41.6이므로 증감율은 30% 미만이다.

④ 2023년 한국의 전기차 생산량은 650이고 2025년은 710이므로 6만 대 증가하였다.

07 ②

ⓒ 유럽의 2029년 ITS 시장규모는 120억 달러이므로, 2028년의 ITS 시장규모인 110억 달러보다 크기 때문에, 유럽의 ITS 시장규모는 2025년부터 2031년까지 매년 증가한다.

ⓒ 중동/아프리카의 2031년 ITS 시장규모는 160억 달러이고, 2027년은 80억 달러이므로, 50억 달러 이상 증가한다.

[오답 체크]
⊙ 2026년 대비 2031년 북미와 아시아/태평양 시장규모 증가율은 아래와 같다.

북미 : $\frac{190 - 110}{110} \times 100 ≒ 72.73%$

아시아/태평양 : $\frac{200 - 80}{80} \times 100 = 150%$

따라서 북미의 증가율보다 아시아/태평양의 증가율이 더 크다.

ⓔ 2030년 대비 2031년의 ITS 시장규모의 총계 증가량은 880억 달러 – 710억 달러 = 170억 달러이고, 2027년의 ITS 시장규모의 총계는 420억 달러이므로, 2026년 대비 2027년의 ITS 시장규모의 총계 증가량은 420억 달러 – 340억 달러 = 80억 달러이다. 따라서 $\frac{170억 달러}{80억 달러} = 2.125$이므로, 2배 이상이다.

08 ③

⊙ 운항편 수가 최대인 항공사는 BX 항공이고, 여객이용객 수가 최대인 항공사도 BX 항공이다.

ⓔ 도착 여객이용수와 출발 여객이용수가 동일한 항공사는 TW 항공 1곳이다.

[오답 체크]
ⓒ 도착 운항편이 많은 순서는 'BX – LJ – TW – KE – NH – CX – JL'이고, 도착 여객이용객 수가 많은 순서는 'BX – LJ – TW – KE – NH – JL – CX'이다. 따라서 여섯 번째와 일곱 번째의 순서가 다르다.

ⓒ JL 항공 운항편 중 출발편의 비중은 $\frac{8}{15} \times 100 ≒ 53.3%$이므로, 50% 이상이다.

09 ④

⊙ 중소기업 < 개인 < 중견기업 순서로 기업체 수가 많고, 매출액도 높다.

⊙ 집단별로 기업체 수 대비 종사자 수를 구하면 다음과 같다.

중견기업 $\frac{1,627,291}{81,112}≒20$명, 중소기업 $\frac{1,215}{182}≒6.6$

명, 개인 $\frac{23,458}{4,239}=5.5$명

따라서, 기업체 수 대비 종사자 수가 가장 많은 집단은 중견기업이다. (Tip: 보기에서 나온 중견기업을 기준으로 비교하면 된다. 중견기업의 기업체 수 대비 종사자 수는 대략 20명이다. 중소기업과 개인 집단 모두 20명보다 훨씬 못 미치는 것을 확인한다면 빠르게 해결할 수 있다.)

ⓒ 전체 급여액에서 중견기업이 차지하는 비중은 $\frac{70,454}{71,103}$

$× 100≒99.1$%이다.

[오답 체크]

② 급여액이 가장 낮은 집단은 중소기업이다. 전체 매출액 410,300의 0.1%는 410.3이므로 중소기업의 매출액인 199보다 크다.

10 ①

① 기상으로 인한 지연 비율은 K 공항은 2%, J 공항은 4%로, K공항이 J 공항보다 낮다.

[오답 체크]

② K 공항의 지연 비율 상위 4개 항목은 연결, 출입국 절차, 화물처리, 정비이고, J 공항의 지연 비율 상위 4개 항목은 연결, 출입국 절차, 기상, 정비이므로 동일하지 않다.

③ K 공항의 전체 지연 건수가 1,200건이고, 운항기준으로 인한 지연 비율은 1%이다. 따라서 1,200 × 0.01 = 12이므로 10건 이상이다.

④ 제시된 자료는 비율을 나타낸 원그래프로, 각 항공의 전체 지연 건수를 알 수 없으므로 단순히 비율을 통해 연결 건수를 비교할 수 없다.

⑤ J 공항의 기상으로 인한 비율이 4%이고, 전체 지연 건수를 x라 하면,

$\frac{34}{x} × 100 = 4$%

$x = 850$

따라서, 전체 지연 건수는 850건으로 900건 미만이다.

11 ③

③ 매출액의 비중이 2분기에 20%로 감소하였다가, 3분기에 23%로 증가하였기 때문에 2023년 매출액이 매 분기마다 증가했다고 할 수 없다.

[오답 체크]

① 2023년 1분기 매출액이 360억이라 하면, 매출액 비중은 45%이므로, 전체 매출액이 x라고 하면,

$\frac{360}{x} × 100 = 45$이고, $x = \frac{360}{0.45} = 800$이다. 따라서, 총 매출액은 800억이다.

② 2023년 총매출액이 900억이라고 하면, 2분기 매출액 비중은 20%이므로 매출액은 900억 × 0.2 = 180억이고, 2분기 영업이익 비중의 25%이므로 영업이익은 180억 × 0.25 = 45억이다.

④ 2023년 2분기 대비 4분기 매출액 비중이 적고 영업이익 비중도 적으므로 영업이익 또한 적다.

⑤ 2023년 1분기 영업이익 비중과 4분기 영업이익 비중의 합은 55%이다. 총영업이익이 700억이므로 700억 × 55% = 385억이다.

12 ③

③ 2018년부터 내항선의 입항 수는 11,500 → 12,150 → 12,791 → 12,938 → 14,126척으로 지속적으로 증가하고 있다.

[오답 체크]

① 2015년 전체 선박입항 중 외항선이 차지하는 비중은

$\frac{12,029}{25,705} × 100 ≒ 46.8$%이다.

② 2017년 외항선의 입항 수는 전년 대비 증가했다.

④ 전년 대비 2022년 내항선 입항 수의 증가율은

$\frac{14,126 - 12,938}{12,938} × 100 ≒ 9.2$%이다.

⑤ 2019년 내항선 입항 수 대비 2021년 외항선 입항

수는 $\frac{10,784}{12,150} × 100 ≒ 88.8$%이다.

13 ④

④ 2021년 대비 2022년 각 지역의 인구 증감률은 다음과 같다.

서울: 95% − 92% = 3%, 경기: 94% − 80% = 14%,
충청: 97% − 95% = 2%, 전라: 105% − 115% = −10%,
경상: 98% − 94% = 4%, 강원: 110% − 108% = 2%
이므로, 증감률이 가장 큰 지역은 경기지역이다.

[오답 체크]

① 2020년의 강원지역 인구지수는 115이고 2023년의 강원지역 인구지수는 100이다. 인구지수는 2023년 강원지역 인구 기준이기 때문에 2020년의 강원지역 인구가 더 많다.

② 경기지역의 인구지수는 주어진 기간 동안 매년 증가하고 있기 때문에, 경기지역의 인구 또한 매년 증가하였다.

③ 2021년의 충청지역 인구는 3,700,000 × 0.95 = 3,515,000명이므로, 300만 명 이상이다.

⑤ 모두 계산하지 않아도, 2023년 경기지역의 인구수가 가장 많기 때문에 2022년도 경기지역과 서울지역의 인구만 계산해도 충분하다. 2022년 서울의 인구는 2023년 대비 95%이므로 9,380 × 0.95 = 8,911. 2022년 경기의 인구는 13,650 × 0.94 = 12,831 따라서 2022년 인구가 가장 많은 지역은 경기지역이다.

14 ⑤

ⓒ 2019년 대비 2022년의 매출 실적 증가율을 각 제품별로 구하면 다음과 같다.

A제품 $\dfrac{270 − 187}{187} \times 10 ≒ 44.38\%$,

B제품 $\dfrac{227 − 74}{71} \times 100 ≒ 206.75\%$,

C제품 $\dfrac{160 − 39}{39} \times 100 ≒ 310.25\%$이다.

따라서 증가율이 가장 큰 제품은 C제품이다.

ⓒ 2021년 대비 2023년의 A제품 매출 실적 증가액은 288 − 174 = 114이고, B제품 매출 실적 증가액은 260 − 174 = 86이다. 따라서 2021년 대비 2023년 매출 실적 증가액은 A제품이 B제품보다 많다.

ⓔ 2019년에 매출 총액이 감소하였다가 계속 증가하였기 때문에 꾸준히 증가하지 않았다.

[오답 체크]

ⓐ C제품의 매출 실적이 매년 가장 적기 때문에, C제품의 매출 실적이 가장 적은 비중을 차지한다.

15 ④

④ 심리상담 서비스 이용자 비율이 2018년에는 52.6%이고, 2022년에는 54.8%이므로 2018년 대비 증가하였다.

[오답 체크]

① 서비스 유형별 2020년 대비 2021년의 이용자 증가율은 각각 다음과 같다.

심리상담 서비스 $\dfrac{200}{1,300} \times 100 ≒ 15.3\%$ 증가하였다.

건강관리 서비스 $\dfrac{−10}{800} \times 100 = −1.25\%$ 감소하였다.

문화 및 교육 서비스 $\dfrac{50}{400} \times 100 ≒ 12.5\%$ 증가하였다.

따라서, 심리상담 서비스의 이용자 증가율이 가장 크다.

② 건강관리 서비스 이용자 비율은 [31.6% → 31.1% → 32% → 28.8% → 29%]와 같이 증감을 반복하였다.

③ 문화 및 교육서비스 이용자 수는 2018년부터 2022년까지 [300명 → 350명 → 400명 → 450명 → 500명]으로 매년 50명씩 증가하였으므로 옳지 않다.

⑤ 건강관리 서비스 이용자 비율의 증감추이는 [− + − +]이고, 문화 및 교육 서비스 이용자 비율의 증감 추이는 [− + + −]이므로 증감추이는 다르다.

16 ④

④ 2050년 전국 평균연령 대비 차이 가장 적은 지역은 인천이다. 인천과의 차이는 0.3세, 대구와 차이는 1세 차이가 난다.

[오답 체크]

① 2020년 전국 평균연령 대비 차이가 가장 적은 지역은 충남지역이며, 0.4세 차이가 난다.

② 2050년 전국 평균연령을 기준으로, 전남지역 차이는 6.8세이고, 세종지역과의 차이는 7세이므로, 세종지역과의 차이가 더 크다.

③ 2050년 평균연령 60세 이상인 지역은 전남, 강원, 경북, 전북, 부산, 경남, 충남이며 총 7개이다.

⑤ 2020년 대비 2050년 전국 평균연령은 57.9세(2050년) − 43.7세(2020년) = 14.2세 증가하였다.

17 ②

② 2024년 인천과 광주의 이용 건수 합은 320 + 230 = 5500이며, 2022년 합은 230 + 150 = 3800이다. 증가율은 (550 − 380) ÷ 380 ≒ 44.7%로 40% 이상이다.

[오답 체크]

① 서울은 420에서 910으로 증가해 증가율은 약 116.7%로 110% 이상이다.

③ 부산의 최대값은 420, 최소값은 260으로 약 1.62배이다.

④ 대전의 충전 이용 건수는 2022년 160에서 2023년 140으로 감소하였다.

⑤ 2023년 대구는 2800이며 이보다 작은 도시는 인천, 광주, 대전으로 3개이다.

18 ④

㉠ 조사기간 동안 웨이퍼 처리량 순위는 매 년 노광 공정 1위, 식각 공정 2위, 증착 공정 3위를 기록했다. 따라서 순위가 동일한 공정은 3개이다.

㉢ 조사기간 동안 식각 공정은 2022년에 한 번만 감소한다.

㉣ 2020년 노광 공정 비중은 $\frac{257}{231 + 67 + 257}$ ≒ 46.3%로 50% 미만이다.

[오답 체크]

㉡ 2019년 기준 전년 대비 증가율은 식각 공정이 10.5%, 증착 공정이 약 3.2%, 노광 공정이 약 3.7%이므로, 가장 높은 공정은 식각 공정이다.

19 ③

③ 2022년 수도권의 연구 인력 1명당 장비 수는 10,357 ÷ 26,124 ≒ 0.396이므로 0.5대 이상이 아니다.

[오답 체크]

① 전체 연구 인력은 2018년 51,629명, 2019년 51,779명, 2020년 51,829명으로 증가한 뒤 2021년 51,738명, 2022년 51,692명으로 감소하였다. 따라서 전년 대비 감소한 해는 2021년과 2022년의 2개년이다.

② 전체 장비 수는 2022년에 22,236으로 가장 많고, 수도권 장비 수도 2022년에 10,357로 가장 많다. 따라서 가장 많은 해는 동일하다.

④ 2020년 수도권 연구 인력 비중은 26,043 ÷ 51,829 ≒ 50.2%이고, 2021년은 26,081 ÷ 51,738 ≒ 50.4%이다. 따라서 2021년의 수도권 연구 인력 비중은 전년 대비 증가하였다.

⑤ 전체 장비 수는 20,818 → 21,310 → 21,673 → 21,917 → 22,236으로 매년 증가했고, 수도권 장비 수도 9,588 → 9,840 → 10,027 → 10,183 → 10,357로 매년 증가하였다.

20 ②

② 2023년 D기관의 프로젝트 수행 건수는 145건, 2020년은 110건이다. 증가율은 $\frac{145 - 110}{110} \times 100$ ≒ 31.8%이므로 30% 이상이다.

[오답 체크]

① 2024년 A기관과 B기관의 프로젝트 수행 건수 합은 150 + 165 = 315건이고, C기관은 190건이다. 따라서 C기관의 수행 건수는 두 기관의 합보다 315 − 190 = 125건 적다.

③ C기관의 프로젝트 수행 건수가 가장 많은 해는 2023년이며, 2023년에 5개 기관의 프로젝트 수행 건수 합은 142 + 155 + 200 + 145 + 110 = 752건이다.

④ C기관은 2023년 200건에서 2024년 190건으로 감소하였고, D기관도 2023년 145건에서 2024년 126건으로 감소하였다. 또한 E기관은 2021년 108건에서 2022년 105건으로 감소하였다. 따라서 조사기간 동안 전년 대비 수행 건수가 지속 증가한 기관은 C, D, E를 제외한 2개이다.

⑤ 2022년 순위는 C(184) > B(145) > A(131) > D(120) > E(105)이고, 2023년 순위는 C(200) > B(155) > D(145) > A(142) > E(110)이다. A기관과 D기관의 순위가 바뀌었으므로 동일하지 않다.

Chapter 03 창의수리

01	02	03	04	05	06	07	08	09	10
⑤	②	①	③	⑤	①	②	④	④	③
11	**12**	**13**	**14**	**15**	**16**	**17**	**18**	**19**	**20**
③	②	④	②	③	④	⑤	③	④	⑤

01 ⑤

정가는 원가의 30%의 이익을 붙여서 정하였으므로 25,000 × 130% = 32,500원이다. 여기서 판매촉진을 위해 15%를 할인하여 판매했으므로 32,500 × 85% = 27,625원이다. 개당 이익은 판매가에서 원가를 뺀 가격이므로 27,625 − 25,000 = 2,625원이다. 총 800개를 판매하였기 때문에 총 순이익은 2,625 × 800 = 2,100,000원이다.

02 ②

연 이자는 500,000 × 3% = 15,000원이다. 세금 14% 공제 후 실 수령액은 15,000 × 86% = 12,900원이다. 동일한 방식으로 3년 반복하여 수령해야 하므로 정답은 12,900 × 3 = 38,700원이다.

03 ①

딸의 나이를 x라고 하면, 아버지의 나이는 $x + 28$이다. 9년 후, 딸의 나이는 $x + 9$가 되고, 아버지는 $x + 28 + 9 = x + 37$이 된다. 식을 세우면 $x + 37 = 3(x + 9)$, 따라서 $x = 5$(살)이 된다.

04 ③

작년에 구입한 일반 도서의 수를 x, 전자책의 수를 y라고 하면
작년 도서관이 구입한 도서 권수: $x + y = 500$ ·········· (1)
올해 도서관이 구입한 도서 권수: $1.2x + 0.9y = 540$ ·· (2)
(1), (2)를 연립하여 풀면 $x = 300$, $y = 200$권이다.
따라서 작년에 구입한 일반 도서는 300권이다.

05 ⑤

A 서버는 전체 저장 공간을 업로드하는 데 14시간이 걸리므로, 1시간 동안 전체 저장 공간의 $\frac{1}{14}$만큼, B 서버는 전체 저장 공간을 업로드하는 데 21시간이 걸리므로, 1시간에 전체 저장 공간의 $\frac{1}{21}$만큼 업로드를 한다. 한편, C 정리 시스템은 저장 공간에 가득 찬 데이터를 모두 삭제하는 데 42시간이 걸리므로, 1시간 동안 전체 저장 공간의 $\frac{1}{42}$만큼 데이터가 감소한다. 저장 공간에 서버 A와 B가 동시에 업로드를 하면서 C 정리 시스템도 함께 작동할 경우, 저장 공간이 모두 채워지는 데 걸리는 시간을 x라고 하면 아래와 같이 정리할 수 있다.

$(\frac{1}{14} + \frac{1}{21} - \frac{1}{42})x = 1$, $(\frac{21 + 14 - 7}{294})x = \frac{28}{294}x$
$= 1$, $x = 10.5$이다. 따라서 저장 공간을 모두 채우는 데 걸리는 시간은 10시간 30분이다.

06 ①

물 180g과 소금 20g을 섞어 소금물을 만들면 전체 소금물의 양은 180 + 20 = 200g이다. 이 중 20%만 증발하므로 남은 소금물은 200 × 80% = 160g이고, 이 때 소금은 증발하지 않으므로 소금의 양은 20g이 그대로 있다. 소금의 양이 20g일 때 소금물 농도가 10%가 되는 소금물 양 xg을 구하기 위해 식을 세우면 다음과 같다. $10\% = \frac{20}{x}$, $x = 200$ 즉 소금물은 200g이어야 한다. 따라서 160g의 소금물에서 물 40g을 추가하여야 한다.

07 ②

A와 B가 만날 때까지 이동시간은 12분으로 같으며 이는 $\frac{1}{5}$시간이다. 같은 지점에서 같은 방향으로 출발하여 12분 뒤에 다시 만났다고 하면 두 사람의 이동 거리의 차이는 공원 산책로의 전체 길이와 동일하다. A가 속력이 더 빠르기 때문에 'A의 이동거리 − B의 이동거리 = 공원 산책로의 전체 길이'이다. 공원 산책로의 전체 길이를 x라고 하면 다음과 같이 정리할 수 있다.

$3 \times \frac{1}{5} - 2.5 \times \frac{1}{5} = x$, $0.5 \times \frac{1}{5} = x$, $x = 0.1$
따라서 산책로의 둘레는 0.1km = 100m이다.

08 ④

전체 상자의 수를 x개라고 두면

(1) 상자 x개에 12개씩 꽉 채우고도 15개가 남는 것은 $12x + 15$로 표현할 수 있다.

(2) 15개씩 담으면 상자 1개가 남고 마지막 상자에는 6개만 담긴다는 것은, 빈 상자가 1개이고 6개 담긴 상자가 1개 있다는 말이다. 즉 사과로 꽉 찬 상자는 $x - 2$개이다. 이는 $15(x - 2) + 6$으로 표현할 수 있다.

(1), (2)를 연립하여 풀면 $12x + 15 = 15(x - 2) + 6$, $x = 13$이다.

따라서, 수확한 사과의 총 개수는 $12 \times 13 + 15 = 171$개이다.

09 ④

(1) 가수를 A, B, C 공연장에 1명씩 배치해야 하므로 5명 중 3명을 뽑아서 배치하는 경우의 수는 다음과 같다.
$_5P_3 = 5 \times 4 \times 3 = 60$가지

(2) 사회자를 1번, 2번, 3번 공연장에 1명씩 배치해야 하므로 6명 중 3명을 뽑아서 배치하는 경우의 수는 다음과 같다. $_6P_3 = 6 \times 5 \times 4 = 120$가지

따라서 가수와 사회자를 배치하는 경우의 수는 $60 \times 120 = 7,200$가지이다.

10 ③

입장료 인상 전의 수익은 $12,000 \times 400 = 4,800,000$원이다. 입장료를 15%를 인상했으므로 입장료는 $12,000 \times 1.15 = 13,800$원이고, 관람객은 20%가 감소하였으므로 $400 \times 0.8 = 320$명이다. 따라서 예상 수익은 $13,800 \times 320 = 4,416,000$원이다. 기존 수익 대비 감소 수치는 $4,800,000 - 4,416,000 = 384,000$원이다.

11 ③

아메리카노 단품 가격을 x원이라 두면, 라떼 단품은 $x + 1,500$원이다. 케이크 세트와 함께 구매할 경우 각 음료에 4,500원이 추가되므로, 아메리카노 세트의 가격은 $x + 4,500$원, 라떼 세트의 가격은 $x + 6,000$원이다. 따라서 아메리카노 세트 5개와 라떼 세트 2개를 구입하면 $5(x + 4,500) + 2(x + 6,000) = 48,500$이다. 이를 계산하면 $x = 2,000$이다. 아메리카노 단품 가격은 2,000원이다.

12 ②

화가 P의 시간당 작업량은 $\frac{1}{8}$, 화가 Q의 시간당 작업량은 $\frac{1}{4}$이므로 두 사람이 함께 일할 경우 시간당 작업량은 $\frac{1}{8} + \frac{1}{4} = \frac{3}{8}$이다. 문제에서 '공동 작업을 수행할 경우 발생하는 시너지 효과로 인해 전체 작업 속도가 각자 작업할 때의 속도 합의 2배로 향상됨'이라고 하였으므로 $\frac{3}{8} \times 2 = \frac{6}{8}$이다. 따라서 두 사람이 함께 일할 때 그림 1점을 완성하는 데 걸리는 시간은 $\frac{8}{6}$시간 즉, 1시간 20분이다.

13 ④

로봇 R1은 1시간에 20개의 부품을 조립할 수 있기 때문에 1시간 45분 = 1.75시간에는 $20 \times 1.75 = 35$개의 부품을 조립할 수 있다. 로봇 R2는 1시간에 16개의 부품을 조립할 수 있기 때문에 1시간 45분 = 1.75시간에는 $16 \times 1.75 = 28$개의 부품을 조립할 수 있다. 따라서 로봇 R1과 로봇 R2가 함께 조립한 1시간 45분 동안 총 63개를 조립하였고, 이후 로봇 R1이 1시간 동안 20개의 부품을 더 완성했기 때문에 총 $63 + 20 = 83$개의 부품 조립을 완료하였다.

14 ②

블루베리 마카롱 1개와 치즈 마카롱 1개를 꺼낼 수 있는 전체 경우의 수는 다음 두 가지 경우를 더한 것과 같다.

1) 상자 A에서 블루베리 마카롱, 상자 B에서 치즈 마카롱 꺼내는 경우의 수: $6 \times 5 = 30$

2) 상자 A에서 치즈 마카롱, 상자 B에서 블루베리 마카롱 꺼내는 경우의 수: $3 \times 4 = 12$

따라서, 전체 경우의 수 $= 30 + 12 = 42$이다. 이 중 치즈 마카롱이 상자 B에서 나온 경우는 30이므로 확률은 $\frac{30}{42} = \frac{5}{7}$이다.

15 ③

화가의 수를 $7x$명, 조각가의 수를 $5x$명이라 하면, 화가 전체의 경력은 $15 \times 7x = 105x$년이고 조각가 전체의 경력은 $10 \times 5x = 50x$년이다. 즉, 화가와 조각가의 전체의 경력의 합은 $105x + 55x = 155x$년이고 평균은 $\dfrac{155x}{12x} ≒ 12.91$ 즉, 12.9년이다.

16 ④

55,000원의 티켓을 30명 이상 구매하면 20%가 할인되므로 할인된 가격은 $55,000 \times 30 \times 0.8 = 1,320,000$원이다. A팀의 인원을 x명이라고 두고 단체 관람보다 개별 구매가 더 저렴하다고 하였으므로 $55,000x < 1,320,000$이다. 따라서 $x < 24$이므로 A팀의 최대 인원은 23명이다.

17 ⑤

예정된 시간을 x라 하고, 시속 30km로 가는 것과 시속 40km로 가는 거리는 동일하다. 분을 시간의 단위로 바꿔서 식을 세우면 아래와 같다.

$30(x + \dfrac{1}{6}) = 40(x - \dfrac{1}{12})$이다. 정리하면 $10x = \dfrac{25}{3}$,

$x = \dfrac{5}{6} = 50$분

18 ③

5전 3선승제 경기에서 현재 1승 1패 중인 J팀이 우승을 하지 못하려면

1) 앞으로의 2경기를 연이어 지는 경우: $\dfrac{1}{2} \times \dfrac{1}{2} = \dfrac{1}{4}$

2) 앞으로의 경기에서 1번 이기고, 2번 지는 경우

　i) J승, K승, K승: $\dfrac{1}{2} \times \dfrac{1}{2} \times \dfrac{1}{2} = \dfrac{1}{8}$

　ii) K승, J승, K승: $\dfrac{1}{2} \times \dfrac{1}{2} \times \dfrac{1}{2} = \dfrac{1}{8}$

J팀이 우승하지 못할 모든 확률을 더하면 $\dfrac{1}{4} + \dfrac{1}{8} +$

$\dfrac{1}{8} = \dfrac{4}{8} = \dfrac{1}{2}$

19 ④

농도 25%의 설탕물 500g에 들어있는 설탕의 양을 계산하면 $500 \times 0.25 = 125$g이다. 이 설탕의 양은 그대로 유지되고 물만 증가하여 농도 10% 설탕물로 바뀌었다. 설탕이 125g일 때 물 xg을 넣어 농도 10%가 되려면 $\dfrac{125}{500 + x} = 0.1$로 정리할 수 있으며, 따라서 $x = 750$이다. 즉, 6개 파이프를 이용하여 750g의 물을 넣어야 하므로, 파이프 1개당 $750 \div 6 = 125$g의 물을 넣어야 한다.

20 ⑤

여자가 적어도 1명이 포함될 확률은 전체 확률에서 여자가 1명도 포함되지 않는 확률을 빼면 된다.
여자가 1명도 포함되지 않을 확률

$= \dfrac{\text{남자 8명 중 3명을 뽑는 경우}}{\text{전체 12명 중 3명을 뽑는 경우}} = \dfrac{{}_8C_3}{{}_{12}C_3} = \dfrac{56}{220} = \dfrac{14}{55}.$

그러므로 구하고자 하는 확률은 $1 - \dfrac{14}{55} = \dfrac{41}{55}$이다.

Chapter 04 언어추리

01	02	03	04	05	06	07	08	09	10
②	④	⑤	③	②	③	①	①	②	①

11	12	13	14	15	16	17	18	19	20
④	③	⑤	①	⑤	②	④	⑤	③	②

01 ②

[추천 풀이 도구] 눈으로만

C는 D가 진실을 말한다고 한다. C의 진술이 진실이면 D의 진술도 진실이고 C의 진술이 거짓이면 D의 진술도 거짓이다. C와 D의 진술은 모든 경우에서 둘 다 진실을 말하거나 둘 다 거짓을 말하는 동일관계.

문제에서 1명만 거짓을 말한다고 한다. C와 D는 문제의 조건을 만족하는 경우에서 진실을 말한다. D의 진술을 토대로 A와 C가 실적왕이 아니라고 알 수 있다. C가 실적왕이 아니니 B가 진실을 말한다고 알 수 있다. 거짓을 말하는 사람은 A이다. A가 거짓을 말하니 C 또는 D가 실적왕이라는 정보를 얻을 수 있다. 이미 C는 실적왕이 아니라는 정보가 있으니 D가 실적왕이라고 알 수 있다.

[오답 체크]

4명 중 1명이 실적왕인 각 경우에서 A, B, C, D의 진술이 진실인지 거짓인지 판별하면 다음과 같다.

말 왕	A	B	C	D	거짓말 인원
A	진실	진실	거짓	거짓	2
B	진실	진실	진실	진실	0
C	거짓	거짓	거짓	거짓	4
D	**거짓**	**진실**	**진실**	**진실**	**1**

02 ④

[추천 풀이 도구] 눈으로만

세 전제를 토대로 결론을 얻는다. 제시한 세 명제를 비교하며 연결하면 되기에 눈으로 처리하자.

결론을 토대로 전제1, 전제2, 전제3을 어떤 순서로 이었는지 확인하자. 결론의 앞에 온 개념이 남쪽을 선호하는 사람인 점을 토대로 전제2의 대우가 첫 번째라고 알 수 있다. 결론에서 뒤에 온 개념인 동쪽을 선호하지 않는 사람은 전제2, 전제3에 보이지 않는다. 전제1이 세 번째라고 알 수 있다.

전제3을 대우하면 전제2의 대우 뒤에 이을 수 있다. 이를 토대로 '남쪽 → ~북쪽 → ~서쪽'까지 정리할 수 있다. 전제1이 '~서쪽 → ~동쪽'이어야 결론의 명제를 전제1, 전제2, 전제3으로 도출할 수 있다.

03 ⑤

[추천 풀이 도구] 눈으로만

[치트키]

선택지에서 제시한 2명씩은 진술이 거짓인 2명이다. 진술관계를 활용하여 소거하자.
– B와 D의 진술이 모순관계: ①, ②, ④ 소거
– C와 A의 진술이 동일관계: ②, ③ 소거

[일반풀이]

B는 D의 진술이 거짓이라고 한다. B의 진술이 진실이면 D의 진술은 거짓이고 B의 진술이 거짓이면 D의 진술은 진실이다. B와 D의 진술은 모든 경우에서 둘 중 1명의 진술이 진실이고 나머지 1명의 진술이 거짓인 모순관계.

C는 A의 진술이 진실이라고 한다. C의 진술이 진실이면 A의 진술도 진실이고 C의 진술이 거짓이면 A의 진술도 거짓이다. C와 A의 진술은 모든 경우에서 둘의 진술이 모두 진실이거나 모두 거짓인 동일관계.

문제에서 2명의 진술이 거짓이라고 한다. 2명 중 1명은 B이거나 D이다. 나머지 1명은 A, C, E 중 1명이다. 그런데 C와 A는 동일관계이기에 둘 중 1명의 진술만 거짓일 수 없다. E의 진술이 거짓이고 C와 A의 진술은 진실이다.

E의 진술이 거짓이다. 이에 따라 B가 보너스를 받았다고 알 수 있다. D는 D와 B가 보너스를 받지 않았다고 한다. D의 진술이 거짓이다.

참고로 E의 진술이 거짓이고 C와 A가 진실이라는 점을 알게 된 후 선택지를 소거하는 방식으로도 풀이할 수 있다. E가 없는 선택지를 소거하고 C와 A가 있는 선택지를 소거하면 답을 찾을 수 있다.

[오답 체크]

5명 중 1명이 보너스를 받은 각 경우에서 A, B, C, D, E의 진술이 진실인지 거짓인지 판별하면 다음과 같다.

진술 보너스	A	B	C	D	E	거짓말 인원
A	진실	거짓	진실	진실	진실	1
B	**진실**	**진실**	**진실**	**거짓**	**거짓**	**2**
C	거짓	거짓	거짓	진실	진실	3
D	진실	진실	진실	거짓	진실	1
E	거짓	거짓	거짓	진실	진실	3

04 ③

[추천 풀이 도구] 눈으로만

D보다 성적이 높은 사람은 2명이다. 즉 D는 3등이다.
C의 등수는 홀수인데 C의 성적은 E의 성적보다 높다.
C가 취할 수 있는 등수는 1, 3, 5등인데 3등은 이미 D의
등수이고 C가 5등일 경우 C의 성적은 E의 성적보다 높다
는 조건을 만족하지 않는다. 즉 C는 1등이다.
A의 성적은 1등이거나 4등이다. 이미 C가 1등이니 A는
4등이다.

1	2	3	4	5
C		D	A	

C가 1등이기에 E의 등수가 몇 등이든 C의 성적은 E의 성
적보다 높다는 조건을 만족한다.

1	2	3	4	5
C	B	D	A	E
C	E	D	A	B

05 ②

[추천 풀이 도구] 눈으로만
[치트키]
A와 B의 진술이 모순관계다. B와 C의 진술도 모순관계
다. B의 진술이 거짓이고 A와 C의 진술은 진실이다. 바로
정답을 찾았다.

[일반풀이]
A가 이혼한 경우, B가 이혼한 경우, C가 이혼한 경우에서
A, B, C의 진술이 진실인지 거짓인지 따져보자. 눈으로만
풀기를 권장하나 해설에서는 정보를 전달해야 하기에 다
음과 같이 표로 제시한다.

진술 이혼	A	B	C	거짓말 인원
A	진실	거짓	진실	1
B	진실	거짓	진실	1
C	거짓	진실	거짓	2

A가 이혼한 경우와 B가 이혼한 경우 둘 다 문제의 조건을
만족하며 두 경우에서 공통적으로 B가 거짓을 말한다.

06 ③

[추천 풀이 도구] 메모장
〈보기〉의 네 명제를 이어준 결과를 모두 기억하기 어렵다.
메모장에 빠르게 정리하며 풀이하자.
〈보기〉 중 맨 위의 조건을 조건1, 그 아래의 조건을 조건2
와 같이 명명하겠다. 조건2, 조건4, 조건1의 대우, 조건3
의 순서로 이어주면 다음과 같다.
[흉노 → ~갈 → 저 → 선비 → ~강]

추가로 정리한 명제 전체를 대우하듯 정리한 결과를 하나
더 적은 뒤 풀이해도 좋다. 이보다는 정리한 명제를 왼쪽
으로 읽으며 NOT(~)을 붙이며 풀이하는 게 더 빠르다.
다만 해설이기에 다음과 같이 정리 후 선택지를 판별하
겠다.
[강 → ~선비 → ~저 → 갈 → ~흉노]

③ 강족의 힘이 세면 갈족의 힘이 세다.
  [강 → ~선비 → ~저 → 갈 → ~흉노]에 의해 항상
  참이라고 알 수 있다.

[오답 체크]
① 흉노족의 힘이 세면 강족의 힘이 세다.
  [흉노 → ~갈 → 저 → 선비 → ~강]에 의해 항상 거
  짓이라고 알 수 있다.

② 선비족의 힘이 세면 흉노족의 힘이 세다.
  [흉노 → ~갈 → 저 → 선비 → ~강]를 보면 흉노족
  은 선비족보다 왼쪽에 있다. 즉 선비족이 힘이 세다고
  하여 흉노족의 힘이 센지 아닌지 알 수 없다. 항상 참
  인지 거짓인지 알 수 없다.

④ 저족의 힘이 세지 않으면 강족의 힘이 세다.
  [강 → ~선비 → ~저 → 갈 → ~흉노]를 보면 ~저
  족보다 강족이 왼쪽에 있다. 저족이 힘이 세지 않다고
  하여 강족이 힘이 센지 세지 않은지 알 수 없다. 항상
  참인지 거짓인지 알 수 없다.

⑤ 강족의 힘이 세지 않으면 흉노족의 힘이 세다.
  [흉노 → ~갈 → 저 → 선비 → ~강]를 보면 강족의
  힘이 세지 않다고 하여 판단할 수 있는 건 아무 것도
  없다. 항상 참인지 거짓인지 알 수 없다.

07 ①

[추천 풀이 도구] 눈으로만

D는 A와 마주 보고 앉지 않는다는 조건을 먼저 적용하자. 이후 A와 이웃한 자리에 F가 앉도록 경우를 나눈 후 B와 E 사이에 1명이 앉는다는 조건을 적용하면 다음과 같다. B와 E는 자리를 바꿀 수 있기에 BE 또는 EB로 표현했다.

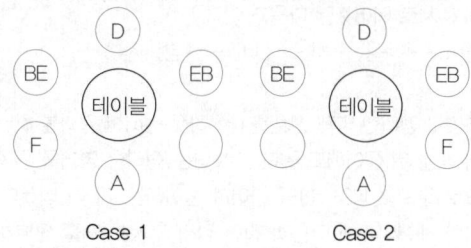

Case 1   Case 2

남은 한 자리는 C가 앉는 자리다. C와 항상 인접하게 앉는 사람은 A이다.

08 ①

[추천 풀이 도구] 눈으로만

홍보팀인 인원은 마케팅팀인 인원과 같다. 전체 인원이 7명인 점을 고려할 때 다음의 팀별 인원을 도출할 수 있다.
Case 1. 인사팀: 1명, 홍보팀: 3명, 마케팅팀: 3명
Case 2. 인사팀: 3명, 홍보팀: 2명, 마케팅팀: 2명
Case 3. 인사팀: 5명, 홍보팀: 1명, 마케팅팀: 1명

인사팀에 A, B, C, D 중 2명이 속한다. 인사팀의 최소 인원은 2명 이상이다. Case 1은 조건을 만족하지 않는다. Case 2, 3에서 정보를 더 얻어보자.

Case 2. 인사팀: 3명, 홍보팀: 2명, 마케팅팀: 2명
A, B, C, D 중 2명은 인사팀이고 나머지 2명은 인사팀이 아니다. 인사팀이 3명이기에 E, F, G 중 1명이 인사팀이다. E와 F는 같은 팀이다. E와 F 중 1명만 인사팀일 수 없다. G가 인사팀이다.
E와 F가 홍보팀인 경우와 마케팅팀인 경우로 더 나뉜다.

Case 3. 인사팀: 5명, 홍보팀: 1명, 마케팅팀: 1명
A, B, C, D 중 2명은 인사팀이고 나머지 2명은 인사팀이 아니다. 인사팀이 5명이기에 E, F, G는 인사팀이다.

09 ②

[추천 풀이 도구] 눈으로만

A는 B가 하는 말이 거짓이라고 한다. A의 진술이 진실이면 B의 진술은 거짓이고 A의 진술이 거짓이면 B의 진술은 진실이다. A와 B는 모든 경우에서 둘 중 1명이 진실을 말하고 나머지 1명이 거짓을 말하는 모순관계다.
B는 C가 남직원이라고 하고 D는 C가 여직원이라고 한다. C가 남직원이거나 여직원이라는 점을 고려하면 B와 D의 진술은 모순관계다.
문제에서 1명만 거짓을 말한다고 한다. 위에서 확인한 두 모순관계를 토대로 문제의 조건을 만족하는 경우에서 B가 거짓을 말한다고 알 수 있다. A, C, D, E의 진술은 문제의 조건을 만족하는 경우에서 진실이다. 이들의 진술을 종합하면 B와 E가 남직원이라고 알 수 있다. 반드시 남직원인 사람은 B와 E이다.

[오답 체크]
1) E의 진술을 토대로 B와 E가 남직원이라고 알 수 있다. D의 진술을 토대로 C가 여직원이라고 알 수 있다. 문제에서 2명만 여직원이라고 하니 C와 A가 여직원인 경우와 C와 D가 여직원인 경우가 문제에서 제시한 조건을 만족하는 경우다.
2) 확인을 위해 5명 중 2명이 여직원인 각 경우에서 A, B, C, D, E의 진술의 진실/거짓 여부를 정리하면 다음과 같다.

진술 여직원	A	B	C	D	E	거짓말 인원
A, B	거짓	진실	진실	거짓	거짓	3
A, C	진실	거짓	진실	진실	진실	1
A, D	거짓	진실	진실	거짓	진실	2
A, E	거짓	진실	거짓	거짓	거짓	4
B, C	진실	거짓	진실	진실	거짓	2
B, D	거짓	진실	진실	거짓	거짓	3
B, E	거짓	진실	거짓	거짓	거짓	4
C, D	진실	거짓	진실	진실	진실	1
C, E	진실	거짓	거짓	진실	거짓	3
D, E	거짓	진실	거짓	거짓	거짓	4

10 ①

[추천 풀이 도구] 눈으로만

하루에 근무하는 사람이 4명씩이다. 하루를 기준으로 A, B, C, D, E 중 1명이 무조건 휴일을 갖는다고 알 수 있다. 즉 월요일부터 금요일까지 중 휴일이 겹치는 사람은 없다. 문제에서 묻는 것은 항상 참이고 선택지에서 누구의 휴일이 무슨 요일인지를 말한다. 문제의 상황과 〈보기〉의 조건을 만족하는 경우가 여럿이 나오더라도 특정 요일에 특정 인물이 항상 휴일을 갖는다고 알 수 있다. 이에 집중하며 풀어보자.

B의 휴일과 C의 휴일은 2일 차이다. 둘 중 누구의 휴일이 먼저인지는 모르지만 B의 휴일과 C의 휴일 사이에 1명이 휴일을 가진다고 알 수 있다. E의 휴일은 D의 휴일보다 2일이 늦다. E의 휴일과 D의 휴일 사이에 1명이 휴일을 가진다고도 알 수 있다. 순서는 확정할 수 없지만 B, C, D, E는 나흘간 연달아 휴일을 가진다. 월, 화, 수, 목으로 연달아 휴일일 수도 있고 화, 수, 목, 금으로 연달아 휴일일 수 있다.

A의 휴일은 D의 휴일보다 빠르다. A의 휴일은 월요일이다.

[오답 체크]

문제의 상황과 〈보기〉의 조건을 만족하는 경우를 모두 찾으면 다음과 같다. B와 C는 휴일을 바꿀 수 있기에 B/C 또는 C/B로 정리했다.

월	화	수	목	금
A	D	B/C	E	C/B
A	B/C	D	C/B	E

11 ④

[추천 풀이 도구] ① 눈으로만
[추천 풀이 도구] ② 메모장(반드시 과장인 사람의 이름만 적기)

반드시 과장인 사람이 누구인지만 확인하면 된다. 머리로 처리하자. 헷갈린다면 명제를 모두 정리할 필요는 없고 반드시 과장으로 판별된 사람 정도만 메모장에 적으며 풀이하자.

A, B, C, D, E, F의 직급은 대리와 과장 중 하나다. 직급이 대리가 아니라면 과장이고 과장이 아니라면 대리다.

F는 과장이다. 'F가 과장이면 A는 대리이다.'를 토대로 A는 대리라고 알 수 있다.

'B 또는 E가 대리라면 A는 과장이다.'를 대우하면 'A가 대리라면 B와 E는 과장이다.'이다. A가 대리라고 알고 있으니 B와 E는 과장이다.

E가 과장이다. 'E가 과장이라면 C는 대리가 아니고 D는 과장이 아니다.' 조건에 의해 C가 과장이라고 알 수 있다. 참고로 D는 대리이지만 필요한 정보가 아니다.

과장인 사람은 F, B, E, C로 4명이다.

12 ③

[추천 풀이 도구] 눈으로만

A가 출산한 경우부터 C가 출산한 경우까지 총 3개 경우에서 A, B, C의 진술이 진실인지 거짓인지 확인하자. 눈으로만 확인하는 것을 추천하나 해설이기에 표로 정리하여 다음과 같이 제시한다.

진술 출산	A	B	C	거짓말 인원
A	거짓	진실	진실	1
B	진실	진실	거짓	1
C	진실	거짓	거짓	2

A가 출산한 경우와 B가 출산한 경우 모두 문제의 조건을 만족한다. C는 출산하지 않았다.

13 ⑤

[추천 풀이 도구] 눈으로만

항상 참인 것을 물으며 선택지 다수에서 묻는 건 여행지와 성별이다. 문제의 상황과 〈보기〉의 조건을 만족하는 경우가 여럿으로 나오더라도 특정 누군가는 여행지와 성별이 같을 가능성이 높다.

C는 태국으로 여행을 가고 A와 D는 같은 곳으로 여행을 간다. 태국으로 여행을 가는 인원은 영국으로 여행을 가는 인원보다 적다. A와 D가 태국으로 여행을 가면 태국으로 여행을 가는 인원은 영국으로 여행을 가는 인원보다 많아진다. A와 D는 영국으로 여행을 간다. 단 태국으로 여행을 가는 사람이 1명인지 2명인지는 아직 알 수 없다. C는 여자다. B와 E의 성별이 다르다. 여자가 2명이라는 점을 고려하면 C와 B, E 중 1명이 여자다. A와 D는 남자다. A와 D는 영국으로 여행을 가며 남자다.

문제의 상황과 〈보기〉의 조건을 만족하는 모든 경우를 정리하면 다음과 같다. B와 E를 바꿔도 되는 경우는 편의상 B/E 또는 E/B로 표기했다.

	태국(1)	영국(4)
여자(2)	C	B/E
남자(3)		A, D, E/B

Case 1

	태국(2)	영국(3)
여자(2)	C	E/B
남자(3)	B/E	A, D

Case 2

	태국(2)	영국(3)
여자(2)	C, B/E	
남자(3)		A, D, E/B

Case 3

14 ①

[추천 풀이 도구] 눈으로만

[치트키]

각 선택지에서 제시한 2명은 거짓을 말하는 2명이다. 진술관계 또는 진술관계처럼 활용할 수 있는 정보를 토대로 선택지를 소거하자.

- D, E의 진술이 동일관계: ②, ④ 소거
- A, B의 진술을 모순관계처럼: ⑤ 소거
- B, E의 진술을 동일관계처럼: ③, ⑤ 소거

[일반풀이]

진술관계 또는 진술관계처럼 활용할 수 있는 정보를 먼저 확인하자.

- D, E의 진술이 동일관계: D는 E가 하는 말이 진실이라고 한다. D의 말이 진실이면 E의 말도 진실이고 D의 말이 거짓이면 E의 말도 거짓이다. D와 E는 모든 경우에서 둘 다 진실을 말하거나 둘 다 거짓을 말하는 동일관계다.

- A, B의 진술을 모순관계처럼: A는 B가 탄산음료를 마신다고 한다. A의 진술이 진실이면 B는 탄산음료를 마신다. 문제에서 탄산음료를 마시는 2명은 거짓을 말한다고 한다. 해당 조건을 만족하는 경우에서 B는 거짓을 말한다. A의 진술이 거짓이면 B는 탄산음료를 마시지 않는다. 탄산음료를 마시지 않는 3명이 진실을 말한다는 조건을 만족하는 경우에서 B는 진실을 말한다. 즉

탄산음료를 마시는 2명은 거짓을 말하고 나머지 3명은 진실을 말한다는 조건을 만족하는 경우에서는 A와 B의 진술을 모순관계처럼 활용할 수 있다.

- B, E의 진술을 동일관계처럼: B의 진술이 진실이면 E는 탄산음료를 마시지 않는다. 탄산음료를 마시지 않는 3명이 진실을 말한다는 조건을 만족하는 경우에서 E는 진실을 말한다. B의 진술이 거짓이면 E는 탄산음료를 마신다. 탄산음료를 마시는 2명은 거짓을 말한다는 조건을 만족하는 경우에서 E는 거짓을 말한다. 즉 탄산음료를 마시는 2명은 거짓을 말하고 나머지 3명은 진실을 말한다는 조건을 만족하는 경우에서는 B와 E의 진술을 동일관계처럼 활용할 수 있다.

위의 정보를 토대로 편을 나눠보자. 진실게임 문제에서 진술은 진실과 거짓으로 이분법적으로 나누기 때문에 편을 나누는 풀이가 편리할 때가 많다. 'D, E, B VS A'의 구도를 보인다. 문제에서 진실을 말하는 사람이 3명이다. D, E, B가 진실을 말하고 A, C가 거짓을 말한다.

선택지에서 제시한 5가지의 각 경우에서 A, B, C, D, E의 진술의 진실/거짓 여부를 파악하면 다음과 같다.

탄산＼진술	A	B	C	D	E	거짓말 인원
① A, C	거짓	진실	거짓	진실	진실	2
② A, D	거짓	진실	거짓	진실	진실	2
③ B, C	진실	진실	거짓	진실	진실	0
④ B, E	진실	거짓	진실	진실	진실	1
⑤ D, E	거짓	거짓	거짓	거짓	거짓	5

A, C가 탄산음료를 마시는 경우와 A, D가 탄산음료를 마시는 경우 둘 다 거짓말을 하는 사람이 2명이다. 둘 중 문제에서 제시한 탄산음료를 마시는 2명이 거짓을 말하는 2명인 경우는 A, C가 탄산음료를 마시는 경우뿐이다.

15 ⑤

[추천 풀이 도구] D, E, A, F 정리까지는 그림판 → 이어지는 풀이는 눈으로만

D를 1행 2열의 좌석, E를 3행 1열의 좌석에 고정하자. 2행의 좌석 중 한 좌석만 빈자리다. 같은 행에 앉는 A와 F는 4행의 좌석에 앉는다. 단 둘 중 누가 1열에 앉는지 알 수 없다. 이를 A/F 또는 F/A로 정리하자. 그림판이기에 O 등으로 4행의 두 칸을 묶어 체크하며 A, F의 자리라고 기억해도 좋다.

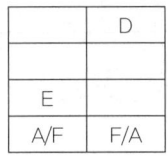

C가 앉는 좌석과 같은 열이며 바로 앞의 좌석은 빈자리다. C가 2행 1열에 앉는 경우와 3행 2열에 앉는 경우로 나뉜다.

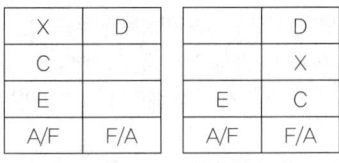

Case 1   Case 2

2행의 좌석 중 한 좌석만 빈자리다. Case 1에서는 2행 2열의 좌석이 빈자리다. B는 자연스럽게 3행 2열의 좌석에 앉는다. Case 2에서는 이미 2행의 좌석 중 2열의 좌석이 빈자리기에 2행 1열의 좌석에 B가 앉는다. 1행 1열의 좌석이 빈자리라고 알 수 있다.

X	D
C	X
E	B
A/F	F/A

Case 1

X	D
B	X
E	C
A/F	F/A

Case 2

16 ②

[추천 풀이 도구] 눈으로만

[치트키]

경우의 수를 묻는다. 경우를 나누는 조건이 무엇이고 몇 개로 나뉘는지를 위주로 확인하자.

B의 직급은 C의 직급보다 높다. A의 직급이 결정되면 남은 두 직급 중 높은 직급이 B의 직급이다. 즉 A의 직급이 경우를 나누는 key이다. B와 C의 직급은 자연스럽게 결정된다.

출장지도 이미 A는 이천으로 고정되어 있다. B와 C 중 직급이 차장인 사람이 청주로 출장을 가니 출장지를 기준으로 경우를 굳이 나눌 필요가 없다고 생각된다.

A는 이천으로 출장을 간다. 그러면서 청주로 출장을 가는 사람이 차장이다. A는 차장일 수 없다. A가 과장인 경우와 부장인 경우로 나뉜다.

즉 이들의 직급과 출장지를 확정할 수 있는 경우는 2가지이다.

[일반풀이]

변수의 종류가 3가지이다. 한 축에 직급의 값을 놓고 다른 한 축에 출장지의 값을 놓은 뒤 표 안에 A, B, C를 채워보자.

청주로 출장을 가는 사람은 차장이다. 3명 중 직급이 같은 사람도 없고 출장지가 같은 사람도 없다. 직급이 과장인 사람과 부장인 사람은 청주로 출장을 가지 않는다. 같은 맥락으로 차장인 사람은 분당과 이천으로 출장을 가지 않는다. 이를 표기하여 더 효율적으로 사고할 수 있도록 준비하자.

	분당	이천	청주
과장			X
차장	X	X	
부장			X

A는 이천으로 출장을 간다. A의 직급이 과장인 경우와 부장인 경우로 나누어보자.

Case 1. A가 과장

과장을 제외한 직급은 부장과 차장이다. B의 직급은 C의 직급보다 높다는 조건에 의해 B는 부장이고 C는 차장이라고 알 수 있다. 직급이 차장인 사람이 청주로 출장을 가니 C가 청주로 출장을 가고 B가 분당으로 출장을 간다고 알 수 있다.

	분당	이천	청주
과장		A	X
차장	X	X	C
부장	B		X

Case 1

Case 2. A가 부장

부장을 제외한 직급은 차장과 과장이다. B의 직급은 C의 직급보다 높으니 B가 차장이고 C가 과장이다. 청주로 출장을 가는 사람은 차장이다. B가 청주로 출장을 가고 C는 청주도 이천도 아닌 분당으로 출장을 간다.

	분당	이천	청주
과장	C		
차장	✕	✕	B
부장	✕	A	✕

Case 2

17 ④

[추천 풀이 도구] Case 정리는 메모장 → 이어지는 풀이는 눈으로만

[치트키]

A, B, C의 등수를 기준으로 Case를 정리 후 메모장에 적어두자. 이후 진술에서 정보를 얻어 만족하지 않는 Case를 지우는 방식으로 접근하자.

A의 두 진술은 C가 2등인 경우 둘 다 거짓이 된다. C가 2등인 두 Case를 지우자.

> A : 1, B : 2, C : 3   ~~A : 1, B : 3, C : 2~~
> A : 2, B : 1, C : 3   A : 2, B : 3, C : 1
> ~~A : 3, B : 1, C : 2~~   A : 3, B : 2, C : 1

A의 두 진술이 진실인 경우도 생각해보자. A가 1등, C가 3등, B가 2등인 경우 두 진술이 진실이다. 해당 Case도 지우자.

> ~~A : 1, B : 2, C : 3~~   ~~A : 1, B : 3, C : 2~~
> A : 2, B : 1, C : 3   A : 2, B : 3, C : 1
> ~~A : 3, B : 1, C : 2~~   A : 3, B : 2, C : 1

3개 Case가 남았다. 3개 Case 모두 각 인물의 2번의 진술 중 1번의 진술이 진실이고 1번의 진술이 거짓인지 확인하자. A가 3등이고 B가 2등이며 C가 1등인 경우는 C의 두 진술이 거짓이다. 이를 소거하자. 남은 두 경우 모두 공통적으로 A가 2등이라고 한다.

[일반풀이]

A, B, C의 등수를 각기 다르게 부여하는 경우는 총 6가지이다. 6가지의 각 경우에서 각 인물의 2번의 진술 중 1번의 진술이 진실이고 1번의 진술이 거짓인지 확인하자.

A의 첫 번째 진술을 A1, 두 번째 진술을 A2와 같이 간략히 표현했다. B, C도 마찬가지다.

Case \ 진술	A1	A2	B1	B2	C1	C2
A : 1, B : 2, C : 3	진실	진실	거짓	진실	거짓	진실
A : 1, B : 3, C : 2	거짓	거짓	거짓	거짓	거짓	진실
A : 2, B : 1, C : 3	거짓	진실	거짓	진실	거짓	진실
A : 2, B : 3, C : 1	거짓	진실	거짓	진실	진실	거짓
A : 3, B : 1, C : 2	거짓	거짓	거짓	진실	거짓	진실
A : 3, B : 2, C : 1	거짓	진실	진실	거짓	거짓	거짓

A가 2등인 2개 경우 모두 문제의 조건을 만족한다.

18 ⑤

[추천 풀이 도구] 눈으로만

[치트키]

6명을 일렬로 줄을 세우는 경우는 720가지다. 720가지 경우 중 〈보기〉의 조건을 만족하는 경우를 찾는 풀이보다 선택지로 제시한 5가지 경우 중 〈보기〉의 조건을 만족하는 경우를 찾는 풀이가 보다 빠르다. 소거의 방식으로 접근하자.

- E가 도착하고 바로 뒤에 B가 도착했다: ②, ④ 소거
- F는 두 번째로 도착했다: 소거 대상 없음
- A보다 늦게 도착했으며 C보다 먼저 도착한 사람은 3명
  이다: ①, ③, ④ 소거

[일반풀이]

F를 두 번째에 고정하자. A보다 늦게 도착했으며 C보다 먼저 도착한 사람은 3명이다. A는 첫 번째로 도착했고 C는 다섯 번째로 도착했다.

1	2	3	4	5	6
A	F			C	

E가 도착하고 바로 뒤에 B가 도착했다. 연속하여 도착한 자리는 세 번째와 네 번째다. E가 세 번째로 도착했고 B가 네 번째로 도착했다. 자연스럽게 D는 여섯 번째로 도착했다고 알 수 있다.

1	2	3	4	5	6
A	F	E	B	C	D

19 ③

[추천 풀이 도구] 눈으로만

세 전제를 토대로 결론을 얻는다. 제시한 세 명제를 비교하며 연결하면 되기에 눈으로 처리하자.

결론을 토대로 전제1, 전제2, 전제3을 이어준 순서를 유추하자. 결론에서 뒤에 온 개념이 난을 좋아하지 않는 사람이다. 이를 토대로 전제2의 대우가 세 번째라고 알 수 있다. 결론에서 앞에 온 개념은 죽을 좋아하는 사람인데 전제1에 없다. 이를 토대로 대우 유무는 아직 알 수 없지만 전제3이 첫 번째라고 알 수 있다.

전제1은 두 번째이며 대우하지 않아야 전제2의 대우와 이어줄 수 있다. 이어준 결과는 '매 → ~국 → ~난'이다. 결론에서 앞에 온 개념이 죽을 좋아하는 사람인 점을 토대로 전제3은 '죽 → 매'라고 알 수 있다. 선택지에서 답을 찾을 수 있다. 참고로 비슷한 문제인데 만약 답이 없다면 '죽 → 매'를 대우하면 답을 찾을 수 있을 것이다.

20 ②

[추천 풀이 도구] 눈으로만

A가 은퇴한 경우를 가정 후 A, B, C의 진술이 진실인지 거짓인지 판별하고 B가 은퇴한 경우를 가정한 뒤 3명의 진술이 진실인지 거짓인지 판별하고 C가 은퇴한 경우에도 각 진술의 진실/거짓여부를 확인하지. 눈으로만 풀이하기를 추천하는 문제이나 해설을 위해 표로 정리하면 다음과 같다.

진술 은퇴	A	B	C	거짓말 인원
A	진실	진실	거짓	1
B	거짓	진실	진실	1
C	진실	거짓	거짓	2

A가 은퇴한 경우와 B가 은퇴한 경우가 문제의 조건을 만족하며 두 경우 모두 B가 진실을 말한다.

Chapter 05 수열추리

01	02	03	04	05	06	07	08	09	10
⑤	②	③	④	④	②	②	④	③	③
11	12	13	14	15	16	17	18	19	20
①	④	③	③	⑤	④	⑤	①	⑤	③

01 ⑤

주어진 수열은 '(n)항 + (n + 1)항 = (n + 2)항'의 규칙을 가지는 피보나치수열이다. 따라서 빈 칸에 들어갈 값은 $156.93 + 256.06 = 412.99$이다.

02 ②

주어진 수열은 세 개의 항씩 묶어 규칙을 가지는 군수열로 '1항 × 2항 = 3항'인 규칙을 가진다. 따라서 빈 칸에 들어갈 값은 $19 × 16 = 304$이다.

03 ③

주어진 수열은 공비가 × 0.6인 등비수열이다. 따라서 빈 칸에 알맞은 수는 $326.7 × 0.6 = 196.02$이다.

04 ④

제시된 수열의 2항 분모와 분자에 × 15, 5항 분모와 분자에 × 3을 하면 규칙이 보인다.

$$\frac{27}{40} \quad \frac{30}{45} \quad \frac{33}{50} \quad \frac{36}{55} \quad \frac{39}{60} \quad \frac{42}{65}$$

분모는 + 5씩, 분자는 + 3씩 증가하는 규칙이므로 9번째 항은 $\frac{27 + 3 × 8}{40 + 5 × 8} = \frac{51}{80}$이다.

05 ④

주어진 수열은 홀수 항과 짝수 항에 각기 다른 규칙이 적용되는 수열로, 홀수 항은 × 3, 짝수 항은 × 2이 적용된다.
(A) = 6항 = 4항 × 2 = 484 × 2 = 968
(B) = 9항 = 7항 × 3 = 1,998 × 3 = 5,994
따라서 A + B = 968 + 5,994 = 6,962

06 ②

제시된 수열은 인접한 항의 차이가 일정한 규칙을 갖는 계차수열로, 인접한 항의 차이가 초항이 26, 공차가 7인 등차수열의 규칙을 가진다. 6번째 항인 512는 458 + 54이므로 7번째 항인 빈 칸에 알맞은 수는 512 + (54 + 7) = 573이다.

07 ②

주어진 수열은 홀수 항과 짝수 항에 각기 다른 규칙이 적용되는 수열로, 홀수 항은 공차가 + 23인 등차수열이고 짝수 항은 공비가 × 2인 등비수열이다. 따라서 A = 24 × 2 = 48, B = 69 + 23 = 92이므로 A + B = 140이다.

08 ④

주어진 수열은 × (− 3)와 + 20을 교대로 반복하는 수열이다. 따라서 빈 칸에 들어갈 값은 − 22 × (− 3) = 66이다.

09 ③

주어진 수열은 분자가 × 5, 분모가 × 3씩 증가하는 수열이다. 따라서 6번째 항의 분자는 3,125 × 5 = 15,625이고 분모는 324 × 3 = 972이다.

10 ③

주어진 수열은 공차가 + 87인 등차수열이다. 따라서 9번째 항은 267 + (87 × 8) = 963이다.

11 ①

주어진 수열은 세 개의 항씩 묶어 규칙을 가지는 군수열로 '1항 × 2항 = 3항'인 규칙을 가진다. 따라서 빈 칸에 들어갈 값은 14 × 2.5 = 35이다.

12 ④

제시된 수열은 아래와 같이 분모를 12로 통분했을 경우 규칙이 보이는 수열이다.

$$\frac{26}{12} \quad \frac{39}{12} \quad \frac{52}{12} \quad \frac{65}{12} \quad \frac{78}{12} \quad \frac{91}{12} \quad \frac{104}{12}$$

분모는 12로 동일하며 분자는 초항이 26, 등차가 13인 등차수열이다.

따라서 빈 칸에 들어갈 값은 $\frac{117}{12} = \frac{39}{4}$이다.

13 ③

제시된 수들은 짝수 항과 홀수 항에 각기 다른 규칙이 적용되는 수열로, 홀수 항은 초항이 3140이고 공차가 + 15인 등차수열, 짝수 항은 초항이 4580이고 공차가 + 15인 등차수열이다. 따라서 빈 칸에 들어갈 값은 359 + 15 = 374이다.

14 ③

주어진 수들은 ' × 2', ' − 2', ' × 2', ' − 3', ' × 2', ' − 4' … 의 규칙을 가지는 특수 수열이므로 빈 칸에 들어갈 값은 60 − 5 = 55이다.

15 ⑤

제시된 수열은 ' × (− 2)'와 ' + 20'이 반복되는 규칙을 가지는 수열이다.
A = (− 157.6) × (− 2) = 315.2, B = 315.2 + 20 = 335.2
따라서 A + B = 315.2 + 335.2 = 650.4이다.

16 ④

주어진 수열은 세 개의 항씩 묶어 규칙을 가지는 군수열로, 세 개의 항의 합이 같다는 규칙을 가진다. 세 개의 항의 합은 '1,742'이므로 (   ) + 648 + 125 = 1,742, 따라서 빈 칸에 들어갈 값은 969이다.

17 ⑤

제시된 수열은 정수 부분은 × 2, 소수 부분은 + 0.123를 계산하는 규칙을 가진다. 따라서 8번째 항의 정수 부분은 32 × 2 × 2 = 128, 소수 부분은 0.726 + 0.123 + 0.123 = 0.972이므로 8번째 항의 값은 128.972이다.

18 ①

주어진 수열은 '(n)항 + (n + 1)항 = (n + 2)항'의 규칙을 가지는 피보나치수열이다.
A = 22 + 33 = 55, B = 88 + 143 = 231
따라서 B − A = 231 − 55 = 176이다.

19 ⑤

주어진 수열은 $-\dfrac{3}{7}$, $+\dfrac{5}{7}$가 반복되는 규칙을 가지는

수열이다.

따라서 빈 칸에 들어갈 값은 $\dfrac{3}{7}+\dfrac{5}{7}=\dfrac{8}{7}$이다.

20 ③

주어진 수들의 분자는 1이며 분모는 자기 자신만을 약수로 가지는 소수의 나열이다. 47과 59 사이에 위치에 알맞은 소수는 53이다. 따라서 빈 칸에 들어갈 값은 $\dfrac{1}{53}$이다.

Chapter 01 언어이해

01	02	03	04	05	06	07	08	09	10
④	①	⑤	④	①	③	④	③	②	②
11	12	13	14	15	16	17	18	19	20
①	③	④	②	④	②	③	③	①	③

01 ④

주어진 지문은 단순히 인구 고령화나 복지 문제를 다룬 것이 아니라, 노년층이 경제의 핵심 소비자이자 새로운 시장 주체로 떠오르는 현상, 즉 그레이 르네상스를 중심으로 설명하고 있다. 특히 노년층의 소비 증가가 산업 구조를 재편하고 사회 전반에 파급력을 미친다는 점을 강조하므로 ④이 가장 적절한 주제이다.

[오답 체크]
①, ② 고령화, 시니어 세대에 대한 주제는 맞지만 그 외 관련 키워드를 지문에서 찾을 수 없다.
③ 시니어 세대의 자산 보유나 소비 성향 변화가 이뤄지고 있다는 것을 제시하고는 있으나 그에 따른 산업 전략을 제시하고 있지 않다.
⑤ 노년층이 복지 수혜자에서 소비 주체로 전환되고 있는 것은 맞으나 적응 과정은 지문에서 찾을 수 없다.

02 ①

주어진 지문은 프로이트의 이론에 따라 인간 정신을 의식·전의식·무의식의 층위로 나눈 구조와 이드, 에고, 수퍼에고의 기능적 구성을 함께 설명한다. 이는 단순한 개념이 아닌 전체 심리 작동 원리를 설명하는 이론 체계로서 인간 행동과 내면 갈등을 해석하는 틀을 제시한다. 따라서 정답은 ①이다.

[오답 체크]
② 마음의 구조를 나누어 설명하고 있지만 구조 간 양식의 다양성이나 그 원인은 다루고 있지 않다.

③ 인간 정신의 기능적 분할에 대해 설명하고 있지만 무의식의 상징적 발현은 다루고 있지 않다.
④ 에고와 슈퍼에고에만 초점을 둔 선택지로 지문에서 방어기제의 개념은 설명하고 있지 않다.
⑤ 에고의 역할에 대해서만 설명하고 있으며 구조나 층위의 구분과는 거리가 있다.

03 ⑤

첫 번째 문단의 선과 악의 이원론이라는 중심개념과 함께 도덕적 선택을 중시한다고 했으므로, 첫 번째 문단을 통합적으로 추론해보면 내용을 정확히 파악할 수 있다. 따라서 정답은 ⑤이다.

[오답 체크]
① 두 번째 문단에서 확인할 수 있다. 불의 상징성에 대한 설명은 있으나, 단순히 불을 숭배하는 종교로 이해하는 것은 부정확하다고 설명하고 있다.
② 첫 번째 문단에서 인간은 자유의지를 바탕으로 선을 선택한다고 했으므로 정반대의 주장이다.
③ 마지막 문단에서 직선적 시간관을 가진다고 했으므로, 순환적 해석에 대한 주장은 불일치한다.
④ 유일신 사상과 관련된 내용은 지문에 나와 있지 않으므로, 내용의 일치 여부를 판단할 수 없다.

04 ④

두 번째 문단에서 갈릴레이의 관측과 케플러의 수학적 계산을 통해 지동설이 발전했다고 설명한 부분과 일치한다. 따라서 정답은 ④이다.

[오답 체크]
① 두 번째 문단에서 갈릴레이가 지동설을 지지했고 케플러가 이를 수학적으로 뒷받침했다고 했으므로 일치하지 않는다.
② 두 번째 문단에서 코페르니쿠스는 자신의 이론이 성경적 권위와 충돌할 것을 우려하여 소극적인 태도를 보였고, 책도 사후에 출간되었다고 했으므로 일치하지 않는다.

③ 첫 번째 문단에서 단지 천체의 운동을 설명하는 데 그치지 않고 세계관 전체를 뒤흔드는 이론이었다고 했으므로 일치하지 않는다.
⑤ 첫 번째 문단에서 코페르니쿠스가 지동설을 체계화하며, 지구가 자전하는 동시에 태양을 중심으로 공전한다고 했으므로 일치하지 않는다.

05 ①

ⓐ 앞의 문장은 움벨트가 실재를 완전히 부정하는 것이 아니라, 생명체가 그 실재를 어떻게 경험하느냐에 초점을 둔다는 점을 말하고 있다. ⓐ 뒤의 문장은 생명체의 경험 세계가 무엇에 의해 매개되는지를 설명하고 있으므로, 가장 적절한 답은 감각적 구성과 지각적 편향이다.

[오답 체크]
②, ⑤ 객관성에 기반한 시각으로 움벨트의 주장을 흐린다.
③ 진화론 중심의 생존 설명으로 본문의 초점과 다르다.
④ 인식보다 윤리적 감정 반응에 가까워 문맥에서 벗어난다.

06 ③

(C)는 2차 전지의 정의와 특성, 그리고 리튬이온 전지가 전자기기에서 활용된 배경을 설명하며 전체 흐름의 도입부에 적절하다. (A)는 이러한 2차 전지가 전기차 배터리에 적용되는 이유와 장점을 제시하며, 앞 문단의 개념을 구체적인 활용 사례로 확장하고 있다. (B)는 전기차용 리튬이온 전지의 구조적·환경적 한계를 제시하며, 기술 활용에 따른 문제점을 드러내는 전환부로 기능한다. (D)는 이러한 문제를 해결하기 위한 대응책과 미래 전망을 제시하며 글의 결론 역할을 한다.

07 ④

지문에서는 노이즈 마케팅의 전략적 가치와 실효성을 중심으로 긍정적인 서술을 하고 있다. 자극이 브랜드 인지도를 높이고 구매 전환에 효과적이라거나 저비용·고효율 전략, 주의 환기에 효과적과 같은 논지가 전개된다. 특히 '짧은 시간 안에 브랜드 인지도를 높이는 데 효과적'이라는 평가를 받기 때문에, 이를 비판하고 있는 ④이 가장 적절하다.

[오답 체크]
① 보완할 수 있다는 점에서 기본적으로 노이즈 마케팅에 대해 긍정적인 입장이다

② 해당 선택지가 지문의 내용을 비판하려면, 지문에서 노이즈 마케팅이 장기적인 매출 증가를 유발한다는 내용이 있어야 한다.
③ 지문의 내용과 동일한 내용이다.
⑤ 실증적 연구가 존재한다는 내용이 있기 때문에 효과성이 입증되지 않았다는 비판은 옳지 않다.

08 ③

지문은 트럼프 대통령의 강경 발언과 철회가 반복되는 협상 패턴을 단순한 리스크가 아니라 예측 가능한 투자 기회로 해석하는 '타코 트레이드' 개념을 설명한다. 이처럼 정치 발언이 자산 가격 흐름과 맞물려 투자 전략으로 해석되는 현상을 정확히 짚은 것은 ③이다.

[오답 체크]
① 심화된 불확실성을 강조하지만 지문은 오히려 예측 가능성에 주목한다.
② 정책 비판이 핵심이지만 지문은 비판이 아니라 활용에 초점이 있다.
④ 방어적 접근을 전제로 하지만 지문은 공격적 전략(매수 기회 활용)을 제안한다.
⑤ 장기적 자산 배분을 강조하나 지문은 단기적 흐름에 대한 설명이다.

09 ②

지문에 일부 국가가 사용자의 소비 패턴을 실시간으로 분석하거나, 특정 목적에만 사용 가능한 화폐를 설계하여 사회정책과 연계하는 실험을 진행한다고 언급하였으므로 일치한다. 또한 용도 제한형 디지털 화폐는 프로그래머블 화폐를 의미하므로 정답은 ②이다.

[오답 체크]
① 현금은 디지털장부에 거래내역이 자동으로 기록되지 않는다.
③ CBDC는 중앙은행이 발행하는 법정 통화이고, 암호화폐는 민간 전자결제 수단이라 성격이 다르다.
④ CBDC는 거래 기록이 남기 때문에 오히려 정부가 정밀한 정책 개입이 가능하다고 언급되었다.
⑤ CBDC는 은행 계좌가 없는 금융 소외계층에도 지급할 수 있다고 하였지, 네트워크에 관해서는 언급하지 않았다.

10 ②

글의 내용이 매우 복잡하고 어렵다. 각 문단 처음과 끝부분에 집중하여 순서를 알아보자. (A)와 (C)는 문단 시작부분에 접속사가 등장하고, (D) 또한 첫 줄에서 '이러한 독창성과'라는 단어로 유추해 볼 때 첫 문단으로는 부적합하다. 따라서 (B)가 첫 문단이다. (B)의 마지막에 '수용 방식'에 대한 언급이 있는데 (C)의 시작 부분에 수용 방식에 대한 내용이 있다. 두 번째는 (C)다. (C)는 창작 주체로서의 AI를 어디까지 인정할 수 있는지에 대한 내용인데 이는 의미상 (A)와 이어질 수 있다. (A) 마지막 문장에서 '독창성'이라는 단어가 등장했는데, (D)의 첫 문장에 '이러한 독창성'이 등장하므로 (A) – (D) 순서가 적합하다.

11 ①

지문에서는 선진국뿐만 아니라 개도국도 자발적 감축 목표를 수립하였기 때문에 기후협약의 실효성이 크다고 주장하였다. 하지만 자발적 감축 목표가 외형적 참여에 가까울 것이라고 주장한다면, 지문의 내용을 비판할 수 있다.

[오답 체크]
② 지문에서는 개도국 또한 기후변화 대응을 위해 자발적 감축 목표를 수립하고 에너지 구조 개편에 나서고 있다고 하였다.
③ 지문 내용과 동일한 논지로 비판이라기보다 동조에 가깝다.
④ 과거의 산업화 책임에 관한 내용은 지문에서 찾아볼 수 없다.
⑤ 모든 국가가 동일한 전환 로드맵으로 설정해야 한다는 주장은 지문이 전제한 유연한 접근과 어긋나며, 현실적이라기보다 이상적 주장에 가깝다.

12 ③

지문은 AI 슬롭이라는 개념을 정의하고, 이 현상이 발생하는 원인과 사례, 그리고 대응 전략(정기적인 재학습, 성능 모니터링)까지 설명하고 있다. 또한 유사 개념인 드리프트와의 차이점도 함께 다루고 있어, 핵심 내용을 모두 포괄하는 ③이 가장 적절한 제목이다.

[오답 체크]
① AI 슬롭과 드리프트 현상의 원인과 차이를 설명하고 있지만 내용을 모두 포괄할 수 없다.
② 지문과 주제가 맞지 않는다.
④ 드리프트에 초점을 맞추어 주제를 벗어난다.

⑤ 성능 저하의 원인 중 하나인 과적합만을 문제로 삼아 지나치게 범위를 좁히고 있다.

13 ④

지문에서는 대상포진의 발병 원인으로, 바이러스가 신경절에 잠복해 있다가 면역 기능이 저하되었을 때 재활성화되는 과정을 설명하고 있다. 이때 세포성 면역이 억제력을 잃는 상황이 재활성화의 직접적인 원인으로 작용하므로, 빈칸에 가장 적절한 문장은 ④이다.

[오답 체크]
① 문맥상 인과관계가 불분명하다. 두 번째 문단에 감염에 대한 언급이 있지만 면역 체계에 대한 감염이 아니라 피부 상피세포에 대한 감염이다.
② 감염 없이 신경에 바로 침투하는 것이 아니라 이미 감염된 바이러스가 신경에 숨어 있다가 나중에 다시 활동하는 것이다.
③ 바이러스가 재활성화되어야 대상포진이 발생한다.
⑤ 바이러스가 재활성화되면서 염증이 생기고 신경통이 발생하는 것이므로, 신경세포가 염증 반응을 유발한다는 설명은 원인과 결과를 혼동한 것이다.

14 ②

지문은 수소 생산 공정에서 니켈 촉매의 역할에 대해 서술하고 있다. 니켈 촉매를 통해 지속적으로 수소를 생산하기 위해서는 일정 온도를 유지해야 한다. 따라서 물질의 안정성이 가장 중요한 요소라고 판단할 수 있다.

[오답 체크]
① 수증기의 순도와 유량제어는 공정에서 중요한 요소일 수는 있지만, 지문에서는 수증기의 조건이 아닌 니켈 촉매의 안정성이 핵심 과제로 부각된다.
③, ④ 빈칸과 관련 없는 요소로 정답과 무관한 내용이다.
⑤ 생성물 처리와 관련된 후반 공정의 문제로, 반응 중심 과정과는 거리가 멀다.

15 ④

(C)는 문화적 옴니보어의 개념과 등장 배경을 소개하며 글의 주제를 제시한다. (A)는 옴니보어가 계층 구분이 아닌 유연한 정체성을 구성한다고 설명하며, 기존 문화 위계를 변화시키고 있음을 설명한다. (B)는 이러한 개방성 이면에 여전히 상위 계층 중심의 자원 불균형이 존재함을 지적하며, 옴니보어의 권력성을 비판한다. (D)는 옴니보

어를 긍정적으로만 보는 관점을 넘어서서, 이면의 권력 구조를 비판적으로 성찰해야 함을 강조하며 글을 마무리한다.

16 ②

진료비 정보 공개는 긍정적인 측면이 있지만, 진료 환경의 차이를 고려하지 않은 표준화는 오히려 소비자 혼란을 줄 수 있다는 지적이다. 지문의 논리를 일부 수용하면서도 실효성과 현실 적용에 대한 우려를 제기하는 가장 적절한 비판은 ②이다.

[오답 체크]
① 지문에서는 진료비에 제한을 두어야 한다고 언급하지 않았다.
③ 사람 중심에서 동물 중심으로의 정책 전환이 국민 건강권과 충돌한다는 주장은 과대 해석이며, 핵심 주제와도 거리가 있다.
④ 진료비 표준화를 옹호하는 내용으로 지문과 동일하므로 비판으로 볼 수 없다.
⑤ 보험 확대의 긍정 효과는 인정하면서도 공공의 개입이 불필요하다는 주장은 전제 자체가 상충되며, 설득력이 떨어진다.

17 ③

지문에서 칸트 윤리는 행위의 결과가 아닌 행위 자체가 도덕 법칙에 합치되는지를 중심으로 판단한다고 언급하고 있다. 따라서 정답은 ③이다.

[오답 체크]
① 트롤리 딜레마의 윤리학적 목적을 간과하고 기술적 맥락으로 오해한 선택지다.
② 공리주의는 행복과 고통의 총합을 기준으로 행위의 도덕성을 평가하며, 개인의 권리 침해 여부보다는 전체 행복의 극대화에 초점을 둔다.
④ 지문에서는 공리주의와 칸트 윤리를 다루고 있을 뿐, 직관 윤리학은 언급하지 않았다.
⑤ 공리주의는 결과 중심, 칸트 윤리는 행위의 원칙 중심으로 접근한다. 즉, 둘 다 결과를 판단 기준으로 삼는다는 전제 자체가 잘못되었고, 칸트 윤리는 오히려 결과가 아무리 좋더라도 행위 자체가 정당해야 한다고 본다.

18 ③

지문은 확률이 매 시행마다 독립적으로 작용한다는 원리를 바탕으로 도박사의 오류를 설명하고 있다. 이 개념을 간접적으로 표현하고 있는 ③이 정답이다.

[오답 체크]
① 확률은 자동으로 균형을 맞추지 않으며, 분포가 조정되는 일은 없다.
② 독립 시행에서는 앞선 결과가 이후 결과에 영향을 줄 수 없다.
④ 시행 횟수가 늘어나면 전체 비율이 수렴할 수는 있으나, 개별 시행의 확률은 변하지 않는다.
⑤ 기댓값은 시행 이전에 정해진 평균값이며, 반복된 결과로 새롭게 형성되지 않는다.

19 ①

지문에서는 관치금리를 통해 금리 변동성이 줄어 금융시장의 불확실성을 완화할 가능성이 있다고 하였지만, 실제로는 금리 변동성을 줄일 수 없으며 시장 예측 가능성을 떨어뜨릴 수 있다는 것은 지문을 비판할 수 있다.

[오답 체크]
② 지문에서는 관치금리가 금융 시장이 미성숙한 국가에서 효과적일 수 있다고만 하였지, 금융 시장이 성숙한 국가의 사정은 언급하지 않았다.
③ 지문에서는 물가 안정 여부를 언급하지 않았다.
④ 지문에서는 관치금리와 장기적인 산업 정책의 시너지에 대해 다루었지, 단기적인 산업 정책은 언급하지 않았다.
⑤ 대기업에 미치는 영향은 지문에서 다루지 않았다.

20 ③

(D)는 고대 그리스 전쟁에서 유래한 마라톤이라는 종목의 상징성과 출발점을 알려주며, 글의 서론 역할을 한다. (A)는 근대 올림픽에서 마라톤 경기가 도입된 초기 상황을 다루며, 거리 규정이 일정하지 않았음을 문제로 제기한다. (B)는 이러한 거리 불규칙 문제와 관련해, 마라톤 거리 42.195킬로미터의 최초 등장을 설명한다. (C)는 앞서 등장한 거리를 공식적으로 확정한 국제기구의 결정을 통해, 마라톤 거리의 표준화 과정을 마무리한다.

Chapter 02 자료해석

01	02	03	04	05	06	07	08	09	10
③	④	②	②	②	⑤	⑤	④	②	③

11	12	13	14	15	16	17	18	19	20
①	②	④	③	②	④	⑤	④	②	⑤

01 ③

㉠ 영업부의 연령대별 교육 이수시간을 20대부터 60대 이상까지 순서대로 나열하면 34시간, 67시간, 110시간, 119시간, 94시간이고, 기술지원부의 연령대별 교육 이수시간은 28시간, 54시간, 83시간, 92시간, 60시간이므로 영업부의 교육 이수 시간이 기술지원부보다 길다.

㉡ 모든 연령대에서 총무부의 교육 이수 시간이 가장 짧다. 따라서 전체 평균 교육 이수 시간도 총무부가 가장 짧다.

㉢ 연구개발부의 20대 평균 교육 이수 시간 23시간이고 기술지원부의 20대 평균 교육 이수 시간은 28시간이다. 즉, $\frac{5}{28} \times 100 = 17.85\%$이므로 20% 이하로 짧다.

㉣ 생산부의 50대 평균 교육 이수 시간은 112시간이고, 기술지원부의 50대 평균 교육 시간은 92시간으로 차이는 $112 - 92 = 20$시간이다. 즉, 차이는 20시간 이상이다.

02 ④

제시된 지역 중 일자리연계 이용자 수가 20,000명 이상인 지역은 서울과 대구, 단 2곳이다.

[오답 체크]

① 심리상담을 제외한 모든 복지 서비스에서 서울의 이용자 수가 가장 많다. 심리상담 이용자 수도 대구와 서울의 차이가 크지 않기 때문에, 굳이 계산하지 않아도 서울이 이용자 수가 가장 많음을 알 수 있다.

② 제시된 자료에서 중장년층의 복지 서비스별 이용자 수를 보면 일자리 연계가 12,100명으로 가장 많다.

③ 대전의 주거지원 이용자 수는 2,480명이고, 서울의 주거지원 이용자 수는 4,200명으로 그 차이는 4,200 − 2,480 = 1,720명이다. 즉, 차이는 1,700명 이상이다.

⑤ 고령층의 심리상담 이용자 수는 820명이고 중장년층의 심리상담 이용자 수는 650명으로 고령층의 심리상담 이용자 수가 더 많다.

03 ②

전체 스마트 교차로 수가 두 번째로 많은 해는 2019년이다. 2019년의 초등학교 주변에 설치된 스마트 교차로 수는 1,701개이고, 유치원 주변에 설치된 스마트 교차로 수는 540개이다. 따라서, $\frac{1,701}{540} = 3.15$이다.

04 ②

㉠ 2021년 적발 건수 1건당 평균 적발 물량은 $\frac{102kg}{625건} =$ $\frac{102,000g}{625건} = 163.2g$

㉡ 2023년의 적발 건수 1건당 적발 금액은 $\frac{3,350억}{990건} ≒$ 3.3억이고 2013년의 적발 건수 1건당 적발 금액은 $\frac{480억}{170건} ≒ 2.82$억으로 2023년이 더 크다.

㉢ 2023년의 적발 금액은 2013년에 비해 $\frac{3,350억}{480건} =$ 6.97억으로 7배 미만이다.

㉣ 2019년은 2018년에 비해 적발 금액은 1,050억에서 1,200억으로 증가하였으나, 적발 건수는 420건에서 395건으로 감소하였다.

05 ②

연령대별 자전거 이용자 수와 그 차이를 구하면 다음과 같다.

연령대	10대	20대	30대	40대	50대
2020년	1,500	2,300	2,800	1,700	1,200
2021년	1,875	2,760	3,080	1,938	1,320
증가 수	375	460	280	238	120

따라서, 2020년 대비 2021년 이용자 수가 가장 많이 증가한 연령대는 20대이다.

06 ⑤

각 도서관별 장시간 점유에 대한 제한 건수는 다음과 같다.
A도서관: 600 × 0.1 = 60건
B도서관: 450 × 0.12 = 54건
C도서관: 720 × 0.15 = 108건
D도서관: 530 × 0.1 = 53건
따라서 총 합은 60 + 54 + 108 + 53 = 275건이다.

07 ⑤

모든 연도에서 육상운송업과 전체 평균의 순서로 월 근로
시간을 비교하면
2017년: 186 > 175, 2018년: 189 > 178,
2019년: 191 > 180, 2020년: 188 > 177,
2021년: 192 > 181으로 매년 육상운송법의 월평균 근
로시간이 길었다.

[오답 체크]
① 2018년 전체 근로자의 월평균 근로시간은 178시간
  이고 2017년은 175시간으로, 전년 대비 증가하였다.
② 수상운송법 근로자의 2020년 월평균 근로시간은
  172시간이고 2019년은 175시간으로, 3시간이 감소
  하였다. 즉, $\frac{3}{175} \times 100 = 1.7\%$이므로 1.5% 이상 감
  소하였다.
③ 항공운송업 근로자의 2020년 월평균 근로시간은
  160시간이고 2019년은 165시간으로, 전년 대비 감
  소하였다.
④ 매년 월평균 근로시간이 가장 긴 업종은 육상운송업
  이다.

08 ④

50대 이상의 비중이므로 50대, 60대, 70대 이상 인구를
모두 더한 다음 전체 인구 중 차지하는 비중을 구하면 된다.
(870 + 763 + 632) ÷ 5,133 ≒ 44.13%이다.

09 ②

건축물 384건이 전체 문화재 766건 중 차지하는 비율은
$\frac{384}{766}$ = 50.13%로 절반 이상이며, 조선시대, 대한제국기,
일제강점기, 6·25전쟁 이후 모두 등재 현황이 있기 때
문에 옳은 설명이다.

[오답 체크]
① 전체 문화재 766건 중 일제강점기 건축물 175건이
  차지하는 비율은 $\frac{175}{766} \times 100 = 22.84\%$이므로 20%
  이상이다.
③ 조선시대 문화재 중 생활용품 2건이 전체 조선시대
  문화재 124건 중 차지하는 비율은 $\frac{2}{124} \times 100 =$
  1.61%로 5% 이하이다.

④ 기록물 169건 중 6·25전쟁 이후 등재된 기록물은
  45건으로 50% 이하이다.
⑤ 산업유산 문화재는 조선시대를 제외하고 나머지 시대
  에 모두 등재되어 있다.

10 ③

생활용품과 취미용품이 차지하는 비율의 차이는 2%이고
2%가 80억 원에서 차지하는 금액은 80억 × 0.02 = 1.6
억 원이다.

[오답 체크]
① 식품 매출액은 25.6억 원이고, 가전제품 매출액은
  14.4억 원으로 차이는 11.2억 원이다.
② 매출액이 16억 원 이상인 품목은 80억 원의 20% 이
  상을 차지하는 식품뿐이다.
④ 기타 상품군의 매출이 차지하는 비율은 10% 이하인
  8%이므로 8억 원 이하인 6.4억 원이다.
⑤ 15억 원이 80억 원에서 차지하는 비율은 $\frac{15억}{80억} \times$
  100 = 18.75%이므로 18.75% 이상을 차지하는 항목
  은 식품 1개뿐이다.

11 ①

1~4인 가구 중 중위소득이 가장 많이 증가한 가구는 28
만원이 증가한 4인 가구이다. 따라서 4인 가구의 증가율
이 정답이다. $\frac{540.1}{512.1} \times 100 = 105.5\%$이므로 증가율은
5.5%이다.
4인 가구가 중위소득 금액은 가장 많이 증가했지만 증가
율은 가장 낮으므로 주의하도록 한다.

12 ②

수도권 미분양 주택은 19,748호이고 전체 미분양 주택은
72,624호이다.
$\frac{19,748}{72,624} \times 100 = 27.192 \cdots$ 이므로 소수점 아래 둘째 자
리에서 반올림하면 27.2%이다.

13 ④

2018년의 투자 건수당 투자 금액은 $\dfrac{80억\ 원}{10건} = 8$억 원이고, 2019년의 투자 건수당 투자 금액은 $\dfrac{150억\ 원}{15건} = 10$억 원이다. 2억 원이 증가하였으므로 증가율은 $\dfrac{2}{8} \times 100 = 25\%$이다. 따라서 20% 이상 증가하였다.

[오답 체크]
① 연도별 투자 건수당 투자 금액은 2018년 8억, 2019년 10억, 2020년 10.5억, 2021년 10억, 2022년 10억이다. 따라서 가장 높은 해는 2020년이다.

② 2020년의 투자 건수당 투자 금액은 $\dfrac{210억\ 원}{20건} = 10.5$억 원이고, 2018년의 투자 건수당 투자 금액은 $\dfrac{80억\ 원}{10건} = 8$억 원이다. 따라서 2020년이 더 크다.

③ 2021년의 투자 금액은 260억 원이고, 2020년의 투자 금액은 210억 원이므로 50억 원이 증가하였고, 증가율은 $\dfrac{50}{210} \times 100 = 23.8\%$이다. 따라서, 25% 이하 증가하였다.

⑤ 투자 금액와 투자 건수 모두 매년 증가하고 있다.

14 ③

전체 도서관 수가 가장 크게 증가한 해는 35개가 증가한 2023년이다. 2023년의 전년 대비 지자체 공공도서관의 증감율은 2022년 976개에서 2023년 1,008개로 증가했으므로 증가율로 계산할 수 있다.

$\dfrac{1,008}{976} \times 100 = 103.28\%$이므로 증감율은 3.28%이다.

15 ②

예체능학부가 수강자 수와 이수율 모두 가장 낮으므로 계산해보지 않아도 이수 인원이 가장 적다는 것을 알 수 있다.

[오답 체크]
① 공학부의 이수 인원은 $400 \times 0.75 = 300$명이므로 300명 이상이다.

③ 인문학부의 이수 인원 $230 \times 0.9 = 207$명이고 사회학부의 이수 인원은 $280 \times 0.8 = 224$명이므로 사회학부의 이수 인원이 더 많다.

④ 전체 학부 중 이수율이 가장 높은 곳은 인문학부이다.

⑤ 굳이 모든 학부를 계산하지 않고 수강자 수가 280명 이상인 학부만 계산해도 정답을 알 수 있다. 자연학부 이수 인원 = $310 \times 0.8 = 248$, 공학부 이수 인원 = $400 \times 0.75 = 300$이다. 따라서 이수 인원이 280명 이상인 학부는 공학부 1개뿐이다.

16 ④

2024년 반려동물양육자 숫자를 구하기 위해서는 먼저 조사 대상자 숫자를 구한 다음, 2024년의 양육비율인 28.6%를 곱하면 된다. 매년 조사 대상자 숫자가 동일하므로 2020년을 기준으로 조사 대상자를 x로 두었을 때, $x \times 27.7\% = 1,385$, $\therefore x = 5,000$(명)이다. 따라서 2024년 반려동물양육인구는 $5,000 \times 28.6\% = 1,430$(명)이다.

17 ⑤

증가요인을 모두 더하면 2,185명이며 감소요인을 모두 더하면 2,329명이다. 따라서 A시의 10월 인구는 전월 대비 144명 감소했다.

18 ④

2022년 보급률이 가장 낮은 구역은 D구역이고, 2023년 보급률이 가장 낮은 구역은 B구역이다.

[오답 체크]
① 보급률이 감소한 구역은 B구역 1곳뿐이며, 감소율은 $\dfrac{3}{35} \times 100 = 8.5\%$로 10% 이하이다.

② 2023년 보급률이 가장 높은 구역은 50%인 C구역이다.

③ D구역는 2023년의 보급률은 36%이고 2022년의 보급률은 30%이므로 전년 대비 보급률이 6%p 상승하였다.

⑤ 2022년과 2023년의 보급률이 모두 40% 이상인 구역은 A구역과 C구역, 2곳이다.

19 ②

모두 계산해야 하는 문제이다. 최대한 계산기를 적게 두드리는 방향으로 계산하자.

ⓐ $= 199 - 6 - 11 - 105 = 77$

ⓑ $= 9 + 11 + 3 + 9 + 4 = 36$

ⓒ $= 135 - 5 - 79 - 3 = 48$

ⓓ $= 7 + 109 + 9 + 74 = 199$

$\therefore$ ⓐ $+$ ⓑ $+$ ⓒ $+$ ⓓ $= 360$

20 ⑤

기관 A와 기관 C의 전임강사 수의 합은 $1,500 + 1,380 = 2,880$명이고, 나머지 기관의 전임강사 수의 합은 $620 + 670 + 240 + 490 + 440 + 390 = 2,850$명이므로 기관 A와 C의 합이 더 많다.

[오답 체크]

① 모든 기관의 시간강사 수는 행정직원 수의 4배 이상이다. 행정직원의 수에 4를 곱한 수와 시간강사의 수를 비교하면 된다.

② 공석 수가 가장 많은 상위 3개 기관은 A, C, F기관이고 시간강사 수가 많은 상위 5개 기관은 B, G, F, C, A기관이다. A, C, F기관 모두 포함된다.

③ 시간강사 수에 4를 곱했을 때 전임강사 수보다 많을 경우 25% 이상이라고 판단할 수 있다. 암산으로도 가능한 문제이며 B, E, F, G기관 4곳이 25% 이상임을 알 수 있다.

④ 기관 H의 전체 인원수는 $390 + 80 + 10 = 480$명으로 480명 이하가 맞다. 공석 3자리를 인원수로 착각하면 안 된다.

Chapter 03 창의수리

01	02	03	04	05	06	07	08	09	10
③	②	⑤	⑤	②	②	⑤	⑤	③	②
11	12	13	14	15	16	17	18	19	20
④	②	③	④	⑤	③	③	③	②	⑤

01 ③

사과의 개수를 x, 배의 개수를 y라고 하면

작년 농장의 수확량: $x + y = 360$ ⋯ (1)

올해 농장이 수확량: $1.1x + 0.8y = 333$ ⋯ (2)

(1), (2)를 연립하여 풀면 $x = 150$, $y = 210$개로 정답은 ③이다.

02 ②

B대리점에서 C대리점까지의 거리를 $x$km라고 하고 속력이 10km/h 일 때 시간은 $\dfrac{x}{10}$, 속력이 20km/h 일 때 시간은 $\dfrac{x}{20}$이므로 $\dfrac{x}{10} - \dfrac{x}{20} = \dfrac{1}{2}$이다. 따라서 $x = 10$이다.

03 ⑤

기존 설탕물의 설탕량 $= 350 \times 0.12 = 42$g

최종 10% 설탕물의 설탕량 $= 42$g,

최종 설탕물의 양 $= 350 - x + 2x = 350 + x$

최종 농도가 10%이므로 $10\% = \dfrac{42}{350 + x} \times 100$,

$x = 700$이다.

04 ⑤

주어진 숫자는 총 6개이고, 서로 다른 숫자 4개를 골라 순서를 고려하여 네 자리 자연수를 만들어야 하므로 순열을 활용하는 문제이다. 따라서, $_6P_4 = 6 \times 5 \times 4 \times 3 = 360$가지이다.

05 ②

기계 A의 작업 속도: 시간당 20% $= \dfrac{2}{10}$,

B의 작업 속도: 시간당 15% $= \dfrac{15}{100}$

A와 B가 함께한 작업량: $\frac{2}{10} + \frac{15}{100} = \frac{7}{20}$이다. 따라서 A가 혼자 작업한 시간을 구하는 공식은 다음과 같다.

$$\frac{7}{20} \times 2 + \frac{2}{10}x = 1$$

따라서 x는 1.5이다.

06 ②

원가를 x라고 하면 정가는 20%의 이익을 붙였으므로 1.2x이다. 30%를 할인해서 판매하였으므로 실제 판매가는 $1.2x \times (1 - 0.3) = 0.84x$이다. 실제 판매가는 원가보다 480원 손해이므로 $0.84x = x - 480$. 따라서 x는 3,000이다.

07 ⑤

충돌한다는 것은 S지점에서 만난다는 것이므로 동일한 시간을 이동한다는 뜻이다. 따라서 같은 시간을 이동한다는 공식을 세울 수 있다. 거리 = 속력 × 시간이므로 $1,200 = 60x + 40x$, 따라서 x는 12이다.

08 ⑤

처음 소금물의 소금의 양을 계산하면 $400 \times 0.3 = 120g$이다. 이 소금의 양은 그대로 유지되고 물만 증가한다. 총 5개의 호수가 각각 xg의 물을 주입하므로 총 5xg의 물을 주입하게 된다. 따라서, $8\% = \frac{120}{400 + 5x} \times 100$이므로 x는 220이다.

09 ③

커피 단품 가격을 x라고 할 때, 스무디 단품 가격은 $x + 700$원이다. 샌드위치 세트메뉴는 4,000원이 추가되므로 커피 세트 가격은 $x + 4,000$원, 스무디 세트 가격은 $x + 4,700$원이다. 따라서 $(x + 4,000) \times 3 + (x + 4,700) \times 2 = 43,900$이므로 $5x = 22,500 \rightarrow x = 4,500$이다.

10 ②

문제는 원 모양의 식탁에 앉는 경우에 대한 경우의 수이므로 원순열을 구하는 문제이다.

서연이와 서진이가 서로 이웃하지 않고 앉는 경우의 수는 6명이 원 모양의 식탁이 앉는 경우의 수에서 서연이와 서진이가 반드시 이웃하여 원 모양의 식탁에 앉는 경우의 수를 빼면 된다. 6명이 원형으로 앉는 경우의 수는 (6 - 1)! = 5! = 120가지이다. 서연이와 서진이가 이웃해서 원

형으로 앉는 경우의 수는 둘을 하나의 사람으로 생각하고 총 5명이 앉는 경우의 수를 생각하면 된다. 5명이 원형으로 앉는 경우의 수는 (5 - 1)! = 4! = 24가지이다. 그리고 이때, 서연이와 서진이가 앉는 경우의 수는 2가지이므로 총 24 × 2 = 48가지이다.

따라서, 서연이와 서진이가 이웃하지 않게 원형으로 앉는 경우의 수는 120 - 48 = 72가지이다.

11 ④

원가를 x라고 하면 정가는 25%의 이익을 붙였으므로 1.25x이다. 20%를 할인해서 판매하였으므로 실제 판매가는 $1.25x \times (1 - 0.2) = 1.0x$이다. 이 금액에 10%를 더 할인하였으므로 최종 판매가는 $1.0x \times (1 - 0.1) = 0.9x$이다. 즉, 손해는 $0.1x$이고 그 금액이 900원이므로 x는 9,000이다.

12 ②

A의 작업 속도: 시간당 $\frac{1}{12}$, B의 작업 속도: 시간당 $\frac{1}{8}$

A와 B가 함께한 작업량: $\frac{1}{12} + \frac{1}{8} = \frac{5}{24}$이다.

함께 일한 시간은 3시간이고 B가 일한 시간을 구하는 공식은 다음과 같다.

$\frac{5}{24} \times 3 + \frac{1}{8} \times x = 1$, $x = 3$이므로 함께 일한 시간 3시간과 B가 혼자 일한 시간 3시간을 합하여 전체 작업 시간은 총 6시간이다.

13 ③

여자가 적어도 1명이 포함될 확률은 전체 확률에서 여자가 1명도 포함되지 않는 확률을 빼면 된다. 여자가 1명도 포함되지 않을 확률 = $\frac{\text{남자 7명 중 2명을 뽑는 경우}}{\text{전체 10명 중 2명을 뽑는 경우}} = \frac{{}_7C_2}{{}_{10}C_2} = \frac{7}{15}$이다.

그러므로 구하고자 하는 확률은 $1 - \frac{7}{15} = \frac{8}{15}$이다.

14 ④

전체 좌석은 9개이며, 이 중 창측 좌석은 4개이고 여학생은 총 4명이므로, 여학생은 창측 좌석에 정확히 한 명씩만 배치되어야 한다. 즉, 창측 좌석 4자리에 여학생 4명을 모두 배치해야 한다.

1) 여학생 4명을 창측 좌석 4개에 배치하는 경우의 수는 여학생 4명을 4개의 좌석에 배열하는 순열이므로 4! = 240이다.

2) 남학생 5명을 나머지 5개 좌석(중앙 3개 + 출입문 옆 2개)에 배치하는 경우의 수는 남학생 5명을 5개의 좌석에 배열하는 순열이므로 5! = 120이다.

3) 전체 경우의 수는 (여학생 4명 창측 배치한 경우의 수 × 남학생 5명 나머지 배치한 경우의 수)이므로 4! × 5! = 24 × 120 = 2,880가지이다.

15 ⑤

정가에서 25%를 할인해서 판매하더라도 원가의 5%의 이익을 남기려면, 판매가가 원가의 105% 이상이어야 한다.

$0.75 \times$ 정가 $\geq 1.05 \times$ 원가이다. 즉, 정가 $\geq \dfrac{1.05}{0.75}(=1.4)$ × 원가 이므로 정가는 원가의 최소 140% 이상이어야 한다.

16 ③

A관 속도: 분당 $\dfrac{1}{20}$, B관 속도: 분당 $\dfrac{1}{30}$

A관으로 10분을 채웠고, 남은 양을 B관으로 채워야 하므로

$\dfrac{1}{20} \times 10 + \dfrac{1}{30} \times x = 1$, $x = 15$

따라서, B관으로 채워야 하는 시간은 15분이다.

17 ③

전체 섞은 양을 xg이라고 하면 20% 소금물 양은 $\dfrac{2}{5}x$,

8% 소금물 양은 $\dfrac{3}{5}x$가 된다.

따라서 각 용액의 소금의 양을 계산하고 소금의 양을 더하면

20% 용액의 소금의 양: $\dfrac{2}{5}x \times 0.2 = \dfrac{2x}{25}$, 8% 용액의

소금의 양: $\dfrac{3}{5}x \times 0.08 = \dfrac{12x}{250}$

이를 더하면 $\dfrac{16x}{125}$이 된다.

전체 섞은 양에 물 100g을 추가한 후 최종 농도가 12% 이므로, 소금의 양 공식을 활용하여 $\dfrac{16x}{125} = 0.12(x + 100)$으로 공식을 도출할 수 있다. 따라서 x는 1,500이고 20% 용액의 총 양은 600g이다.

18 ③

집과 회사 사이의 거리를 $x$km라고 하면 자전거로 갈 때 걸린 시간을 $\dfrac{x}{15}$, 걸어서 올 때 걸린 시간은 $\dfrac{x}{5}$이다.

왕복 시간은 2시간이 소요되었으므로 $\dfrac{x}{15} + \dfrac{x}{5} = 2$, $x = 7.5$이다.

19 ②

한 상자 12개, 낱개 가격 1,000원, 상자 가격 10,200원 (12,000원의 15% 할인), 소비자가 총 32개를 샀으며 총 금액이 28,400원이다.

낱개로 산 개수를 x, 상자로 산 개수를 $\dfrac{32-x}{12}$로 설정하고 식을 도출한다.

총 금액은 $1,000x + \dfrac{32-x}{12} \times 10,200 = 28,400$이므로 x는 8이다.

20 ⑤

배의 속력을 x, 강물의 속력을 y라고 하고 거슬러 올라갈 때 속력을 $x - y$, 내려갈 때 속력을 $x + y$라고 하면

$$\dfrac{10}{x-y} = 5 \cdots (1)$$

$$\dfrac{10}{x+y} = 2 \cdots (2)$$

(1), (2)를 연립하여 풀면 x는 3.5, y는 1.5이다. 따라서 정답은 3.5km/h이다.

01	02	03	04	05	06	07	08	09	10
①	⑤	③	①	③	⑤	②	④	③	②
11	12	13	14	15	16	17	18	19	20
⑤	①	④	①	④	③	②	⑤	④	③

01 ①

〈보기〉의 조건이 3가지로 풀이 과정이 간단한 문제로 예상된다. 3가지 조건을 모두 고려하자. D가 입점할 수 있는 층은 1, 3, 5층이다.

1) D가 1층에 입점하는 경우
A와 C가 입점할 수 있는 층은 (2층, 3층), (3층, 4층), (4층, 5층)이다. 이 중 (2층, 3층), (4층, 5층)에 A와 C가 입점하는 경우 E와 B가 서로 이웃한 층에 입점하게 된다. 조건을 만족하지 않는다.

2) D가 3층에 입점하는 경우
A와 C가 (1층, 2층)에 입점하거나 (4층, 5층)에 입점한다. 두 경우 모두 E와 B가 서로 이웃한 층에 입점하게 된다. 조건을 만족하지 않는다.

3) D가 5층에 입점하는 경우
D가 1층에 입점하는 경우와 비슷한 접근으로 A와 C는 (2층, 3층)에 입점한다.

선택지를 확인하며 가능한 경우가 하나라도 있다면 소거하자. 문제에서 묻는 것이 항상 거짓이니 반례를 찾아 소거한다고 생각하면 좋겠다. 참고로 A와 C는 서로 입점하는 층을 바꿀 수 있으며 E와 B도 서로 입점하는 층을 바꿀 수 있다.

[오답 체크]
가능한 경우를 모두 정리하면 다음과 같다. A와 C는 자리를 바꿀 수 있기에 A/C 또는 C/A로 표기하였고 E와 B도 자리를 바꿀 수 있기에 E/B 또는 B/E로 표기했다.

1층	2층	3층	4층	5층
D	E/B	A/C	C/A	B/E
E/B	A/C	C/A	B/E	D

02 ⑤

생산팀이면서 품질팀인 사원이 존재한다는 명제를 통해 생산팀과 품질팀이라는 개념이 교집합을 이룬다고 알 수 있다.
나머지 두 명제를 정리하면 [생산팀 → 이해력 → 기획력]이다. 이는 부분집합을 의미한다.
이를 토대로 품질팀인 어떤 사원이 기획력이 뛰어나다고 알 수 있다. 이해를 돕기 위해 벤 다이어그램으로 정리 후 정답이 되는 부분이면서 항상 존재하는 부분을 색칠하면 다음과 같다.

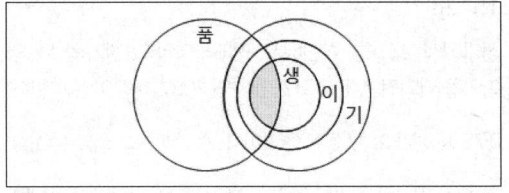

[오답 체크]
항상 참이라고 할 수 없는 이유를 정리하면 다음과 같다.

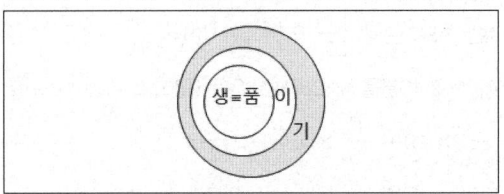

①의 반례

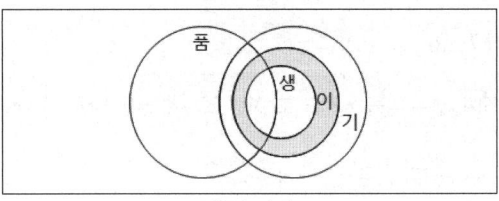

②의 반례

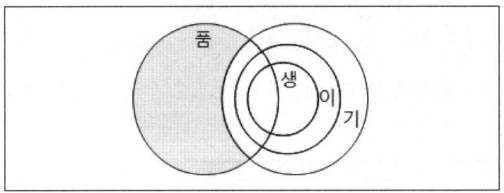

③의 반례

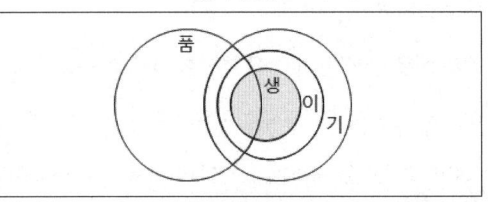

④의 반례

*참고
①의 반례는 이해력으로 표현한 벤 다이어그램의 밖을 의미하지만 반례를 간단히 제시하기 위해 이해력이 아니며 기획력인 벤 다이어그램에만 색을 칠했다.

[다른 풀이]
SKCT에서는 잘 설명하지 않지만 참고를 위해 GSAT에서 자주 다루는 '삼단논법, 어모어'로 해설하겠다. 상세하게 설명하지 않고 어모어를 알고 있다는 가정하에 간략히 정리하겠다.

[생산팀이면서 품질팀인 사원이 존재]: 생산/어떤/품질
[생산팀 → 이해력 → 기획력]: 생산 → 기획
작: 생산
큰: 기획
거: 품질
결론: '기획/어떤/품질' 또는 '품질/어떤/기획'

03 ③

A는 C가 하는 말이 거짓이라고 한다. A의 말이 진실이면 C의 말은 거짓이고 A의 말이 거짓이면 C의 말은 진실이다. A와 C는 모든 경우에서 둘 중 1명이 진실을 말하고 나머지 1명이 거짓을 말하는 모순관계이다.
문제에서 1명만 진실을 말한다고 한다. 5명 중 2명이 여직원인 10가지 경우 중 어떤 경우가 정답인지는 모르겠지만 정답인 경우에서 A가 진실을 말하거나 C가 진실을 말한다. A, C를 제외한 B, D, E의 진술은 정답인 경우에서 거짓이다.
B의 진술이 거짓이니 A와 E는 여직원이 아니라고 알 수 있다.
D의 진술이 거짓이니 B 또는 E가 여직원이라고 알 수 있다. 그런데 이미 E가 여직원이 아니라고 알고 있으니 B가 여직원이라고 알 수 있다.
E의 진술이 거짓이니 D가 여직원이라고 알 수 있다.
여직원인 2명은 B와 D이다. 참고로 B, D, E의 진술이 거짓이기에 얻을 수 있는 정보를 토대로 선택지를 소거하며 접근하는 풀이도 좋은 풀이다.

[오답 체크]
5명 중 2명이 여직원인 10가지 경우를 모두 고려하기에는 경우가 너무 많다. 선택지에서 제시한 5가지 경우에서 A, B, C, D, E의 진술이 진실인지 거짓인지 판별하면 다음과 같다.

여직원 \ 진술	A	B	C	D	E
① A, B	거짓	진실	진실	거짓	진실
② A, E	진실	진실	거짓	거짓	진실
③ B, D	진실	거짓	거짓	거짓	거짓
④ C, D	진실	거짓	거짓	진실	거짓
⑤ C, E	진실	진실	거짓	거짓	진실

04 ①

〈보기〉의 조건이 대부분 '~라면'이다. 앞부분(= 전건)이 만족하는 경우 뒷부분(= 후건)의 정보를 활용할 수 있다. 이에 A가 휴직한다는 조건을 1순위로 확인한 뒤 앞부분이 만족하는지 점검하는 방식으로 풀이하자.
A는 휴직한다. A가 휴직한다면 B와 C가 휴직한다는 조건에 의해 B와 C도 휴직한다고 알 수 있다.

A	B	C	D	E	F
○	○	○			

C가 휴직한다. C 또는 E가 휴직한다면 F는 휴직하지 않는다는 조건에 의해 F는 휴직하지 않는다고 알 수 있다. 'OR'는 둘 중 하나만 만족하더라도 참이다. 즉 C 또는 E가 휴직 중 C가 휴직한다를 만족하기에 앞부분을 만족한다.

A	B	C	D	E	F
○	○	○			×

B와 D가 휴직한다면 E는 휴직하지 않는다는 조건을 확인하자. B가 휴직하는 것은 알지만 D가 휴직하는지는 알 수 없다. 'AND'는 둘 다 만족해야 참이기에 앞부분을 만족하는지 확인할 수 없다. 이에 E도 휴직하는지 휴직하지 않는지 알 수 없다.
반드시 휴직하지 않는 사람은 F뿐이다.

05 ③

B와 C를 마주 보는 자리에 고정하자. 이후 A와 C가 이웃한 자리에 앉지 않게 A를 배치하면 다음과 같다.

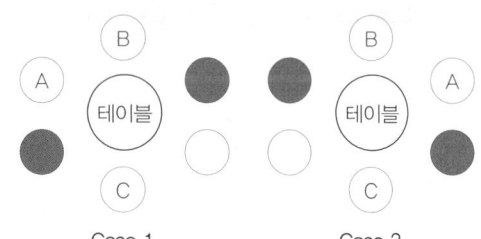

Case 1　　　　　Case 2

03

기출동형 모의고사

E와 F는 마주 보고 앉지 않는다. 위에 B, C, A가 앉는 자리를 정리한 테이블에서 색을 칠한 두 자리에 E와 F가 모두 앉지 않는다. 다시 말해 둘 중 최소 1명은 색을 칠한 자리에 앉지 않는다. 색을 칠한 자리가 아닌 빈자리는 하나뿐이기에 E와 F 중 1명은 색을 칠하지 않은 빈자리에 앉는다. 둘 중 누가 색칠하지 않은 빈자리에 앉는지 확정할 수 없기에 EF 표기하겠다.

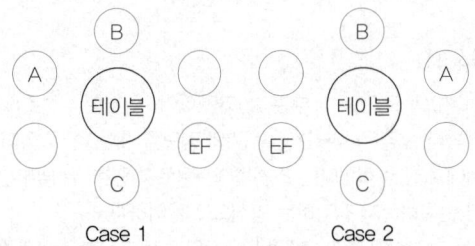

Case 1   Case 2

아직 채우지 않은 두 자리에 앉는 2명 중 1명은 D이고 나머지 1명은 F이거나 E이다. 이를 참고하여 선택지를 확인하자. 문제에서 묻는 것은 항상 거짓이기에 만족하는 경우가 하나라도 있다면 해당 선택지를 소거하자.

[오답 체크]
가능한 경우를 정리하면 다음과 같다. Case 1, 2는 대칭의 구조를 보이기에 편의상 Case 1로만 정리했다.

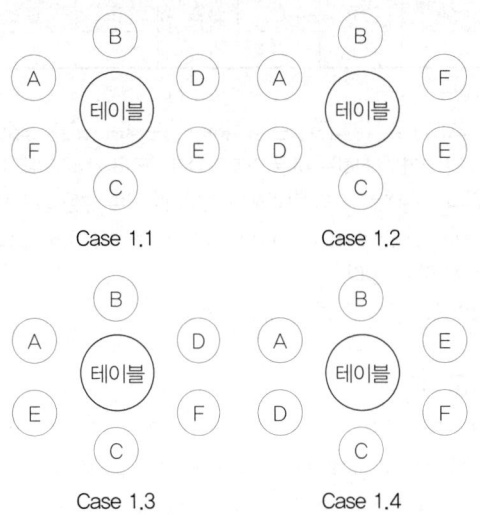

Case 1.1   Case 1.2

Case 1.3   Case 1.4

06 ⑤

D는 A가 거짓을 말하는 사람이 아니라고 한다. D의 진술이 진실이면 A의 진술도 진실이고 D의 진술이 거짓이면 A의 진술도 거짓이다. D와 A의 진술은 모든 경우에서 둘 다 진실을 말하거나 둘 다 거짓을 말하는 동일관계다.
문제에서 1명만 진실을 말한다고 한다. D와 A는 문제의 조건을 모두 만족하는 경우에서는 둘 다 거짓을 말한다. A의 진술이 거짓이니 C와 D가 지각하지 않았다는 정보를 얻을 수 있다. A가 지각한 경우와 B가 지각한 경우에서 B, C의 진술 중 1명만 진실인 경우를 찾아보자. 참고로 A, D의 진술은 문제의 조건을 모두 만족하는 경우에서는 둘 다 거짓으로 진술할 것이기에 확인하지 않아도 된다.

1) A가 지각한 경우
   B와 C의 진술 모두 거짓이다. 1명만 진실을 말한다는 조건을 만족하지 않는다.

2) B가 지각한 경우
   B의 진술은 거짓, C의 진술은 진실이다.

지각한 사람은 B이고 진실을 말하는 사람은 C이다.

[오답 체크]
4명 중 1명이 지각한 4가지 경우에서 A, B, C, D의 진술이 진실인지 거짓인지 정리하면 다음과 같다.

지각 \ 진술	A	B	C	D
A	거짓	거짓	거짓	거짓
B	거짓	거짓	진실	거짓
C	진실	진실	거짓	진실
D	진실	진실	진실	진실

07 ②

남자 1명과 여자 1명이 짝을 지어 1개 조씩 총 3개 조를 구성한다는 조건을 보고 남자가 3명, 여자가 3명이라고 유추할 수 있다.
A와 E의 성이 다르다. 둘 중 1명은 남자고 나머지 1명은 여자다. F와 B의 성이 같다. F와 B가 남자인지 여자인지는 모르겠으나 각 조를 구성하는 1명씩이 F, B, A/E(A와 E 중 1명을 뜻하는 표현으로 활용)라고 알 수 있다. 참고로 문제에서 누가 남자인지 여자인지 언급한 조건이 하나도 없다. 알 수 없는 정보를 정리하느라 시간을 허비하지 말자.

```
─ F
─ B
─ A/E
```

D와 F는 같은 조이다. B와 C는 다른 조이다. C는 이미 D
와 같은 조인 F와 같은 조일 수 없다. C는 A/E와 같은 조
이다.

```
─ F, D
─ B, E/A
─ A/E, C
```

A와 E는 조를 서로 바꿀 수 있기에 이들이 조를 구성할
수 있는 전체 경우는 2가지이다.

08 ④

2번의 진술 중 1번의 진술이 진실이고 1번의 진술이 거
짓이다. A, B, C의 진술에서 1번의 진술이 진실이고 1번
의 진술이 거짓인 경우가 아닌 경우를 찾아보자.
A는 두 진술이 모순관계이다. A가 물건을 훔치든 B가 훔
치든 C가 훔치든 세 경우 모두 2번의 진술 중 1번의 진술
이 진실이고 1번의 진술이 거짓이다.
B의 두 진술은 B가 물건을 훔친 경우 두 진술이 거짓이
다. B는 물건을 훔치지 않았다.
C의 두 진술은 B가 물건을 훔친 경우 두 진술이 진실이
다. B는 물건을 훔치지 않았다.
결과적으로 A가 물건을 훔친 경우와 C가 물건을 훔친 경
우 모두 A, B, C의 2번의 진술에서 1번의 진술이 진실이
고 1번의 진술이 거짓이라는 정보를 만족한다.
문제에서 묻는 것은 항상 참인 선택지이다. A가 물건을
훔친 경우와 C가 물건을 훔친 경우 모두 공통적으로 B가
물건을 훔치지 않았다는 의미를 내포한다.

[오답 체크]
A, B, C가 각자 물건을 훔친 3가지 경우에서 6개의 진술
이 진실인지 거짓인지 정리하면 다음과 같다. A의 첫 진
술을 A1, 두 번째 진술을 A2와 같이 간략히 표현했다. B,
C도 마찬가지다.

진술 훔침	A1	A2	B1	B2	C1	C2
A	거짓	진실	진실	거짓	진실	거짓
B	거짓	진실	거짓	거짓	진실	진실
C	진실	거짓	거짓	진실	거짓	진실

09 ③

F보다 키가 큰 사람이 2명이라는 명제를 제외하고 정리
하면 다음과 같다. 문제 풀이를 쉽게 하기 위해 [A < B]
로 정리하지 않고 부등호를 '>'로 통일하여 정리했다.
[B > A]
[E > A]
[E > C > D]

여기서 F보다 키가 큰 사람이 2명이라는 조건을 토대로
가능한 경우를 정리하면 다음과 같다. 이해를 돕기 위해
가능한 경우를 모두 정리했지만 실제 풀이에서는 F보다
키가 반드시 큰 사람이 누군지만 파악하면 되겠다.

1) E와 B가 F보다 키가 큰 경우
   [E > B > F > A > C > D]
   [E > B > F > C > A > D]
   [E > B > F > C > D > A]
   [B > E > F > A > C > D]
   [B > E > F > C > A > D]
   [B > E > F > C > D > A]

2) E와 C가 F보다 키가 큰 경우
   [E > C > F > B > A > D]
   [E > C > F > B > D > A]
   [E > C > F > D > B > A]

3) B와 A가 F보다 키가 큰 경우
   E는 A보다 키가 크다. F보다 키가 큰 사람이 2명이라
   는 명제를 만족하지 않는다.

4) E와 A가 F보다 키가 큰 경우
   B는 A보다 키가 크다. F보다 키가 큰 사람이 2명이라
   는 명제를 만족하지 않는다.

결과적으로 E는 F보다 키가 크다.

[오답 체크]
대표적인 반례를 제시하면 다음과 같다. 여러 반례가 있
을 수 있기에 해설에서 제시한 반례가 문제를 풀며 찾은
반례와 다를 수 있다.

①, ②, ④의 반례: [E > C > F > D > B > A]
②, ⑤의 반례: [B > E > F > C > A > D]

10 ②

A와 D의 진술을 확인하자. A의 진술이 진실이면 B의 전공은 신소재공학이고 A의 전공이 신소재공학이라 말하는 D의 진술이 거짓이다. D의 진술이 진실이면 A의 전공은 신소재공학이고 B의 전공이 신소재공학이라 말하는 A의 진술이 거짓이다. 이 과정을 통해 A와 D의 진술이 모순관계를 보인다고 오해해서는 안 된다. A, B가 아닌 제3의 인물(= C나 D)이 신소재공학을 전공한 경우 A, D의의 진술 모두 거짓이기 때문이다. 위 과정을 통해서는 A, D는 모든 경우에서 둘 다 진실을 말하는 경우가 없다고 확인할 수 있다. 문제에서 제시하는 조건을 보면 4명 중 1명만 거짓을 말한다고 한다. A와 D가 둘 다 거짓을 말하는 경우는 존재하지만 4명 중 1명만 거짓을 말한다는 조건을 만족하지 않는다. 위의 과정을 통해 A와 D의 진술은 엄밀하게 모순관계는 아니지만 4명 중 1명만 거짓을 말한다는 조건을 만족하는 경우에서는 모순관계처럼 쓸 수 있다고 알 수 있다.

문제의 조건을 만족하는 경우에서는 A와 D 중 1명만 진실을 말한다. B와 C의 진술은 진실이다. B와 C의 진술을 토대로 가능한 경우를 추리면 다음과 같다.

Case	A	B	C	D
1	전자공학	환경공학	화학	신소재공학
2	신소재공학	환경공학	화학	전자공학

Case 1에서는 A와 D의 진술 모두 거짓이다. 조건을 만족하지 않는다. Case 2에서는 A의 진술은 거짓이고 D의 진술은 진실이다.

선택지의 표현은 AND이다. 거짓과 전공이 모두 맞아야 항상 참이다. A의 진술은 거짓이고 A의 전공은 신소재공학이다.

11 ⑤

2행에 배치한 두 의자에 적힌 숫자의 합은 1행에 배치한 두 의자에 적힌 숫자의 합과 같고 2행에 배치한 두 의자에 적힌 숫자의 합은 3행에 배치한 두 의자에 적힌 숫자의 합과 같다. 각 행에 배치한 두 의자에 적힌 숫자의 합이 모두 같다.

6개의 의자에 적힌 의자가 1, 2, 3, 4, 5, 6인 점을 고려하면 각 행에 배치한 두 의자에 적힌 숫자의 합은 7이라고 알 수 있다. 각 행에 배치하는 두 의자에 적힌 의자는 (1, 6), (2, 5), (3, 4)이다.

3이 적힌 의자와 같은 열이며 이웃하도록 2가 적힌 의자를 배치한다는 조건을 고려하며 선택지의 반례를 찾아보자. 문제에서 항상 참인 것을 물으니 선택지를 만족하지 않는 경우를 찾는 데 집중하자.

정답이 아닌 선택지의 반례를 제시하면 다음과 같다. 참고로 반례는 여럿이 있기에 문제를 풀이하며 찾은 반례와 해설에서 제시하는 반례가 다를 수 있다.

6	1
3	4
2	5

①, ②, ④의 반례

6	1
2	5
3	4

①, ③의 반례

12 ①

선택지에서 묻는 것은 특정 사람이 출장을 갈 가능성이 있는 국가의 수를 묻는다. 이를 알려면 문제의 상황과 〈보기〉의 조건을 만족하는 모든 경우를 알아야만 한다. 만족하는 경우를 모두 찾아보자.

〈보기〉에서 '~라면'으로 제시된 조건은 앞부분(= 전건)이 만족하는 경우에만 뒷부분(= 후건)을 적용한다. 앞부분이 만족하는지를 알아야 하기에 후순위로 고려하자. C는 미국과 중국 중 한 곳으로 출장을 간다는 조건과 D는 영국으로 출장을 가지 않는다는 조건을 토대로 경우를 나누면 다음과 같다.

Case	A	B	C	D
1			미	중
2			미	태
3			중	미
4			중	태

이어서 D가 태국으로 출장을 간다면 B는 중국으로 출장을 간다는 조건을 확인하자. Case 2, 4가 앞부분을 만족한다. Case 2에서 B는 중국으로 출장을 간다. Case 4에서는 B가 중국으로 출장을 가게 되면 중국으로 출장을 가는 사람이 B, C로 2명이다. 출장지가 겹치는 사람은 없다는 조건을 만족하지 않는다. 소거하자.

Case	A	B	C	D
1			미	중
2	영	중	미	태
3			중	미

B가 태국으로 출장을 간다면 A는 미국으로 출장을 간다. Case 2는 앞부분을 만족하지 않는다. B가 태국으로 출장을 간다면 A는 미국으로 출장을 간다는 조건을 적용하지

않는다. Case 1에서 B가 태국으로 출장을 가는 경우와 영국으로 출장을 가는 경우로 나뉜다. B가 태국으로 출장을 간다면 A는 미국으로 출장을 가게 되는데 미국으로 출장을 가는 사람이 A, C로 2명이다. 조건을 만족하지 않는다. 즉 B는 태국으로 출장을 가지 않고 영국으로 출장을 간다. Case 3은 Case 1과 비슷한 접근으로 B가 태국이 아닌 영국으로 출장을 간다고 알 수 있다.

Case	A	B	C	D
1	태	중	미	중
2	영	중	미	태
3	태	영	중	미

13 ④

[치트키]
각 선택지에서 제시한 2명의 쌍은 거짓을 말하는 2명이다. 진술관계를 토대로 선택지를 소거하자.
A와 D의 진술: 동일관계 → ①, ⑤번 소거
B와 C의 진술: 모순관계 → ②, ③, ⑤번 소거
E와 C의 진술: 동일관계 → ③, ⑤번 소거

참고로 동일관계인 2명은 모든 경우에서 둘 다 진실을 말하거나 둘 다 거짓을 말한다. 선택지에 동일관계인 2명 중 1명만 오는 선택지를 소거하자. 선택지에 2명 다 있다면 둘 다 거짓으로, 2명 다 없다면 둘 다 진실로 소거할 수 없다. 모순관계인 2명은 모든 경우에서 둘 중 1명은 진실을 말하고 둘 중 1명은 거짓을 말한다. 선택지에 모순관계인 2명 중 1명이 꼭 있어야 한다. 선택지에 2명 다 있다면 둘 다 거짓이니 소거하고 선택지에 2명 다 없다면 둘 다 진실이니 소거한다.

[일반풀이]
A는 D의 진술이 진실이라고 한다. A의 진술이 진실이면 D의 진술도 진실이다. A의 진술이 거짓이면 D의 진술도 거짓이다. A와 D의 진술은 모든 경우(= A가 임원, B가 임원, C가 임원, D가 임원, E가 임원인 총 5가지의 경우)에서 둘 다 진실을 말하거나 둘 다 거짓을 말하는 동일관계다. 같은 맥락으로 E의 진술을 토대로 E와 C의 진술도 동일관계라고 알 수 있다.
B는 C의 진술이 거짓이라고 한다. B의 진술이 진실이면 C의 진술은 거짓이고 B의 진술이 거짓이면 C의 진술은 진실인 모순관계다. B와 C의 진술은 모든 경우에서 둘 다 거짓을 말하지 않고 둘 다 진실을 말하지 않는다. 즉 모든 경우에서 둘 중 1명은 진실, 나머지 1명은 거짓을 말한다.

진실게임에서 진술은 진실과 거짓으로 나뉜다. 이분법적으로 나뉘기에 편을 나눌 수 있다. 진술관계를 토대로 편을 나누면 다음과 같다.
B vs C, E
A, D

A, D의 진술의 진실/거짓 여부가 C, E와 같다면 진실을 말하는 사람이 4명이거나 거짓을 말하는 사람이 4명이 된다. A, D의 진술의 진실/거짓 여부는 C, E의 진실/거짓 여부와 같지 않다. 이를 통해 A, D, B 진술의 진실/거짓 여부가 같다고 알 수 있다. 문제에서 거짓을 말하는 사람이 2명이라 했으니 A, D, B는 진실을 말하고 C, E가 거짓을 말한다고 알 수 있다.

[오답 체크]
참고로 A가 임원, B가 임원, C가 임원, D가 임원, E가 임원인 총 5가지의 경우에서 A, B, C, D, E의 진실/거짓 여부를 판단하면 다음과 같다.

	A의 진술	B의 진술	C의 진술	D의 진술	E의 진술
A가 임원	진실	진실	거짓	진실	거짓
B가 임원	진실	거짓	진실	진실	진실
C가 임원	거짓	거짓	진실	거짓	진실
D가 임원	거짓	거짓	진실	거짓	진실
E가 임원	거짓	거짓	진실	거짓	진실

14 ①

5명의 예금액이 서로 다르며 누구보다 많은지, 적은지를 〈보기〉에서 제시하고 선택지에서도 누가 누구보다 예금액이 많은지를 묻는다. 대소비교를 직관적으로 하기 위해 기준을 1, 2, 3, 4, 5로 설정한 뒤 예금액이 많은 사람을 1등으로, 예금액이 가장 적은 사람을 5등으로 배치하며 풀이하자.
C보다 예금액이 많으며 B보다 예금액이 적은 사람은 2명이다. 그러면서 A보다 예금액이 적은 사람은 2명이거나 1명이다. 이를 토대로 경우를 나누면 다음과 같다.

Case	1	2	3	4	5
1	B			A	C
2		B		A	C
3		B			A	C

E의 예금액이 5명 중 가장 많거나 가장 적으면 D보다 예금액이 많은 사람이 2명이다. Case 1에서 E의 예금액이 가장 적으면 D를 3등에 배치해야 하는데 이미 3등은 A이다. 따라서 E는 2등, D는 5등이라고 알 수 있다. Case 2에서 E의 예금액이 가장 많으면 D를 3등에 배치해야 하는데 이미 3등은 A이다. 따라서 E는 4등, D는 1등이라고 알 수 있다. Case 3은 1등이 E인 경우와 D인 경우로 나뉜다. 1등이 E라면 3등은 D이다. 그러면서 E의 예금액이 5명 중 가장 많거나 가장 적으면 D보다 예금액이 많은 사람이 2명이라는 조건도 만족한다. 1등이 D라면 3등은 E이다. E의 예금액이 5명 중 가장 많거나 가장 적으면 D보다 예금액이 많은 사람이 2명이라는 조건의 앞부분(= 전건)을 만족하지 않기에 해당 조건을 적용하지 않는다.

Case	1	2	3	4	5
1	B	E	A	C	D
2	D	B	A	E	C
3.1	E	B	D	A	C
3.2	D	B	E	A	C

15 ④

〈보기〉의 명제를 정리하면 다음과 같다.
[~지갑 → ~향수 → 시계 → 모자]
[~지갑 → ~향수 → 시계 → ~헤드폰]
[~지갑 → ~액자]

16 ③

1명이 진술하는 2개 진술을 토대로 2개 진술이 진실인 경우와 거짓인 경우를 추려도 되지만 고려해야 하는 전체의 경우가 (A:1, B:2, C:3), (A:1, B:3, C:2), (A:2, B:1, C:3), (A:2, B:3, C:1), (A:3, B:1, C:2), (A:3, B:2, C:1)로 다소 복잡하다. (가), (나), (다)로 제시한 경우를 토대로 한 인물을 기준으로 2개의 진술 중 하나가 진실이고 나머지 하나가 거짓인지를 판별하자.
참고로 '(가): A가 2를 선택한다.'는 (A:2, B:1, C:3), (A:2, B:3, C:1)의 2개 경우를 지칭하는 표현이다. 문제에서 항상 참인 것을 묻기에 지칭하는 모든 경우를 따져봐야 한다는 점을 유의하자. 또한 이어지는 풀이는 반례를 찾는 과정이기에 풀이과정에서 찾은 반례와 해설의 반례가 다를 수 있다.

1) (가): A는 2를 선택한다.
A의 두 진술이 거짓인 경우가 존재한다. (A:2, B:1, C:3)의 경우 첫 번째 진술도 거짓이고 두 번째 진술도 거짓이다. '(가): A는 2를 선택한다.'는 항상 참이 아니다.

2) (나): B는 3을 선택한다.
(A:1, B:3, C:2)인 경우 A의 두 진술이 모두 거짓이다. '(나): B는 3을 선택한다.'는 항상 참이 아니다.

3) (다): C는 1을 선택한다.
(가), (나), (다) 중 하나 이상은 무조건 항상 참일 수밖에 없는 문제. 선택지를 보면 (가), (나), (다) 중 하나 이상은 옳을 수밖에 없다. '(다): C는 1을 선택한다.'는 항상 참이다.

[오답 체크]
A, B, C가 각자 숫자를 중복되지 않게 하나씩 선택하는 6가지 경우에서 6개의 진술이 진실인지 거짓인지 정리하면 다음과 같다. A의 첫 번째 진술을 A1, 두 번째 진술을 A2와 같이 간략히 표현했다. B, C도 마찬가지다.

진술 Case	A1	A2	B1	B2	C1	C2
A:1, B:2, C:3	거짓	거짓	거짓	진실	진실	거짓
A:1, B:3, C:2	거짓	거짓	거짓	거짓	거짓	진실
A:2, B:1, C:3	거짓	거짓	거짓	진실	거짓	거짓
A:2, B:3, C:1	거짓	진실	거짓	진실	거짓	진실
A:3, B:1, C:2	진실	진실	진실	거짓	거짓	진실
A:3, B:2, C:1	거짓	진실	거짓	진실	거짓	진실

17 ②

문제에서 묻는 것은 E의 줄 서는 순서다. E에 집중하며 풀어보자.
C를 3번째에 고정하자. B 바로 앞에 D가 줄을 선다. D가 1번째로 줄을 서면 A와 F 사이에 2명이 줄을 선다는 조건을 만족하는 경우를 만들 수 없다. D가 4번째로 줄을 서는 경우도 A와 F 사이에 2명이 줄을 선다는 조건을 만족하는 경우를 만들 수 없다. D는 5번째로 줄을 서고 B는 6번째로 줄을 선다.
A와 F는 1, 4번째로 줄을 선다. A가 1번째로 줄을 서는 경우와 F가 1번째로 줄을 서는 경우로 나뉘지만 문제에서 묻는 것은 E가 줄을 서는 순서다. A와 F 중 누가 1번째로 줄을 서든 E는 2번째로 줄을 선다.

가능한 경우를 정리하면 다음과 같다.

1	2	3	4	5	6
A	E	C	F	D	B
F	E	C	A	D	B

18 ⑤

선택지에서 묻는 건 소속된 팀의 인원이다. 자리 배치는 정답을 찾는데 보조적인 역할을 할 것으로 예상된다.
C와 F를 마주 보는 자리에 앉히자. B와 D는 이웃하게 앉는다. F를 기준으로 우측의 두 자리에 앉을 수도 있고 좌측의 두 자리에 앉을 수도 있다. 경우를 나누어도 되지만 소속된 팀의 인원이 몇 명인지가 문제 풀이의 핵심이고 우측에 B, D가 앉는 경우에서 y축으로 대칭하면 B, D가 좌측에 앉는 경우이니 한 경우만 보아도 될 것으로 예상된다. B와 D는 자리를 바꿀 수 있기에 BD 또는 DB로 정리했다. E와 A도 마찬가지로 AE 또는 EA로 정리했다.

E와 A가 같은 팀 소속이며 팀별 인원이 3명, 2명, 1명이라는 점을 고려하자. E, A의 소속팀 인원이 3명인 경우와 2명인 경우로 나뉜다.

1) E, A의 소속팀이 3명인 경우
E, A와 나머지 1명이 같은 팀이다. 소속팀이 같은 사람끼리 이웃하게 앉지 않는다는 조건에 의해 나머지 1명이 F이거나 C인 경우로 나뉜다.
두 경우 모두 B와 D의 소속팀이 다르기에 F의 소속팀이 3명이면 C의 소속팀이 2명이고 C의 소속팀이 3명이면 F의 소속팀이 2명이라고 알 수 있다. 그러면서 B와 D 중 1명의 소속팀은 2명, 나머지 1명의 소속팀은 1명이라고 알 수 있다.
F, C, B, D는 소속팀의 인원이 고정되지 않는다. 즉 여러 경우로 더 나뉜다. 문제에서 항상 참인 것을 묻기에 F, C, B, D를 언급한 선택지는 정답이 아니다.

정답을 확인했으니 풀이를 중간에 마쳤지만 끝까지 마무리하면 다음과 같다.

2) E, A의 소속팀이 2명인 경우
F, B, D가 같은 팀인 경우와 C, B, D가 같은 팀인 경우로 나뉜다. 그런데 두 경우 모두 B와 D의 소속팀이 다르다는 조건을 만족하지 않는다.
E와 A의 소속팀은 3명일 수밖에 없다.

19 ④

[치트키]
이직하는 사람은 거짓, 이직하지 않는 사람은 진실을 말한다는 조건을 토대로 A와 B의 진술을 동일관계처럼, D와 E의 진술을 모순관계처럼 쓸 수 있다. 이를 활용하여 선택지를 소거해보자.
A와 B의 진술을 동일관계처럼 → ①, ②, ③번 소거
D와 E의 진술을 모순관계처럼 → ②번 소거

④ C, D ⑤ C, E가 남았다. 둘 다 C를 언급한다. 즉 C의 말은 거짓이다. C의 말이 거짓이기에 B와 E는 이직하지 않는다고 알 수 있다. E는 이직하지 않으니 E의 말은 진실이다. ⑤ C, E를 소거하자.

[일반풀이]
문제에서 제시한 이직하는 2명은 거짓을 말하고 이직하지 않는 3명은 진실을 말한다는 조건을 활용하여 풀이하자.
D는 F가 이직한다고 한다. D의 말이 진실이면 E는 이직한다. 이직하는 사람은 거짓을 말하기에 E의 말은 거짓이다. D의 말이 거짓이면 E는 이직하지 않는다. 이직하지 않는 사람은 진실을 말하기에 D의 말이 거짓이면 E의 말은 진실이다. D와 E는 이직하는 2명은 거짓을 말하고 이직하지 않는 3명은 진실을 말한다는 조건에서는 둘 중 1명이 진실을 말하고 나머지 1명이 거짓을 말하는 모순관계처럼 쓸 수 있다.
문제에서 거짓을 말하는 사람이 2명이다. 2명 중 1명은 D이거나 E이고 나머지 1명은 A, B, C 중 1명이다.
A는 B가 이직하지 않는다고 한다. A의 말이 진실이면 B는 이직하지 않고 이직하는 2명은 거짓을 말하고 이직하지 않는 3명은 진실을 말한다는 조건에 따라 B는 진실을 말한다. 비슷한 맥락으로 A의 말이 거짓이라면 B는 이직하고 B의 말도 거짓이다. A와 B는 이직하는 2명은 거짓을 말하고 이직하지 않는 3명은 진실을 말한다는 조건에

서는 둘 다 거짓을 말하거나 둘 다 진실을 말하는 동일관계처럼 쓸 수 있다. 이는 B의 진술을 기준으로 확인해도 마찬가지다.

A, B, C 중 1명이 거짓을 말한다. A와 B의 진술을 동일관계처럼 쓸 수 있기에 C가 거짓을 말하고 A, B가 진실을 말한다고 알 수 있다.

C의 진술이 거짓이기에 B와 E가 이직하지 않는다는 정보를 얻을 수 있다. 즉 B와 E는 진실을 말한다. E의 진술이 진실이기에 D의 진술이 거짓이라고 알 수 있다. (또는 B와 E가 이직하지 않는다는 정보를 토대로 바로 D의 진술이 거짓이라고도 알 수 있다.)

거짓을 말하는 2명은 C와 D이다.

[오답 체크]
선택지에서 제시한 5가지 경우에서 A, B, C, D, E의 진술이 진실인지 거짓인지 판별하면 다음과 같다.

진술 / 이직	A	B	C	D	E	거짓
① A, E	진실	거짓	진실	진실	거짓	2명
② B, C	거짓	진실	진실	거짓	진실	2명
③ B, D	거짓	진실	진실	거짓	진실	2명
④ C, D	진실	진실	거짓	거짓	진실	2명
⑤ C, E	진실	진실	진실	진실	거짓	1명

① A, E ② B, C ③ B, D ④ C, D 모두 거짓을 말하는 사람이 2명이다. 이중 이직하는 2명과 거짓을 말하는 2명이 동일한 경우는 ④ C, D뿐이다.

20 ③

C와 D 중 1명은 퇴직하고 1명은 퇴직하지 않는다. C가 퇴직하는 경우와 D가 퇴직하는 경우로 나뉜다. 두 경우로 나뉘는데 문제에서 묻는 건 퇴직하는 사람이 항상 몇 명인지다. C가 퇴직하는 경우에 퇴직하는 인원과 D가 퇴직하는 경우의 인원이 같다고 예상된다. C가 퇴직하는 경우와 D가 퇴직하는 경우 중 한 경우만 따져봐도 되겠지만 이해를 돕기 위해 두 경우로 나누어 명제를 정리하면 다음과 같다.

1) C가 퇴직하는 경우
   [C → ~B → F]

2) D가 퇴직하는 경우
   [D → A → ~E]

두 경우 모두 항상 퇴직하는 사람은 2명이다.

[오답 체크]
문제에서 묻는 건 퇴직하는 사람이 항상 몇 명인지이다. N가지의 경우에서 공통적으로 몇 명이 퇴직하는지를 묻는다. 이를 6명 중 항상 퇴직하는 사람이 몇 명인지로 오해했다면 0명이 답이다.

Chapter 05 수열추리

01	02	03	04	05	06	07	08	09	10
③	⑤	③	④	③	①	④	④	①	③

11	12	13	14	15	16	17	18	19	20
②	⑤	①	①	②	⑤	①	④	③	②

01 ③

홀수 번째 항은 공차가 + 2인 등차수열이므로
B는 11 + 2 = 13이다.
짝수 번째 항은 공차가 + 5인 등차수열이므로
A는 13 + 5 = 18이다.
따라서 A + B = 31이다.

02 ⑤

홀수 번째 항은 공비가 × 3인 등비수열이므로
B는 9 × 3 = 27이다.
짝수 번째 항은 공차가 + 3인 등차수열이므로
A는 2 + 3 = 5이다.
따라서 B − A는 22이다.

03 ③

주어진 수열은 공차가 + 2.3인 수열이므로 9번째 항은
13.0 ㅣ (2.3 × 3) = 19.9이다.

04 ④

주어진 수열은 분모를 4로 통분하면 분자의 공차가 + 3
인 수열이다.

$$\frac{1}{4} \quad \frac{4}{4} \quad \frac{7}{4} \quad \frac{10}{4} \quad (\quad) \quad \frac{16}{4}$$

따라서 빈 칸에 들어갈 값은 $\frac{13}{4}$ 이다.

05 ③

주어진 수열은 − 2와 × 3을 반복하는 수열이다. 따라서
10번째 항의 값은 9.1이다.

06 ①

주어진 수열은 공차가 $-\frac{2}{9}$ 인 등차수열이다. 따라서
8번째 항의 값은 $-\frac{5}{9} - \frac{2}{9} - \frac{2}{9} - \frac{2}{9} = -\frac{11}{9}$
이다.

07 ④

주어진 수열은 세 개의 항씩 묶어 규칙을 가지는 군수열
로 '(1항 − 2항) × 2항 = 3항'인 규칙을 가진다. 따라서 빈
칸에 들어갈 값은 (100 − 10) × 10 = 900이다.

08 ④

주어진 수열은 공비가 $\frac{1}{4}$ 인 등비수열이다. 따라서 8번
째 항의 값은 $\frac{1}{4^8}$ 이며 이를 계산하면 $\frac{1}{65,536}$ 이다.

09 ①

주어진 수열은 $-\frac{1}{5}$, $+\frac{2}{5}$ 가 반복되는 규칙을 가지는
수열이다.
따라서 빈 칸에 들어갈 값은 $\frac{1}{5} - \frac{1}{5} = 0$이다.

10 ③

주어진 수열은 ' − 2' ' × 2' ' − 3' ' × 3' ' − 4' ' × 4' …
의 규칙을 가지는 특수수열이다. 따라서 12번째 항은
1,035 − 6 × 6 − 7 = 6,167이다.

11 ②

주어진 수열은 공차가 3.11인 등차수열이다. 따라서 빈
칸에 들어갈 값은 17.37 + 3.11 = 20.48이다.

12 ⑤

주어진 수열은 ' ÷ 2', ' × 3'이 반복되는 규칙을 가지는
수열이다.
A = 6.3 ÷ 2 = 3.15
B = 4.725 × 3 = 14.175
따라서 A + B = 17.325이다.

13 ①

주어진 숫자들의 분모를 4로 통분하면 다음과 같다.

$$\frac{8}{4} \quad \frac{9}{4} \quad \frac{10}{4} \quad \frac{11}{4} \quad \frac{12}{4} \quad \frac{13}{4}$$

공차가 $\frac{1}{4}$인 등차수열이므로 12번째 항은 $\frac{13}{4} + ($ $\frac{1}{4}$

$\times 6) = \frac{19}{4}$이다.

14 ①

주어진 수열은 세 개의 항씩 묶어 규칙을 가지는 군수열로, 세 개의 항의 합이 같다는 규칙을 가진다. 세 개의 항의 합은 '6,365'이므로 ( ) + 6,178 + 186 = 6,365, 따라서 빈 칸에 들어갈 값은 1이다.

15 ②

주어진 수열은 '(n)항 + (n + 1)항 = (n + 2)항'의 규칙을 가지는 피보나치수열이다. 따라서 10번째 항은 12,834(8항) + 20,736(9항) = 33,570이다.

16 ⑤

주어진 수열은 $\times \frac{1}{3}$, $\times \frac{2}{4}$, $\times \frac{3}{5}$, $\times \frac{4}{6}$ … 의 규칙을 가지는 특수수열이다.

$A = \frac{7}{20} \times \frac{5}{7} = \frac{1}{4}$, $B = \frac{1}{4} \times \frac{6}{8} = \frac{3}{16}$

따라서 $A - B = \frac{1}{16}$이다.

17 ①

주어진 수열 공차가 − 321인 수열이다. 따라서 빈 칸에 들어갈 값은 − 951 − 321 = − 1,272이다.

18 ④

제시된 수열은 인접한 항의 차이가 일정한 규칙을 갖는 계차수열로, 인접한 항의 차이가 초항이 8, 공차가 10인 등차수열의 규칙을 가진다. 따라서 12번째 항의 값은 683이다.

19 ③

제시된 수열은 홀수 항과 짝수 항이 각각 다른 규칙을 가지는 특수 수열이다. 홀수 항은 $\times \frac{2}{3}$의 규칙을 가지며, 짝수 항은 $\div 3$의 규칙을 가진다. 따라서 12번째 항은 8번째 항인 $\frac{3}{3} \div 3 \div 3 = \frac{1}{9}$이며, 13번째 항은 7번째 항인 $\frac{128}{1,080} \times \frac{2}{3} \times \frac{2}{3} \times \frac{2}{3} = \frac{1,024}{29,160}$이다.

$\frac{1}{9} \times \frac{1,024}{29,160} = \frac{1,024}{262,440}$이다.

20 ②

제시된 수열은 정수 부분은 + 1, 소수 부분은 − 0.1를 계산하는 규칙을 가진다. 따라서 빈 칸에 들어갈 값의 정수 부분은 13 + 1 = 14, 소수 부분은 0.15 − 0.1 = 0.05이므로 정답은 14.05이다.

렛유인 도서 구매 혜택
쿠폰 번호

쿠폰은 봉투에 동봉되어 있습니다.

- 도서 구매 혜택 쿠폰 패키지 등록 방법
  - 렛유인 홈페이지(www.letuin.com) 접속 → 로그인 → 메인 페이지 상단 [닉네임 → 할인쿠폰] 클릭
    → 쿠폰번호 입력
    ※ 쿠폰번호는 대소문자를 구별하고, 하이픈(-)을 포함하여 입력
    ※ 쿠폰 사용은 등록 후 6개월까지 가능

- 온라인 모의고사 응시 방법
  - 쿠폰 등록 → 메인 페이지 상단 [내 강의실] → [온라인 시험관] → 시험 응시
    ※ 모의고사 응시와 관련하여 문의사항이 있으신 경우, 렛유인 사이트 1:1문의 게시판으로 문의
    부탁드립니다.

- 도서 정오표 확인 방법
  - 렛유인 홈페이지 접속(www.letuin.com) → [렛-Book] → [도서 정오표 확인] 클릭
    → 카페에서 정오표 파일 다운로드

- 도서 오류 제보 방법
  - 아래 QR코드를 통해 구글폼 접속 → 제보할 오류 위치 및 상세내용 기재 후 전달 → 담당자 확인 후
    개별 안내 진행

2026 최신판

렛유인 | SKCT Final 봉투모의고사

2판 1쇄 발행

발 행 일	2026년 4월 1일
지 은 이	주영훈, 렛유인연구소
펴 낸 곳	렛유인에듀
총　　괄	김근동
편　　집	김혜림
표지디자인	김나희
홈 페 이 지	https://letuin.com
이공계 커뮤니티	이공모야
인스타그램	@letuin_official
유 튜 브	취업사이다
이 메 일	letuin@naver.com
대 표 전 화	1668-1362

2026
최신판

SK그룹 종합역량검사

제03회

기출동형 모의고사

영역	문항 수	시간
언어이해	20	15분
자료해석	20	15분
창의수리	20	15분
언어추리	20	15분
수열추리	20	15분

※ 2025년 하반기 기준 출제 문항 수와 시험 응시 시간입니다.

SK 취업은 렛유인

문항수 20문항 | 제한시간 15분
해설 p.46

01　다음 글의 주제로 가장 적절한 것은?

> 　전통적으로 노년층은 은퇴 후 소비가 급격히 줄어드는 '비활동 인구'로 인식되어 왔다. 그러나 최근 고령화 사회로의 진입과 함께 노년층이 경제활동과 소비의 중심축으로 재조명되고 있다. 자산을 보유한 베이비붐 세대를 중심으로 여가·건강·자기계발·디지털 기기 소비가 꾸준히 증가함에 따라, 기업은 이들을 대상으로 하는 맞춤형 상품과 서비스를 선보이고 있다.
>
> 　이러한 변화는 단순한 고령 인구 증가를 넘어 노년층의 소비력과 문화적 영향력의 부활이라는 측면에서 의미가 깊다. 의료·부동산·문화·IT 등 다양한 산업이 노년층을 핵심 고객으로 재정의하며, 산업 구조의 재편이 이루어지고 있다. 이는 '그레이 르네상스(Grey Renaissance)'라는 새로운 패러다임을 형성하고 있다. 이 개념은 노년층의 활발한 소비가 사회 전반에 긍정적 파급효과를 불러온다는 점에서 단순히 인구 변화의 결과가 아니라 경제적, 문화적 재생의 현상으로 주목된다.

① 고령화에 따른 부양비 부담 증가와 복지 정책 확대
② 시니어 세대의 사회적 고립을 완화하기 위한 공동체 정책
③ 시니어 세대의 자산 보유와 소비 성향 변화에 따른 산업 전략
④ 노년층의 소비활동 증가가 가져오는 경제·산업 전반의 구조 변화
⑤ 복지 수혜자에서 소비 주체로 전환하는 고령층의 적응 과정

02 다음 글의 주제로 가장 적절한 것은?

> 프로이트는 인간의 마음을 의식, 전의식, 무의식의 세 영역으로 나누는 모형을 제시했다. 의식은 현재 우리가 자각하고 있는 생각과 감정을, 전의식은 주의집중 외부에 있지만 의지로 꺼낼 수 있는 기억을 말한다. 반면 무의식은 억압된 욕망, 충동, 기억 등이 저장된 의식 바깥의 깊은 영역에 있어, 꿈이나 실수에서 드러나는 무의식의 흔적을 통해 간접적으로 그 존재를 유추할 수 있다 .
>
> 또한 프로이트는 마음의 구조를 이드, 에고(자아), 수퍼에고(초자아)로 설명했다. 이드는 본능적 욕구의 근원으로 무의식에만 존재하며 즉각적 쾌락을 추구한다. 에고는 현실 원칙을 따르며 이드의 욕구를 조절하고 외부 현실에 적응하는 역할을 한다. 수퍼에고는 내면화된 도덕과 규범으로 욕구를 억제하고 이상적 자아를 지향하게 한다. 이 구조는 의식 · 전의식 · 무의식의 기능적 분류와 연결되어 인간 행동의 이해를 돕는 프로이트 정신분석의 핵심 원리이다.

① 인간 정신의 층위와 구조를 통한 심리 기제의 이해
② 심리 구조 간 행동 양식의 다양성과 그 원인
③ 인간 정신의 기능적 분할과 무의식의 상징적 발현
④ 의식 – 무의식 간의 충돌에서 비롯된 심리적 방어 기제
⑤ 인간의 적응과 외부 균형을 중재하는 자아의 기능적 위상

03 다음 글의 내용과 일치하는 것은?

조로아스터교는 고대 이란 지역에서 시작된 종교로 선과 악의 이원론을 중심 개념으로 한다. 조로아스터는 세계를 선의 신 아후라 마즈다와 악의 존재 앙그라 마이뉴 또는 아리만의 투쟁 속에 놓인 장소로 설명했다. 이 종교는 도덕적 선택을 중시하며, 인간은 자유의지를 바탕으로 선을 선택함으로써 우주의 질서와 조화를 실현할 수 있다고 보았다.

조로아스터교의 사상은 후대 유대교·기독교·이슬람교의 종말론, 내세관, 천사와 악마에 대한 관념에 영향을 미쳤다는 평가를 받는다. 불을 신성시하며, 의식에서 불을 중심에 두는 것이 특징이지만, 조로아스터교를 단순히 불을 숭배하는 종교로 이해하는 것은 부정확하다. 불은 아후라 마즈다의 빛과 진리를 상징하는 매개체로 여겨진다.

한편, 조로아스터교는 사제 계층 중심의 교단 조직을 갖추었으며, 시간의 흐름을 선의 최종 승리로 향하는 일직선적 과정으로 보는 종말론적 세계관을 특징으로 한다. 이러한 직선적 시간관은 순환적 시간관을 가졌던 고대 인도 및 메소포타미아 문명과 구별되는 점이다.

① 조로아스터교는 불을 숭배의 대상으로 삼으며 신격화된 불의 정령을 예배한다.
② 인간의 선악 선택은 예정된 신의 의지에 따르며 자유의지와는 무관하다.
③ 조로아스터교의 시간관은 과거와 현재의 반복을 중심으로 세계를 해석한다.
④ 조로아스터교의 세계관은 종교적 상징체계로서 유일신 사상과 무관하다.
⑤ 조로아스터교는 선과 악의 이원적 구도 속에서 도덕적 선택을 강조한다.

04 다음 글의 내용과 일치하는 것은?

지동설은 고대부터 존재했던 천동설에 반하는 관점으로 코페르니쿠스에 의해 본격적으로 체계화되었다. 천동설은 지구를 우주의 중심에 두고, 태양과 별이 그 주위를 돈다고 본다. 반면, 지동설은 지구가 자전하며 동시에 태양을 중심으로 공전한다고 주장한다. 이 새로운 이론은 단지 천체의 운동을 설명하는 데 그치지 않고, 세계관 전체를 뒤흔드는 급진적인 사고의 전환을 요구했다.

코페르니쿠스는 자신의 이론이 성경적 권위와 충돌할 것을 우려해 1543년 '천구의 회전에 관하여'를 출간하는 데 소극적인 태도를 보였고, 책은 그의 사후에야 세상에 나왔다. 이후 갈릴레이와 케플러는 관측과 수학적 계산을 통해 지동설을 보다 정교하게 발전시켰다. 갈릴레이는 망원경을 이용해 목성의 위성을 관찰하고 금성의 위상 변화를 설명하며 지동설을 지지했고, 케플러는 행성의 타원 궤도 법칙을 통해 이를 수학적으로 뒷받침했다.

지동설은 당시 교회 권위에 정면으로 도전하는 과학적 주장으로 받아들여졌고 갈릴레이는 이단 재판을 받는 등의 탄압을 겪었다. 그러나 과학 혁명과 함께 지동설은 점차 받아들여졌으며, 고정된 중심이 아닌 변화하는 체계를 이해하는 새로운 인식 전환의 기반이 되었다.

① 케플러는 지동설을 부정하고 천동설의 수학적 보완을 시도했다.
② 코페르니쿠스는 자신의 이론을 교회로부터 지지 받으며 생전 적극적으로 홍보했다.
③ 지동설은 기존 세계관을 보완하며 천체 운동만을 설명하려는 이론이었다.
④ 지동설은 과학적 관측과 수학적 계산에 의해 점차 이론적 기반을 갖추었다.
⑤ 코페르니쿠스는 천동설과 타협하며 지구의 자전을 주장하고 공전을 부정했다.

05 다음 글의 빈 칸 ⓐ에 들어갈 문장으로 가장 적절한 것은?

움벨트는 생명체가 지각 가능한 세계를 그 생명체 고유의 감각 구조와 생존 양식에 따라 구성하는 방식으로 정의된다. 야콥 폰 윅스퀼은 모든 유기체가 동일한 외부 자극을 동일하게 해석하는 것이 아니라 자신의 생물학적 구조와 기능에 따라 환경을 선별적으로 인식하고 의미화한다고 보았다. 이로써 물리적으로 동일한 세계는 생명체마다 다르게 살아지는 세계가 된다. 박쥐는 반향 위치 결정 기능을 통해 음향 기반의 세계를 구성하고, 진드기는 온도와 냄새에 따라 움직이며, 인간은 시·지각과 언어 중심의 복합 감각에 의존해 현실을 해석한다. 이처럼 움벨트는 객관적 실재의 존재를 부정하지 않으면서도, 생명체가 경험하는 세계는 (ⓐ   )에 깊이 매개된다는 점을 강조한다. 따라서 움벨트 개념은 인간 중심주의를 상대화하고 존재론적 다양성에 대한 철학적 사유를 가능하게 한다.

① 감각적 구성과 지각적 편향
② 실재의 물리적 동일성과 인지적 일관성
③ 진화론적 생존 전략과 환경 적응 메커니즘
④ 감정 이입을 통한 타자 인식과 윤리적 상상력
⑤ 보편적 실재에 대한 객관적 인식 능력

06 다음 글의 문단배열 순서로 가장 적절한 것은?

(A) 전기차는 화석연료를 사용하는 내연기관 대신 전기모터를 동력원으로 삼기 때문에, 에너지 밀도와 출력 안정성이 높은 전지 기술이 필수적이다. 이에 따라 높은 에너지 밀도와 우수한 충전 효율을 갖춘 리튬이온 전지가 차량용 배터리의 주류로 자리 잡았으며, 이는 주행거리와 성능 유지 능력을 좌우하는 핵심 요인으로 작용한다.

(B) 그러나 리튬이온 전지는 고온 환경에서의 열폭주 현상과 기계적 충격에 대한 구조적 취약성을 동시에 내포하고 있다. 여기에 희소 금속 기반의 소재 의존성과 배터리 전주기에 환경 부담까지 더해지며, 기술적 지속 가능성에 대한 회의도 제기된다. 이러한 복합적 제약은 기술의 확장성과 직접 연결된다.

(C) 2차 전지는 전기에너지를 화학적 형태로 저장했다가, 필요할 때 다시 전기로 전환하여 사용하는 2차 에너지 저장 장치이다. 충전과 방전을 반복할 수 있다는 점에서 1차 전지와 구별되는데, 현재까지 가장 실용적인 2차 전지로 평가받는 리튬이온 전지는 소형 전자기기의 경량화와 고성능화에 결정적인 기여를 해왔다.

(D) 이 같은 한계를 극복하기 위한 방안으로는 고체 전해질을 적용한 전고체 배터리 개발이 주목받고 있다. 이는 전기화학적 안정성과 저장 밀도를 개선할 뿐 아니라, 안전성도 획기적으로 향상시킬 수 있다. 동시에 희소 자원에 대한 재활용 기술과 대체 물질 연구 역시 병행되며, 궁극적으로는 에너지 기술의 생태적 전환을 가능케 하는 핵심 기반으로 간주된다.

① (A) – (B) – (C) – (D)
② (A) – (C) – (B) – (D)
③ (C) – (A) – (B) – (D)
④ (C) – (B) – (A) – (D)
⑤ (C) – (B) – (D) – (A)

07 다음 글을 비판하는 내용으로 가장 적절한 것은?

> 노이즈 마케팅은 소비자의 주목을 유도하기 위해 의도적인 논란이나 과장된 표현을 활용하는 비전통적 전략으로, 최근 디지털 환경에서 그 활용도가 빠르게 확산되고 있다. 자극적인 메시지는 바이럴 효과를 극대화하며, 짧은 시간 안에 브랜드 인지도를 높이는 데 효과적이라는 평가를 받는다. 특히 SNS 기반의 쌍방향 소통 구조에서는, 브랜드에 대한 직접적인 호오*와 무관하게 노출 자체가 소비자의 구매 전환에 영향을 미칠 수 있다는 실증적 연구도 존재한다. 일부 마케팅 학자들은 노이즈 마케팅이 저비용 고효율의 전략일 뿐 아니라, AIDA 모델*에서 가장 어려운 '주의 환기' 단계를 효과적으로 통과하게 만드는 수단이라고 평가하기도 한다. 이는 정보 과잉 환경 속에서 브랜드가 주목받을 수 있는 유일한 방식이 자극이라는 점을 전제로 한다. 따라서 노이즈 마케팅은 단순한 이목 끌기 수단이 아니라 전략적 상황에서 충분히 설계되고 운용될 경우 강력한 커뮤니케이션 자산으로 기능할 수 있다.

* 호오(好惡): 좋음과 싫음
* AIDA 모델: 4가지 마케팅 모델 주의(Attention), 흥미(Interest), 욕구(Desire), 행동(Action)의 약어

① 노이즈 마케팅은 디지털 환경에서 기존 마케팅 전략을 보완할 수 있지만 무분별한 노출에 대해는 좀 더 심도깊은 연구를 진행해야 한다.

② 노이즈 마케팅은 오로지 단기적인 매출 증가에만 영향을 미칠 수 있다.

③ 자극적인 콘텐츠는 소비자의 흥미를 유발할 수 있다.

④ 노이즈 마케팅은 장기적으로 소비자의 신뢰와 브랜드 충성도에 손상을 줄 수 있다는 점에서 전략적 재고가 필요하다.

⑤ SNS 기반의 노출 증가는 소비자의 구매 전환율을 높일 수 있지만 마케팅 효과성은 입증되지 않았다.

08 다음 글의 주제로 가장 적절한 것은?

'타코 트레이드(Taco Trade)'는 도널드 트럼프 미국 대통령의 무역 협상 전략을 풍자하는 용어로 파이낸셜타임스(FT)의 칼럼니스트 로버트 암스트롱이 처음 사용했다. 이는 'Trump Always Chickens Out(트럼프는 항상 겁먹고 물러선다)'의 약자로, 트럼프가 고율 관세 부과 등 강경한 위협을 한 뒤 일정 시간이 지나 철회하거나 협상을 제안하는 반복적 패턴을 가리킨다.

이 전략은 정치적으로는 협상력을 과시하려는 방식으로 해석되지만 금융시장에서는 오히려 단기적인 가격 왜곡을 초래하는 원인으로 작용한다. 실제로 강경 발언 직후 자산 가격이 급락하고 이후 철회가 감지되면 시장이 반등하는 흐름이 자주 포착되었다. 암스트롱은 이러한 현상을 지적하며, 트럼프식 정치 리스크가 지속적 혼란을 유발하기보다는 반복되는 리듬에 기반한 전략적 투자 기회로 볼 수 있다고 주장했다. '타코 트레이드'는 특정 정치인의 성향과 시장 반응 사이의 경험적 상관관계를 투자 전략으로 연결하는 보기 드문 사례로, 정치의 불확실성을 기회로 전환하는 금융 사고 실험이라 할 수 있다.

① 정치적 위협 발언이 반복되는 상황에서의 시장 불확실성 심화
② 정책 혼선과 이에 따른 자산 가격 변동 구조에 대한 비판
③ 강경 발언과 철회를 반복하는 상황에서의 시장 반응과 기회
④ 정치 리스크에 따른 투자 방어 전략
⑤ 혼란한 정치 상황 속 장기적 자산 배분 방법

CBDC는 중앙은행이 전자적 형태로 직접 발행하는 법정 통화로, 기존의 민간 전자결제 수단이나 암호화폐와는 성격이 다르다. 현금은 중앙은행이 발행하되 물리적 실물로 존재하여, 거래 시 익명성과 접근성이 뛰어나며 인터넷이 없어도 사용할 수 있다. 그러나 위조, 도난, 보관 비용 등 물리적 화폐의 한계도 명확하다. 반면 CBDC는 디지털 장부를 기반으로 작동하며, 거래 내역이 자동으로 기록된다. 이로 인해 정부는 조세 집행, 복지급 지급, 통화정책의 미세 조정 등에서 보다 정밀한 개입이 가능하다. 일부 국가는 사용자의 소비 패턴을 실시간으로 분석하거나, 특정 목적에만 사용 가능한 프로그래머블 화폐를 설계하여 사회정책과 연계하려는 실험도 진행 중이다. 또한 CBDC는 은행 계좌가 없는 금융 소외계층에게도 직접 지급될 수 있어 포용적 금융 환경을 구현하는 수단으로 기대되지만, 이와 동시에 거래 추적 가능성으로 인한 프라이버시 침해와 기술 격차로 인한 디지털 배제 등 새로운 위험도 동반한다. 따라서 각국은 CBDC 설계 시 기술적 효율성과 사회적 신뢰 간의 균형을 모색 중이다.

① 현금은 디지털 장부에 거래 내역이 자동으로 기록되므로 익명성과 통제력을 동시에 확보할 수 있다.
② 일부 국가는 CBDC 사용자의 소비를 추적하고 용도 제한형 디지털 화폐를 활용해 정책 시험을 하고 있다.
③ 암호화폐와 CBDC는 모두 중앙은행의 발행과 통제를 받는 전자 화폐라는 점에서 본질적으로 유사하다.
④ CBDC는 거래 기록이 남지 않기 때문에 조세 집행이나 복지 정책 수행에 제약이 있다.
⑤ 디지털 기기와 네트워크가 없어도 CBDC는 금융 소외 계층에게 직접 지급될 수 있어 접근성에서 현금과 유사하다.

10 다음 글의 문단배열 순서로 가장 적절한 것은?

(A) 이러한 논의는 곧 AI 문학이 독창적인가라는 질문으로 이어진다. AI가 기존 데이터를 조합해 결과물을 만든다는 점에서 기계적이라는 비판이 가능하지만, 인간 또한 과거 경험과 지식을 재해석해 창작한다는 점에서 경계는 모호하다. 결국 독창성은 작품의 생성 방식보다는 그것이 해석되고 수용되는 과정에서 발휘되는 의미 작용을 중심으로 판단해야 한다.

(B) AI가 생성하는 콘텐츠는 방대한 데이터를 학습한 알고리즘이 인간의 감정과 서사를 재현한 결과물이다. 통계적 예측과 패턴 조합을 통해 만들어진 이 결과물은 전통적 의미에서의 창작이라 보기 어려울 수 있다. 그러나 인간은 그 안에서 감동과 의미를 발견하며, 이를 단순한 기계 출력이 아닌 감성적 상호작용의 대상으로 받아들인다. 이러한 수용 방식은 AI 산출물이 문화적 맥락 속에서 기능할 가능성을 보여준다.

(C) 따라서 AI 창작물을 어디까지 인정할 것인가는 인간의 개입 정도와 사회적 수용 방식에 따라 달라진다. 인간이 창작을 지시하거나 일부 편집했다면 공동 저작물로 볼 수 있고, 자율적으로 생성된 경우라 하더라도 그것을 감상하고 해석하는 주체가 인간이라면 문화적 서사로 작동할 수 있다. 결국 창작 주체의 정의는 기술과 인간이 맺는 관계 속에서 유동적으로 형성된다.

(D) AI 창작물의 저작권 문제는 이러한 독창성과 창작 주체 논의가 실제 권리 관계로 이어질 때 더욱 복잡해진다. 현행 법은 인간만을 창작 주체로 인정하기 때문에, AI가 단독으로 생성한 결과물은 법적 보호를 받기 어렵다. 일부는 인간 개입이 있을 때에만 권리를 인정하자고 주장하는 반면, 완전히 자율적으로 만들어진 산출물에 대해서는 권리 공백을 인정해야 한다는 견해도 있다. 결국 AI 창작물은 창작과 저작의 개념을 다시 정의하게 만드는 새로운 기준점이 되고 있다.

① (B) − (A) − (C) − (D)
② (B) − (C) − (A) − (D)
③ (B) − (C) − (D) − (A)
④ (D) − (B) − (A) − (C)
⑤ (D) − (B) − (C) − (A)

11 다음 글을 비판하는 내용으로 가장 적절한 것은?

> 기후변화 대응을 위한 국제적 노력은 파리협정을 중심으로, 강력한 글로벌 연대의 흐름 속에 전개되고 있다. 특히 선진국들은 온실가스 감축 목표를 법제화하고, 신재생에너지로의 전환을 가속화하고 있으며, 탄소세와 배출권 거래제를 비롯한 다양한 시장 기반의 수단을 도입하고 있다. 개발도상국 역시 국제사회의 기후 목표에 기여하기 위한 자발적 감축 목표(NDC)를 수립하고 있으며, 기술 및 재정 지원을 조건으로 점진적인 에너지 구조 개편에 나서고 있다. 기후변화는 국경을 초월한 문제이기에 모든 국가의 동참이 요구되며, 특히 개도국이 조기에 친환경 전환을 이룰 수 있도록 다자 협력이 더욱 강화되어야 한다. 결국 기후협약은 단지 환경 문제가 아니라 지속가능한 성장 모델로 전환하기 위한 구조적 합의이며, 선진국과 개도국 간의 공동 책임을 기반으로 작동한다는 점에서 그 실효성이 크다.

① 자발적 감축 목표는 협약의 유연성과 실효성을 보장하지만 실질적인 이행보다는 외형적 참여에 가까울 것이다.

② 기후협약은 모든 국가의 동참을 전제로 하지만 개도국의 경우 기후협약 참여 자체를 거부하고 있으므로 실효성이 적다.

③ 선진국이 감축을 주도하고 개도국이 재정과 기술을 지원받는 구조는 형평성과 효율성을 동시에 달성할 수 있는 전형적인 형태이다.

④ 기후변화는 국경을 넘는 공동의 위기이므로 과거의 산업화 책임을 논의하는 것은 협력의 발목을 잡는 시대착오적 관점이다.

⑤ 구조적 합의를 통해 실효성을 강조하기보다는 모든 국가가 동일한 전환 로드맵을 설정하고 이를 수용하는 것이 기후문제를 보다 빠르게 해결할 수 있는 현실적 방안이다.

12 다음 글의 제목으로 가장 적절한 것은?

> AI 슬롭(AI Slope)은 인공지능 시스템의 성능이 시간이 지남에 따라 점차 저하되는 현상을 말한다. AI 모델은 초기 학습 단계에서는 높은 정확도를 보이지만, 실제 운영 환경에서는 점차 성능이 떨어지거나 기대에 미치지 못하는 결과를 보일 수 있다. 이러한 현상은 실제 다양한 AI 서비스에서 관찰되며, AI 슬롭이라는 이름으로 불린다. AI 슬롭의 주요 원인에는 데이터 품질의 저하, 훈련 데이터와 실제 데이터 간의 불일치, 모델의 과적합, 컴퓨팅 자원의 부족, 환경 변화에 따른 데이터 분포 변화 등이 있다.
> 예를 들어, 챗봇이 처음에는 정확한 답변을 제공하다가 시간이 지나며 오류가 잦아지거나, 이미지 인식 시스템이 새로운 유형의 이미지를 정확히 분류하지 못하는 경우가 이에 해당한다. 이런 문제를 방지하려면 최신 데이터를 반영한 정기적인 재학습과 성능 모니터링이 필요하다. 이와 유사한 개념으로 드리프트(Drift) 현상이 있다. 하지만 드리프트는 데이터의 분포나 관계가 변화하면서 AI 모델의 성능이 저하되는 것으로, 원인 측면에서 AI 슬롭과 구분된다.

① AI 슬롭과 드리프트 현상의 원인과 차이
② AI 모델의 구조적 한계
③ AI 슬롭 현상에 따른 성능 저하의 원인과 대응 전략
④ 데이터 드리프트와 AI 성능의 불안정성
⑤ AI의 과적합 문제와 그 대응 전략

13 다음 글의 빈 칸 ⓐ에 들어갈 문장으로 가장 적절한 것은?

> 대상포진은 수두를 일으키는 바이러스가 신경계 내에 잠복해 있다가 재활성화되면서 발생하는 질환이다. 초기 감염 시 바이러스는 호흡기를 통해 체내에 침입하여 전신에 수두 증상을 유발한 후, 척수의 후근 신경절이나 뇌신경절 감각신경 세포에 침투하여 비활성 상태로 존재한다. 이 잠복 상태는 숙주의 세포성 면역에 의해 억제되는데 고령, 면역기능 저하, 스트레스, 악성 질환, 면역억제제 복용 등의 요인으로 인하여 (ⓐ   ) 재활성화된 바이러스는 감각신경을 따라 말초로 이동해 피부 상피세포에 감염을 일으키며, 이때 해당 피부 분절에 국한된 염증 반응과 수포성 병변이 발생하며 신경세포 손상 및 극심한 통증이 동반된다. 재활성화된 바이러스는 신경절 내 감각신경의 축삭을 따라 이동하면서 신경세포의 탈수초화와 세포 손상을 유발하고 그 결과로 통각 과민이나 지속적인 신경통이 나타날 수 있다. 면역 반응이 늦거나 미약할 경우 바이러스 확산과 조직 손상이 더 심해져 대상포진 후 신경통으로 이어질 위험이 높아진다.

① 면역 체계가 특정 감염에 반응하는 과정에서 숙주는 오히려 위험에 노출될 수 있다.
② 바이러스가 초기 감염 없이도 신경에 바로 침투하여 병변을 일으킨다.
③ 바이러스가 비활성화되면 대상포진이 발생한다.
④ 면역 기능이 약화되면 바이러스가 다시 활성화될 수 있다.
⑤ 신경세포의 염증 반응으로 인해 면역계가 과도하게 반응하는 양상을 보인다.

14 다음 글의 빈 칸 ⓐ에 들어갈 문장으로 가장 적절한 것은?

메탄은 현재 산업 현장에서 수소를 얻기 위한 가장 보편적인 원료로 사용된다. 특히 고온의 수증기를 활용해 메탄을 분해하는 방식은 전 세계 수소 생산의 대부분을 차지할 만큼 핵심적인 공정으로 자리 잡고 있다. 이 과정에서는 메탄과 수증기가 만나 수소와 일산화탄소를 생성하며, 반응을 촉진하기 위해 니켈을 주성분으로 한 촉매가 사용된다. 반응은 일반적으로 섭씨 700도를 넘는 높은 온도와 상당한 압력 아래에서 이루어지며, 1차 반응으로 생성된 일산화탄소는 이후 다시 반응하여 수소와 이산화탄소로 전환된다. 이 전환 반응은 열을 내며, 두 단계로 나뉘어 각각의 온도 범위에 적합한 촉매가 사용된다.

이 공정에서 가장 중요한 요소는 (ⓐ)에 있다. 니켈 촉매는 수소 생산에 매우 효과적이지만, 일정 온도를 넘으면 표면에 탄소가 침착되면서 활성이 급격히 저하되는 문제가 발생한다. 이를 방지하기 위해 알루미나나 마그네시아 같은 지지체를 함께 사용하는 방법이 도입되고 있으며 반응 조건도 정밀하게 조절되고 있다.

① 수증기의 순도와 유량을 정밀하게 제어하는 기술
② 화학 반응을 지속 가능하게 유지하는 중심 물질의 안정성
③ 메탄을 액화 상태로 보관하는 설비의 내구성
④ 반응기 외벽의 압력 유지 기술
⑤ 생성된 이산화탄소를 바로 분리해내는 장치의 효율성

15   다음 글의 문단배열 순서로 가장 적절한 것은?

(A) 이러한 소비 양식은 문화가 계층 간 경계를 나누는 기준이 아니라, 유연한 정체성의 수단으로 작용함을 보여준다. 옴니보어는 문화적 권위를 유지하면서도 대중 문화와의 접속을 통해 새로운 형태의 영향력을 형성하며, 기존의 폐쇄적 위계 구조를 유연하게 변형시킨다.

(B) 그러나 잡식적 소비가 실질적인 평등을 의미하지는 않는다. 다양한 문화 콘텐츠를 이해하고 향유할 수 있는 시간과 자원은 여전히 상위 계층에게 유리하게 분배되어 있다. 결국 옴니보어는 겉으로는 개방성을 띠지만, 더 세밀한 취향 구분을 통해 오히려 문화 권력을 정교하게 구축할 수 있다.

(C) 문화적 옴니보어는 특정한 문화 취향에 머무르지 않고 고급 문화와 대중 문화를 넘나드는 소비 양식을 뜻한다. 이는 주로 고학력·고소득 계층에서 나타나며, 과거처럼 고급 문화만을 통해 계층을 드러내는 대신 다양한 장르를 포용하는 모습을 보인다. 이로써 문화 자본의 위계가 다원성과 개방성을 중심으로 재해석될 수 있는 가능성이 제기된다.

(D) 따라서 옴니보어 현상을 단순히 긍정적으로만 바라보기보다는 그 이면의 권력 작용을 비판적으로 살펴야 한다. 문화의 다양성은 이상적 가치이지만, 그것이 누구에게 열려 있는가를 함께 따지지 않는다면 문화 민주주의는 외형에 그칠 수 있다.

① (A) – (C) – (B) – (D)
② (B) – (D) – (A) – (C)
③ (B) – (D) – (C) – (A)
④ (C) – (A) – (B) – (D)
⑤ (C) – (B) – (D) – (A)

16 다음 글을 비판하는 내용으로 가장 적절한 것은?

최근 정부는 반려동물을 기르는 인구가 꾸준히 늘어남에 따라, 동물 의료 서비스에 대한 공적 책임을 강화하고 있다. 진료비 표준화, 의료행위 사전 설명 의무화, 반려동물 보험 확대 등은 동물병원을 찾는 보호자의 권리를 보장하고 진료 서비스의 질을 높이기 위한 정책들이다. 특히 진료비 정보 공개는 보호자의 선택권을 넓히고, 불필요한 진료를 줄이는 데 효과가 있다는 평가를 받고 있다. 현재 동물병원은 병원마다 진료비 수가를 자율적으로 책정하고 있으며, 정부는 주요 진료 항목의 비용을 공개하도록 권고하고 있다. 이러한 제도들은 반려동물을 단순한 재산이 아닌 생명을 지닌 가족 구성원으로 인식하는 흐름 속에서 마련되었으며, 사람 중심에서 동물 중심으로 나아가는 의료정책의 방향을 보여준다. 반려동물의 건강권을 지키기 위한 공공의 개입은 오늘날 사회가 요구하는 가치에 부합하며, 결국 국민 삶의 질을 높이는 데도 기여할 수 있다.

① 수준 높은 동물 의료 서비스를 제공하고 제공받기 위해서는 진료비에 제한을 두지 않는 것이 더 바람직하다.

② 진료비 정보 공개는 소비자의 알 권리를 보장하지만 병원 간 진료 환경이 다른 상황에서 일률적인 비교는 오히려 혼선을 줄 수 있다.

③ 사람 중심에서 동물 중심으로의 정책 전환은 국민 건강권과 충돌하므로 다시 검토되어야 한다.

④ 병원의 자율성을 보장하기보다는 과잉 진료를 막기 위해 진료비 표준화를 시행하여 의료 서비스의 질과 보호자의 권리를 우선 보장해야 한다.

⑤ 보험 확대는 진료비 부담을 줄이는 데 도움이 되지만 반려동물 정책에 있어 공공의 개입은 여전히 불필요하다.

트롤리 딜레마는 행위의 도덕성을 무엇에 근거해 판단할 수 있는지를 탐색하는 대표적인 윤리학 사고실험이다. 통제 불가능한 전차가 다섯 명을 향해 돌진하고 있으며 당신은 전환기 앞에 서 있다. 전환기를 작동하면 전차는 다른 선로로 향하게 되고 그곳에는 한 사람이 묶여 있다. 선로를 바꾸면 다섯 명은 구조되지만 다른 한 명은 희생된다. 이 사고실험은 단순한 선택의 문제가 아니라 도덕 판단의 정당화 원리를 묻는 문제이다.

공리주의는 행복과 고통의 총합을 기준으로 행위의 도덕성을 평가하며 가능한 한 많은 이익을 창출하는 쪽이 더 윤리적이라고 본다. 따라서 이 관점에서는 다수를 살리기 위한 소수의 희생이 정당화될 수 있다. 반면 칸트 윤리는 행위의 결과가 아닌 행위 자체가 보편적 도덕 법칙에 합치되는지를 중심으로 판단하며 인간을 단지 수단으로 삼는 행위는 어떤 경우에도 도덕적으로 용납될 수 없다고 본다. 이 딜레마는 결과 중심 윤리와 원칙 중심 윤리 사이의 긴장을 구체적인 상황 속에서 드러내며 각 이론이 인간 행위의 정당성을 어떻게 구성하는지를 시험하는 도구로 작동한다.

① 트롤리 딜레마는 실제 철도 사고의 사전 예방을 위한 윤리적 의사결정 체계를 설명한 것이다.
② 공리주의는 다수의 이익을 위한 결정이라면, 개인의 권리를 침해하지 않는 선에서만 정당화할 수 있다고 본다.
③ 칸트 윤리는 도덕법칙에 어긋나는 행위는 그 결과가 긍정적이라 해도 도덕적으로 옳지 않다고 본다.
④ 트롤리 딜레마는 결과를 중시하는 공리주의와 직관 윤리학 간의 갈등을 보여주는 사례로 활용된다.
⑤ 공리주의와 칸트 윤리는 모두 결과의 정당성을 판단 기준으로 삼되, 과정의 차이에 주목한다.

18 다음 글의 빈 칸 ⓐ에 들어갈 문장으로 가장 적절한 것은?

> 도박사의 오류는 확률적인 사건을 잘못 이해할 때 발생하는 대표적인 사고의 오류다. 예를 들어 동전을 다섯 번 던졌을 때 모두 앞면이 나왔다고 가정하자. 많은 사람들은 다음번에는 뒷면이 나올 가능성이 더 높다고 생각하지만 실제로는 그렇지 않다. (ⓐ   ) 즉, 앞면이 다섯 번 연속 나왔다 해도 여섯 번째에 앞면이나 뒷면이 나올 확률은 여전히 같으며, 동전 던지기의 각 시행은 서로 독립적이다.
>
> 이 오류는 마치 확률이 균형을 맞추려 한다고 착각하는 데서 비롯된다. 하지만 실제로는 확률은 과거의 결과를 기억하지 않으며 매번 동일한 조건에서 동일한 확률로 사건이 일어난다. 따라서 도박사의 오류는 확률과 독립 시행의 기본 개념을 오해한 데서 비롯된 착각일 뿐이며 수학적으로는 성립하지 않는다.

① 특정 결과가 반복되면 이후의 확률 분포는 반작용적으로 조정될 수 있다.

② 독립 시행이라 하더라도 누적된 패턴은 다음 결과에 일정한 영향을 미친다.

③ 각 시행은 통계적으로 독립적이므로, 과거 결과는 미래의 확률에 영향을 주지 않는다.

④ 시행 횟수가 증가할수록 모든 결과는 균형을 이루는 방향으로 수렴한다.

⑤ 동일한 확률 조건에서도 반복된 결과는 새로운 기댓값을 형성한다.

19 다음 글을 비판하는 내용으로 가장 적절한 것은?

> 관치금리는 정부가 시장의 자율적 금리 결정 대신 직접 금리를 설정하거나 유도하는 정책을 말한다. 이러한 방식은 특정 산업을 육성하거나 경기 침체 상황에서 신속히 자금을 공급하는 데 효과적일 수 있다. 예를 들어, 중소기업 지원을 위해 대출금리를 인위적으로 낮추면 기업의 자금 조달 부담이 줄고 투자 확대를 유도할 수 있다. 또한 금리 변동성이 줄어 금융시장의 불확실성을 완화할 가능성이 있다. 정부가 장기적인 산업 정책과 결합해 금리를 조절하면 경제 구조 전환에도 기여할 수 있다. 특히 금융시장이 미성숙하거나 시장 실패가 빈번한 국가에서는 관치금리가 자본의 효율적 배분에 도움을 줄 수 있다는 주장도 있다. 결국 관치금리는 시장의 한계를 보완하고 정책 목표 달성에 유연하게 대응하는 수단으로 긍정적인 평가를 받을 수 있다.

① 관치금리는 금리 변동성을 줄이는 데 기여하지 못하며, 오히려 시장의 예측 가능성을 떨어뜨릴 수 있다는 것이 증명되었다.
② 관치금리는 금융시장이 미성숙한 국가에서 효과적일 수 있지만, 성숙한 국가에서는 효과적이지 않다.
③ 관치금리는 경기 침체기에 자금 공급을 촉진할 수 있지만, 장기적으로 물가 안정을 해칠 수 있다.
④ 단기적인 산업 정책 수립에는 관치금리가 도움이 되지 못 한다.
⑤ 관치금리는 중소기업 지원에 효과적이지만, 대기업에는 영향을 미치지 않는다.

20 다음 글의 문단배열 순서로 가장 적절한 것은?

(A) 마라톤 경기가 근대 올림픽에 도입된 초창기에는 경기마다 정해진 거리가 달랐다. 대회를 주최하는 나라가 코스를 자유롭게 설정했기 때문에 경기는 때때로 40킬로미터를 넘기도 했고 반대로 더 짧아지기도 했다. 이처럼 거리의 불규칙성이 반복되자, 정확한 기준을 마련해야 한다는 논의가 제기되었다.

(B) 오늘날 마라톤의 공식 거리는 42.195킬로미터로 정해져 있지만, 이 수치가 처음부터 정해져 있었던 것은 아니다. 이 거리의 기원은 1908년 런던올림픽에 있다. 대회 조직위원회는 경주의 시작점을 윈저궁으로 정하고, 도착 지점을 스타디움의 왕실 관람석 앞으로 설정했다. 왕실의 관전을 고려한 이 코스는 우연히도 42.195킬로미터였고, 대회는 이 거리로 치러졌다.

(C) 국제육상경기연맹은 1921년 마라톤의 경기 규격을 표준화하기 위해 앞선 런던올림픽의 코스를 기준으로 삼았다. 그 결과 지금과 같은 42.195킬로미터가 마라톤의 공식 거리로 채택되었다. 이는 경기의 일관성과 공정성을 확보하려는 움직임의 일환이었다.

(D) 마라톤이라는 종목은 고대 그리스의 마라톤 전투에서 비롯되었다. 전쟁에서 승리한 아테네는 소식을 전하기 위해 병사 한 명을 급히 아테네로 보냈고, 그는 마라톤 평원에서 아테네까지 전력을 다해 달렸다. 도착한 병사는 승리를 알린 뒤 곧 숨을 거두었다고 전해지며, 이 이야기는 오늘날 마라톤의 상징적 기원이 되었다.

① (A) − (B) − (D) − (C)
② (A) − (C) − (B) − (D)
③ (D) − (A) − (B) − (C)
④ (D) − (A) − (C) − (B)
⑤ (D) − (B) − (C) − (A)

문항수 20문항 | 제한시간 15분

해설 p.50

01 다음은 C기관의 2024년 부서 및 연령대별 평균 교육 이수 시간에 대한 자료이다. 다음 중 자료에 대한 설명으로 옳은 것을 모두 고르면?

〈표〉 2024년 부서 및 연령대별 평균 연간 교육 이수 시간

(단위: 시간)

구분	전체	20대	30대	40대	50대	60대 이상
기술지원부	72	28	54	83	92	60
연구개발부	90	23	51	104	115	98
영업부	102	34	67	110	119	94
생산부	94	30	62	101	112	89
총무부	48	15	37	52	56	44

〈 보 기 〉

㉠ 모든 연령대에서 영업부의 교육 이수 시간은 기술지원부보다 길다.

㉡ 전체 평균 교육 이수 시간이 가장 짧은 부서는 연구개발부이다.

㉢ 연구개발부의 20대 평균 교육 이수 시간은 기술지원부의 20대 평균 교육 이수 시간에 비해 20% 이상 짧다.

㉣ 생산부와 기술지원부의 50대 평균 교육 시간의 차이는 20시간 이상이다.

① ㉠, ㉡　　　　　② ㉠, ㉢　　　　　③ ㉠, ㉣

④ ㉡, ㉢　　　　　⑤ ㉢, ㉣

02 다음은 2023년 지역별 지원 유형에 따른 복지 서비스 이용자 수에 대한 자료이다. 다음 중 자료에 대한 설명으로 옳지 않은 것을 고르면?

〈표〉 2023년 복지 서비스 이용자 수

(단위: 명)

구분		주거지원	건강지원	교육지원	일자리연계	심리상담
지역	서울	4,200	3,950	2,280	24,300	1,260
	부산	3,020	3,560	1,960	19,800	1,130
	대구	3,670	3,800	2,050	20,100	1,320
	광주	2,100	2,950	1,270	14,200	880
	대전	2,480	2,980	1,340	15,700	940
업종	청년층	1,980	2,110	1,430	9,800	530
	중장년층	2,200	2,540	1,070	12,100	650
	고령층	3,010	2,950	1,540	11,700	820

① 제시된 지역 중 복지 서비스 이용자 수가 가장 많은 지역은 서울이다.

② 중장년층의 전체 복지 이용자 수 중 가장 많은 유형은 일자리연계이다.

③ 대전의 주거지원 이용자 수와 서울의 주거지원 이용자 수의 차이는 1,700명 이상이다.

④ 제시된 지역 중 일자리연계 이용자 수가 20,000명 이상인 지역은 3곳이다.

⑤ 고령층의 심리상담 이용자 수는 중장년층보다 많다.

03 다음은 2018년부터 2021년까지 G시의 스마트 교차로 설치 현황을 정리한 자료이다. 자료에서 전체 스마트 교차로 수가 두 번째로 많은 해에 초등학교 주변에 설치된 스마트 교차로 수는 유치원 주변에 설치된 스마트 교차로 수의 몇 배인가?

〈표〉 연도별 스마트 교차로 설치 현황

(단위: 개)

구분	2018년	2019년	2020년	2021년
전체	4,300	4,450	4,200	4,500
초등학교	1,600	1,701	1,550	1,800
유치원	520	540	500	600
중학교	1,020	1,050	990	1,030
기타	1,160	1,160	1,160	1,070

① 3.25배   ② 3.15배   ③ 3배

④ 2.85배   ⑤ 2.75배

04 다음은 2013년부터 2023년까지 불법 수입 의약품의 적발 건수, 적발 물량, 적발 금액에 대한 자료이다. 다음 중 자료에 대한 설명으로 옳지 않은 것을 모두 고르면?

〈표〉 연도별 불법 수입 의약품 적발 현황

(단위: 건, kg, 억 원)

연도	적발 건수	적발 물량	적발 금액
2013년	170	25	480
2014년	200	28	525
2015년	215	30	580
2016년	280	42	740
2017년	340	49	830
2018년	420	61	1,050
2019년	395	59	1,200
2020년	540	87	1,780
2021년	625	102	2,060
2022년	710	114	2,540
2023년	990	138	3,350

〈 보 기 〉

㉠ 2021년 적발 건수 1건당 평균 적발 물량은 160g 이상이다.
㉡ 2023년 적발 건수 1건당 적발 금액은 2013년보다 작다.
㉢ 2023년 적발 금액은 2013년에 비해 7배 이상 증가하였다.
㉣ 2019년은 전년 대비 적발 금액은 증가했지만, 적발 건수는 감소하였다.

① ㉠, ㉡   ② ㉡, ㉢   ③ ㉡, ㉣
④ ㉠, ㉢   ⑤ ㉠, ㉡, ㉢

05 다음은 L시의 2020년 연령대별 자전거 이용자 수와 연령대별 자전거 이용자 수의 전년 대비 증감률을 나타낸 자료이다. 2020년 대비 2021년 이용자가 가장 많이 증가한 연령대로 옳은 것은?

〈그래프〉 2020년 연령대별 자전거 이용자 수

(단위: 명)

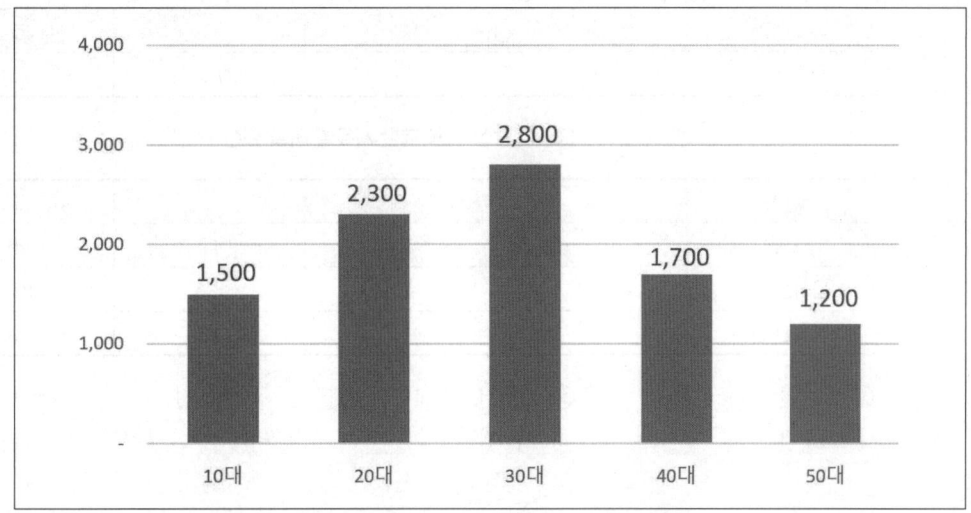

〈표〉 연령대별 자전거 이용자 수 전년대비 증감률

(단위: %)

연령대	10대	20대	30대	40대	50대
2019년	− 10	− 5	− 10	− 10	− 20
2020년	20	15	25	10	10
2021년	25	20	10	14	10

① 10대 ② 20대 ③ 30대
④ 40대 ⑤ 50대

다음은 2023년 W시의 A~D 도서관에서 발생한 열람실 이용 제한 건수와 사유별 비율 현황을 나타낸 자료이다. 각 도서관에서 발생한 열람실 제한 사유 중 '장시간 자리 점유'의 총 합은 몇 건인가?

〈표〉 2023년 도서관별 열람실 이용 제한 건수

(단위: 건)

도서관	A	B	C	D
총 건수	600	450	720	530

〈표〉 열람실 이용 제한 사유별 비율 현황

(단위: %)

도서관	A	B	C	D
소음	20	18	19	20
음식물 반입	5	4.5	3.5	2.8
장시간 점유	10	12	15	10

① 254건 ② 259건 ③ 265건
④ 267건 ⑤ 275건

다음은 2017년부터 2021년까지 업종별 운수업 근로자의 월평균 근로시간을 조사한 자료이다. 다음 중 자료에 대한 설명으로 옳은 것을 고르면?

〈표〉 업종별 운수업 근로자 월평균 근로시간

(단위: 시간)

구분	2017년	2018년	2019년	2020년	2021년
전체 근로자	175	178	180	177	181
육상운송업	186	189	191	188	192
수상운송업	172	174	175	172	170
항공운송업	160	163	165	160	162
창고보관업	177	180	181	179	183

① 2018년 전체 근로자의 월평균 근로시간은 전년 대비 감소하였다.
② 수상운송업 근로자의 2020년 월평균 근로시간은 2019년 대비 1.5% 이하 감소하였다.
③ 항공운송업 근로자의 2020년 월평균 근로시간은 전년 대비 증가하였다.
④ 매년 월평균 근로시간이 가장 긴 업종은 창고보관업이다.
⑤ 육상운송업 근로자의 월평균 근로시간은 전체 근로자 월평균 근로시간보다 매년 더 길었다.

08 다음은 2023년 기준 연령대별 주민등록 인구 현황이다. 50대 이상 주민등록 인구 현황의 비중은? (단, 소수점 아래 셋째자리에서 반올림한다.)

〈표〉 2023년 연령대별 주민등록 인구 현황

(단위: 만 명, %)

구분	인구	비중
10대 미만	333	6.49
10대	465	9.06
20대	620	12.08
30대	658	12.82
40대	792	15.43
50대	870	( )
60대	763	( )
70대 이상	632	( )
합계	5,133	100

① 12.31 ② 14.86 ③ 16.95
④ 44.13 ⑤ 56.91

09 나음은 2023년을 기준으로 시내별 국가등톡 문화새 등새 현황에 내한 사료이나. 나음 중 사료에 내한 설명으로 옳은 것을 고르면?

〈표〉 시대별 국가등록 문화재 등재 현황

(단위: 건)

구분	조선시대	대한제국기	일제강점기	6·25전쟁 이후	합계
건축물	112	34	175	63	384
기록물	9	13	102	45	169
산업유산	0	4	82	31	117
생활용품	2	1	48	27	78
기타	1	0	11	6	18
합계	124	52	418	172	766

① 전체 문화재 중 일제강점기 건축물이 차지하는 비율은 20% 이하이다.
② 건축물은 전체 문화재의 절반 이상을 차지하며, 모든 시대에 등재되어 있다.
③ 조선시대 문화재 중 생활용품 비율은 전체 조선시대 문화재의 5% 이상이다.
④ 기록물 중 50% 이상은 6·25전쟁 이후 등재되었다.
⑤ 산업유산은 조선시대와 6·25전쟁 이전 시대에는 전혀 등재되어 있지 않다.

10 다음은 2023년 상반기 B마트의 상품군별 매출 비율을 나타낸 자료이다. 상반기 매출액이 80억 원이라고 할 때, 다음 중 자료에 대한 설명으로 옳은 것을 고르면?

〈그래프〉 2023년 상반기 B마트 상품군별 매출 비율

(단위: %)

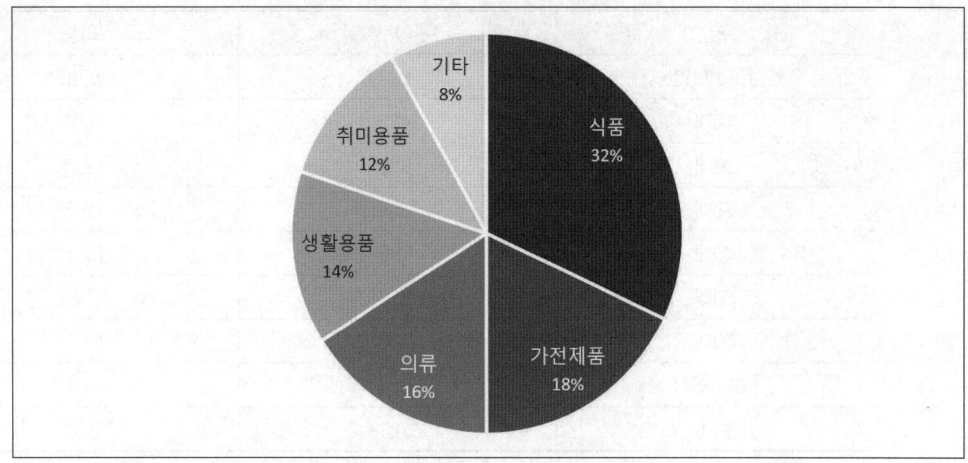

① 식품 매출액은 가전제품 매출액보다 12억 원 더 많다.
② 매출액이 16억 원 이상인 품목은 식품, 가전제품 2가지다.
③ 생활용품과 취미용품의 매출액 차이는 1.6억 원이다.
④ 기타 상품군의 매출액은 8억 이상이다.
⑤ 15억 원 이상 매출을 기록한 품목은 3가지이다.

11 다음은 1~4인 가구 중위소득에 대한 자료이다 2022년 대비 1~4인 가구 중 중위소득의 실제 금액이 가장 많이 증가한 가구의 전년 대비 증가율은? (단, 소수점 아래 둘째자리에서 반올림한다.)

〈표〉 1~4인 가구 중위소득

(단위: 만 원)

구분	2022년	2023년
1인 가구	194.5	207.8
2인 가구	326.0	345.6
3인 가구	419.5	443.5
4인 가구	512.1	540.1

① 5.5%   ② 5.7%   ③ 6.0%
④ 6.5%   ⑤ 6.8%

12 다음은 2025년 1월 기준 전국 미분양 주택 현황 자료이다. 다음 자료에서 수도권 주택이 전체에서 차지하는 비율은? (단, 소수점 아래 둘째자리에서 반올림한다.)

〈표〉 2025년 1월 전국 미분양 주택 현황_지역별 구분

(단위: 호)

구분	현황
수도권	19,748
지방	52,876
합계	72,624

① 25.1% ② 27.2% ③ 30.4%
④ 32.5% ⑤ 33.8%

13 다음은 C회사의 2018년부터 2022년까지의 연구개발 투자 현황으로, 연도별 투자금액과 투자건수를 나타낸 자료이다. 다음 중 자료에 대한 설명으로 옳지 않은 것을 고르면?

〈그래프〉 C사 연구개발 투자 현황

(단위: 억 원, 건)

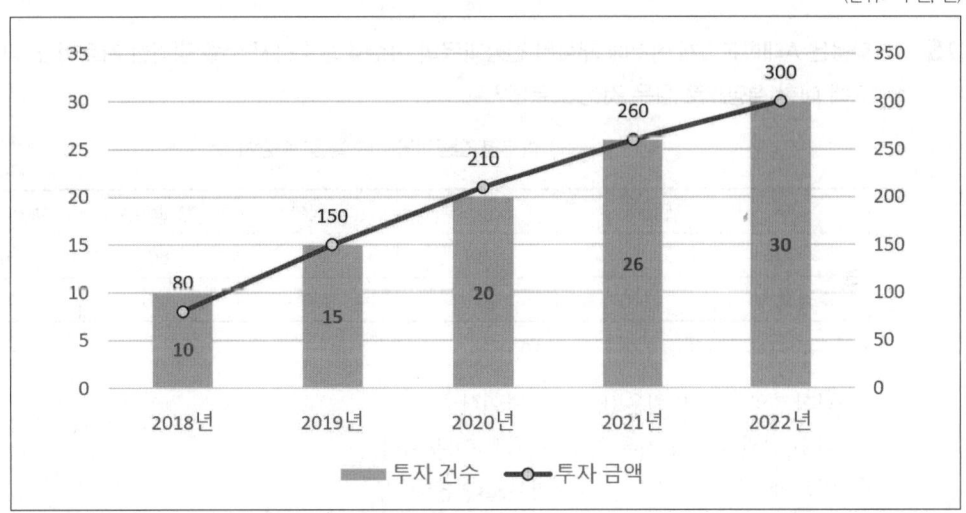

① 투자 건수당 투자 금액이 가장 높은 해는 2020년이다.
② 2020년의 투자 건수당 투자 금액은 2018년보다 크다.
③ 2021년의 투자 금액은 전년 대비 25% 이하 증가하였다.
④ 2019년의 투자 건수당 투자 금액은 전년 대비 20% 이하 증가하였다.
⑤ 투자 건수와 투자 금액 모두 매년 증가하였다.

14 다음은 2025년 전국 공공도서관 통계조사 자료이다. 전년 대비 전체 도서관 수가 가장 크게 증가한 해의 전년 대비 지자체 공공도서관 증감율은? (단, 소수점 아래 셋째자리에서 반올림한다.)

〈표〉 2025년 전국 공공도서관 통계조사

(단위: 개)

구분	2021년	2022년	2023년	2024년
지자체	949	976	1,008	1,034
교육청	235	235	235	234
시립	24	25	28	28
전체	1,208	1,236	1,271	1,296

① 3.15% ② 3.21% ③ 3.28%
④ 4.12% ⑤ 4.67%

15 다음은 A대학교 5개 학부에 개설된 전공과목의 이수율과 수강자 수를 정리한 자료이다. 다음 중 자료에 대한 설명으로 옳은 것을 고르면?

〈표〉 학부별 전공과목 이수율 및 수강자 수

(단위: %, 명)

학부	인문학부	자연학부	공학부	사회학부	예체능학부
이수율	90	80	75	80	60
수강자 수	230	310	400	280	150

* 이수율 = (이수 인원 ÷ 수강자 수) × 100

① 공학부의 이수 인원은 300명 미만이다.
② 이수 인원이 가장 적은 학부는 예체능학부이다.
③ 인문학부의 이수 인원은 사회학부보다 많다.
④ 전체 학부 중 이수율이 가장 높은 곳은 사회학부이다.
⑤ 이수 인원이 280명 이상인 학부는 2개 이상이다.

16 다음은 최근 5년간 국내 반려동물양육인구 비율에 대한 자료이다. 매년 조사 대상자 숫자가 동일했다고 할 때, 2024년의 반려동물양육자는 몇 명인가?

〈표〉 2020년~2024년 국내 반려동물양육인구 비율

(단위: 명, %)

년도	반려동물양육자	양육비율
2020	1,385	27.7
2021	1,295	25.9
2022	1,270	25.4
2023	1,410	28.2
2024	( )	28.6

① 1,400명   ② 1,410명   ③ 1,415명
④ 1,430명   ⑤ 1,432명

17 다음은 A시의 2024년 10월 인구증감 요인이다. 전월 대비 증감인원은 몇 명인가?

〈표〉 A시 2024년 10월 인구증감 요인

(단위: 명)

구분	증가요인	구분	감소요인
출생	67	사망	108
전입	2,109	전출	2,219
등록	9	말소	0
기타	0	기타	2

① − 101명   ② − 105명   ③ − 121명
④ − 137명   ⑤ − 144명

18 다음은 P시 4개 구역의 2022년과 2023년 자전거 보급률을 조사한 결과에 대한 자료이다. 다음 자료에 대한 설명 중 옳지 않은 것을 고르면?

〈표〉 P시 자전거 보급률

(단위: %)

구분	2022년	2023년
A구역	45	46
B구역	35	32
C구역	45	50
D구역	30	36

① 2022년 대비 2023년의 보급률이 감소한 구역은 1곳뿐이며, 감소율은 10% 이하이다.
② 2023년 보급률이 가장 높은 구역은 C구역이다.
③ D구역는 전년 대비 보급률이 6%p 상승하였다.
④ 2022년과 2023년 모두 A구역의 보급률이 가장 낮았다.
⑤ 2022년과 2023년의 보급률이 모두 40% 이상인 구역은 2곳이다.

19 다음은 2025년 통합입법예고센터 입법예고 실시 통계 자료이다. ⓐ, ⓑ, ⓒ, ⓓ의 합으로 옳은 것은?

〈표〉 2025년 통합입법예고센터 입법예고 실시 통계

(단위: 건)

종류 \ 월	1월	2월	3월	4월	5월	총계
법률안	3	6	5	7	5	26
대통령령안	110	ⓐ	79	109	67	442
총리령안	9	11	3	9	4	ⓑ
부령안	27	105	ⓒ	74	59	313
합계	149	199	135	ⓓ	135	817

① 351 ② 360 ③ 380
④ 405 ⑤ 419

20 다음은 2023년 S시의 30인 이하 교육기관 종사자 분포에 대한 자료이다. 다음 중 자료에 대한 설명으로 옳지 않은 것을 고르면?

〈표〉 2023년 S시 30인 이하 교육기관 종사자 분포

(단위: 명)

구분	전임강사	시간강사	행정직원	공석
기관 A	1,500	120	30	40
기관 B	620	370	20	5
기관 C	1,380	160	25	15
기관 D	670	115	10	2
기관 E	240	60	15	1
기관 F	490	290	18	7
기관 G	440	320	10	3
기관 H	390	80	10	3

① 모든 기관의 시간강사 수는 행정직원의 4배 이상이다.
② 공석 수가 가장 많은 상위 3개 기관은 시간강사 수가 많은 상위 5개 기관에 포함된다.
③ 제시된 기관 중 시간강사 수가 전임강사 수의 25% 이상인 곳은 총 4곳이다.
④ 기관 H의 전체 인원 수는 480명 이하이다.
⑤ 기관 A와 C의 전임강사 수의 합은 나머지 기관의 전임강사 수의 합보다 적다.

문항수 20문항 | 제한시간 15분

해설 p.53

01 작년 농장에서 사과와 배를 합쳐 360개를 수확하였다. 올해는 사과 수확량이 작년보다 10% 증가했고, 배 수확량은 작년보다 20% 감소하였다. 그 결과 올해 수확된 과일의 총합이 333개라고 할 때, 작년 사과의 수확량을 바르게 구한 것은?

① 130개 　　　　　② 140개 　　　　　③ 150개
④ 160개 　　　　　⑤ 170개

02 A사원은 B대리점과 C대리점을 방문한 후 퇴근해야 한다. B대리점에서 C대리점을 가는데 10km/h로 가면 20km/h로 가는 것보다 30분의 시간이 더 소요된다고 할 때, B대리점과 C대리점 사이의 거리를 바르게 구한 것은?

① 5km 　　　　　② 10km 　　　　　③ 15km
④ 20km 　　　　　⑤ 25km

03 12% 설탕물 350g을 끓여 물이 증발되었다. 그 후 증발된 양의 2배만큼 물을 넣었더니 설탕물의 농도가 10%가 되었다. 이때 증발된 설탕물의 양을 바르게 구한 것은?

① 30g 　　　　　② 35g 　　　　　③ 42g
④ 55g 　　　　　⑤ 70g

04 정현이는 2~7까지의 숫자 중에서 서로 다른 숫자 4개를 골라 네 자리 자연수를 만들려고 한다. 가능한 전체 경우의 수를 바르게 구한 것은?

① 15가지 　　　　　② 30가지 　　　　　③ 90가지
④ 120가지 　　　　　⑤ 360가지

05 기계 A는 1시간에 전체 작업의 20%를, 기계 B는 1시간에 15%를 할 수 있다. 두 기계가 동시에 작업을 시작했는데, 작업 시작 2시간 후에 B가 고장났고, 남은 작업은 A 혼자서 마무리했다. A가 혼자 작업한 시간을 바르게 구한 것은?

① 1시간   ② 1.5시간   ③ 2시간
④ 3.5시간   ⑤ 4시간

06 A점포에서 상품을 판매할 때 원가의 20%의 이익을 붙여 정가를 정했다. 하지만 상품이 팔리지 않아 정가의 30%를 할인하여 판매했고 결과적으로 1개당 480원의 손해를 보게 되었다. 이 상품의 원가를 바르게 구한 것은?

① 2,800원   ② 3,000원   ③ 4,000원
④ 4,200원   ⑤ 4,500원

07 A행성은 60km/h의 속력으로 S지점을 향해 오고 있고 B행성은 40km/h의 속력으로 S지점을 향해 오고 있다. 두 행성이 일직선상에 있고 두 행성 사이의 거리가 1,200km라고 할 때, 충돌하게 되는 시간을 바르게 구한 것은? (단, S지점은 A행성과 B행성 사이에 있다.)

① 4시간   ② 6시간   ③ 8시간
④ 10시간   ⑤ 12시긴

08 농도가 30%인 소금물 400g에 5개의 호스를 이용하여 물을 주입한다. 농도를 8%까지 낮추기 위해서는 1개의 호스당 몇 g의 물을 넣어야 하는지 바르게 구한 것은?

① 100g   ② 120g   ③ 140g
④ 160g   ⑤ 220g

09 A카페에서는 단품 메뉴인 스무디가 커피보다 700원 비싸다. 이 두 메뉴를 각각 샌드위치와 세트로 판매하면 단품 가격에 4,000원이 추가된다. 커피 세트 3개와 스무디 세트 2개를 구매했더니 총 43,900원이었다. 이 때 커피 단품 가격을 바르게 구한 것은?

① 4,100원　　　　　② 4,300원　　　　　③ 4,500원
④ 4,700원　　　　　⑤ 4,900원

10 쌍둥이 자매인 서연이와 서진이를 포함하여 6명의 가족이 원 모양의 식탁에 둘러앉으려고 한다. 이 때, 서연이와 서진이가 서로 이웃하지 않고 앉는 경우의 수를 바르게 구한 것은?

① 36가지　　　　　② 72가지　　　　　③ 96가지
④ 188가지　　　　　⑤ 240가지

11 원가에 25%의 이익을 붙여 정가를 정한 후 정가의 20%를 할인해서 1차 판매가격을 결정하였다. 하지만 판매가 되지 않아 고객에게 추가로 10%를 더 할인하여 판매하였고 1개당 900원이 손해를 보았다고 할 때, 이 상품의 원가를 바르게 구한 것은?

① 5,000원　　　　　② 7,500원　　　　　③ 8,000원
④ 9,000원　　　　　⑤ 10,200원

12 작업자 A는 혼자서 일을 12시간 만에 끝낼 수 있고 B는 8시간 만에 끝낼 수 있다. A와 B는 함께 일하다가 A는 3시간 후에 퇴근했고 나머지는 B가 마무리하였다. 전체 작업을 마치는 데 걸린 시간을 바르게 구한 것은?

① 5시간　　　　　② 6시간　　　　　③ 8시간
④ 9시간　　　　　⑤ 10시간

13 남자 7명, 여자 3명 중 임원 2명을 뽑을 때, 여자가 적어도 1명 포함될 확률을 바르게 구한 것은?

① $\dfrac{2}{5}$ ② $\dfrac{7}{15}$ ③ $\dfrac{8}{15}$

④ $\dfrac{3}{5}$ ⑤ $\dfrac{2}{3}$

14 도서관 열람실에는 창측 좌석이 4개, 중앙 좌석이 3개, 출입문 옆 좌석이 2개로 총 9개의 좌석이 있다. 남학생 5명과 여학생 4명이 자리에 앉으려고 할 때, 여학생 전원이 반드시 창가 좌석에만 앉는 경우의 수를 바르게 구한 것은?

① 720가지 ② 1,200가지 ③ 1,440가지

④ 2,880가지 ⑤ 3,600가지

15 할인상품을 판매하더라도 원가의 일부 이익을 남기는 계획을 세우려고 한다. 상품을 정가에서 25% 할인해서 판매하면서도 원가의 5%의 이익을 남기려면 정가는 원가의 최소 몇 %로 책정해야 하는가?

① 110% ② 115% ③ 120%

④ 125% ⑤ 140%

16 수조에 물을 가득 채우는 데 A관은 20분이 걸리고 B관은 30분이 걸린다. A관으로 10분을 채우고 남은 양을 B관으로 채우고자 할 때, B관으로 채워야 하는 시간을 바르게 구한 것은?

① 10분 ② 12분 ③ 15분

④ 20분 ⑤ 25분

17 농도 20%의 소금물과 농도 8%의 소금물을 2:3의 비율로 섞은 후 물 100g을 추가하였다. 결과적으로 12%의 소금물이 완성됐다고 할 때, 처음 섞은 농도 20%의 소금물 용액의 양을 바르게 구한 것은?

① 480g   ② 540g   ③ 600g

④ 660g   ⑤ 720g

18 집에서 회사를 갈 때는 자전거를 이용하여 15km/h로 가고 올 때는 걸어서 5km/h의 속력으로 왔다. 왕복 2시간이 걸렸다고 할 때 집과 회사와의 거리를 바르게 구한 것은?

① 5km   ② 6km   ③ 7.5km

④ 8km   ⑤ 9.5km

19 A회사에서 생산하는 제품 한 상자는 12개의 상품으로 구성되어 있다. 이 제품을 낱개로 구매하면 개당 1,000원이지만 한 상자 단위로 구매할 경우 15% 할인이 적용되어 총 10,200원이 된다. 한 소비자가 제품 32개를 구매하면서 일부는 낱개, 일부는 상자 단위로 구입해 총 28,400원을 지불했다면 이 소비자가 낱개로 구매한 제품의 개수를 바르게 구한 것은?

① 4개   ② 8개   ③ 12개

④ 24개   ⑤ 36개

20 거리가 10km인 강을 배로 거슬러 올라갈 때 5시간이 소요되고 강을 따라 내려올 때는 2시간이 소요된다고 한다. 이 때 배의 속력을 바르게 구한 것은? (단, 배의 속력은 일정하다고 가정한다.)

① 1km/h   ② 1.5km/h   ③ 2km/h

④ 3km/h   ⑤ 3.5km/h

문항수 20문항 | 제한시간 15분

해설 p.56

01 A, B, C, D, E는 5층 건물의 각 층에 입점한 가게이다. 한 층에 1개의 가게만 입점한다고 할 때 〈보기〉를 참고하여 항상 거짓인 것을 고르시오.

───〈 보 기 〉───

- A와 C는 서로 이웃한 층에 입점한다.
- E와 B는 서로 이웃한 층에 입점하지 않는다.
- D는 홀수 번째 층에 입점한다.

① B는 3층에 입점한다.　　② E는 4층에 입점한다.　　③ A는 2층에 입점한다.

④ D는 1층에 입점한다.　　⑤ C는 4층에 입점한다.

02 〈보기〉의 명제를 참고하여 항상 잠인 것을 고르시오.

───〈 보 기 〉───

- 생산팀이면서 품질팀인 사원이 존재한다.
- 이해력이 뛰어난 사원은 기획력이 우수하다.
- 생산팀인 사원은 이해력이 우수하다.

① 이해력이 우수하지 않은 어떤 사원은 품질팀이다.
② 이해력이 우수한 모든 사원은 생산팀이다.
③ 품질팀인 모든 사원은 기획력이 우수하다.
④ 생산팀인 어떤 사원은 기획력이 우수하지 않다.
⑤ 품질팀인 어떤 사원은 기획력이 우수하다.

03 A, B, C, D, E 중 2명이 여직원이고 나머지 3명은 남직원이다. 5명 중 1명만 진실을 말하고 나머지는 거짓을 말한다고 할 때 〈보기〉를 참고하여 여직원인 2명을 알맞게 짝지은 것을 고르시오.

〈 보 기 〉

A: C가 하는 말은 거짓이다.
B: A 또는 E가 여직원이다.
C: D와 E는 남직원이다.
D: B와 E는 남직원이다.
E: D는 여직원이 아니다.

① A, B   ② A, E   ③ B, D
④ C, D   ⑤ C, E

04 A, B, C, D, E, F 중 일부가 휴직한다. 〈보기〉를 참고하여 반드시 휴직하지 않는 사람이 몇 명인지 고르시오.

〈 보 기 〉

－ A는 휴직한다.
－ C 또는 E가 휴직한다면 F는 휴직하지 않는다.
－ A가 휴직한다면 B와 C가 휴직한다.
－ B와 D가 휴직한다면 E는 휴직하지 않는다.

① 1명   ② 2명   ③ 3명
④ 4명   ⑤ 5명

05 A, B, C, D, E, F는 원형의 테이블에 일정한 간격으로 앉아 누군가를 마주 보고 앉는다. 〈보기〉를 참고하여 항상 거짓인 것을 고르시오.

〈 보 기 〉

- B와 C는 마주 보고 앉는다.
- A와 C는 서로 이웃한 자리에 앉지 않는다.
- E와 F는 마주 보고 앉지 않는다.

① F와 A는 마주 보고 앉는다.
② D와 E는 마주 보고 앉는다.
③ A와 D는 마주 보고 앉는다.
④ E와 A는 마주 보고 앉는다.
⑤ F와 D는 마주 보고 앉는다.

06 A, B, C, D 중 1명이 지각했다. 4명 중 1명만 진실을 말한다고 할 때 〈보기〉의 진술을 참고하여 다음 중 항상 참인 것을 고르시오.

〈 보 기 〉

A: C 또는 D가 지각했다.
B: 나와 A는 지각하지 않았다.
C: B 또는 D가 지각했다.
D: A는 거짓을 말하는 사람이 아니다.

① 진실을 말하는 사람은 A이고 지각한 사람은 B이다.
② 진실을 말하는 사람은 B이고 지각한 사람은 C이다.
③ 진실을 말하는 사람은 B이고 지각한 사람은 D이다.
④ 진실을 말하는 사람은 C이고 지각한 사람은 A이다.
⑤ 진실을 말하는 사람은 C이고 지각한 사람은 B이다.

07 A, B, C, D, E, F는 남자 1명과 여자 1명이 짝을 지어 1개 조씩 총 3개 조를 구성한다. 〈보기〉를 참고하여 이들이 조를 구성할 수 있는 전체 경우가 모두 몇 가지인지 고르시오.

〈 보 기 〉

- A와 E는 성이 다르다.
- B와 C는 다른 조다.
- F와 B는 성이 같다.
- D와 F는 같은 조다.

① 1가지　　　　② 2가지　　　　③ 3가지
④ 4가지　　　　⑤ 5가지

08 A, B, C 중 1명이 물건을 훔쳤다. A, B, C는 〈보기〉와 같이 각자 2번씩 진술하며 2번의 진술 중 1번은 진실, 나머지 1번은 거짓으로 진술한다고 할 때 다음 중 항상 참인 것을 고르시오.

〈 보 기 〉

A: C가 물건을 훔쳤다.
A: C는 물건을 훔치지 않았다.
B: A가 물건을 훔쳤다.
B: C가 물건을 훔쳤다.
C: A 또는 B가 물건을 훔쳤다.
C: A는 물건을 훔치지 않았다.

① A가 물건을 훔쳤다.
② C가 물건을 훔쳤다.
③ A는 물건을 훔치지 않았다.
④ B는 물건을 훔치지 않았다.
⑤ C는 물건을 훔치지 않았다.

09 A, B, C, D, E, F의 키는 각기 다르다. 〈보기〉의 명제를 참고하여 항상 참인 것을 고르시오.

─────〈 보 기 〉─────

- C의 키는 D보다 크다.
- A의 키는 B보다 작다.
- E는 A와 C보다 키가 크다.
- F보다 키가 큰 사람이 2명이다.

① B는 F보다 키가 크다.　② A는 C보다 키가 크다.　③ E는 F보다 키가 크다.
④ B는 D보다 키가 크다.　⑤ E는 B보다 키가 크다.

10 A, B, C, D의 전공은 서로 다르다. 이들의 전공은 전자공학, 신소재공학, 화학, 환경공학이고 4명 중 1명만 거짓을 말한다고 할 때 〈보기〉를 참고하여 항상 참인 것을 고르시오.

─────〈 보 기 〉─────

A: B의 전공은 신소재공학이다.
B: 나는 환경공학 전공이고 C는 화학 전공이다.
C: A 또는 D의 전공이 전자공학이다.
D: A는 신소재공학 전공이다.

① A의 진술은 거짓이고 A의 전공은 전자공학이다.
② A의 진술은 거짓이고 A의 전공은 신소재공학이다.
③ B의 진술은 거짓이고 B의 전공은 환경공학이다.
④ D의 진술은 거짓이고 D의 전공은 화학이다.
⑤ D의 진술은 거짓이고 D의 전공은 전자공학이다.

11 1부터 6까지 적힌 6개의 의자를 3행 2열로 배치한다. 〈보기〉를 참고하여 항상 참인 것을 고르시오.

─〈 보 기 〉─

– 2행에 배치한 두 의자에 적힌 숫자의 합은 1행에 배치한 두 의자에 적힌 숫자의 합과 같다.
– 2행에 배치한 두 의자에 적힌 숫자의 합은 3행에 배치한 두 의자에 적힌 숫자의 합과 같다.
– 3이 적힌 의자와 같은 열이며 이웃하도록 2가 적힌 의자를 배치한다.

① 4가 적힌 의자와 6이 의자를 이웃하게 배치한다.
② 5가 적힌 의자와 1이 의자를 이웃하게 배치한다.
③ 6이 적힌 의자와 3이 의자를 이웃하게 배치한다.
④ 2가 적힌 의자와 6이 의자를 이웃하게 배치한다.
⑤ 4가 적힌 의자와 5가 의자를 이웃하게 배치한다.

12 A, B, C, D는 미국, 중국, 영국, 태국 중 한 곳으로 출장을 간다. 출장지가 겹치는 사람은 없다고 할 때 〈보기〉를 참고하여 항상 참인 것을 고르시오.

─〈 보 기 〉─

– C는 미국과 중국 중 한 곳으로 출장을 간다.
– D는 영국으로 출장을 가지 않는다.
– D가 태국으로 출장을 간다면 B는 중국으로 출장을 간다.
– B가 태국으로 출장을 간다면 A는 미국으로 출장을 간다.

① D가 출장을 갈 가능성이 있는 국가는 3곳이다.
② A가 출장을 갈 가능성이 있는 국가는 3곳이다.
③ B가 출장을 갈 가능성이 있는 국가는 3곳이다.
④ D가 출장을 갈 가능성이 있는 국가는 2곳이다.
⑤ A가 출장을 갈 가능성이 있는 국가는 1곳이다.

13 A, B, C, D, E 중 2명이 거짓을 말하고 나머지 3명은 진실을 말한다. 이들 중 1명만 임원이라고 할 때 〈보기〉의 진술을 토대로 거짓을 말하는 2명을 고르시오.

> ─〈 보 기 〉─
>
> A: D는 진실을 말한다.
> B: C의 말은 진실이 아니다.
> C: A는 임원이 아니다.
> D: A 또는 B가 임원이다.
> E: C는 거짓을 말하지 않는다.

① A, B   ② A, D   ③ B, C
④ C, E   ⑤ D, E

14 A, B, C, D, E의 예금액은 서로 다르다. 〈보기〉를 참고하여 항상 참인 것을 고르시오.

> ─〈 보 기 〉─
>
> - C보다 예금액이 많으며 B보다 예금액이 적은 사람은 2명이다.
> - A보다 예금액이 적은 사람은 2명이거나 1명이다.
> - E의 예금액이 5명 중 가장 많거나 가장 적으면 D보다 예금액이 많은 사람이 2명이다.

① E의 예금액은 C의 예금액보다 많다.
② C의 예금액은 D의 예금액보다 많다.
③ A의 예금액은 E의 예금액보다 많다.
④ B의 예금액은 D의 예금액보다 많다.
⑤ D의 예금액은 A의 예금액보다 많다.

15 〈보기〉의 명제를 참고하여 다음 중 항상 참인 것을 고르시오.

---〈 보 기 〉---

- 시계를 구매하면 헤드폰을 구매하지 않는다.
- 지갑을 구매하지 않으면 액자를 구매하지 않는다.
- 향수를 구매하면 지갑을 구매한다.
- 시계를 구매하면 모자를 구매한다.
- 시계를 구매하지 않으면 향수를 구매한다.

---

① 향수를 구매하면 액자를 구매한다.
② 지갑을 구매하지 않으면 모자를 구매하지 않는다.
③ 향수를 구매하면 시계를 구매하지 않는다.
④ 헤드폰을 구매하면 지갑을 구매한다.
⑤ 액자를 구매하면 헤드폰을 구매한다.

16 A, B, C는 숫자 1, 2, 3 중 하나를 선택한다. 3명이 선택한 숫자는 서로 다르며 A, B, C는 2번의 진술에서 1번은 진실, 1번은 거짓을 말한다고 할 때 〈보기〉의 진술을 토대로 항상 참인 것을 고르시오.

---〈 보 기 〉---

A: 나는 3을 선택하고 B는 1을 선택한다.
A: 내가 3을 선택하거나 C가 1을 선택한다.
B: 내가 1을 선택하고 A가 3을 선택한다.
B: C는 2를 선택하지 않는다.
C: 내가 3을 선택하고 A가 1을 선택한다.
C: A 또는 B가 3을 선택한다.

(가): A는 2를 선택한다.
(나): B는 3을 선택한다.
(다): C는 1을 선택한다.

---

① (가)만 옳다.　　　② (나)만 옳다.　　　③ (다)만 옳다.
④ (가)와 (나)만 옳다.　　　⑤ (나)와 (다)만 옳다.

17 A, B, C, D, E, F가 일렬로 줄을 선다. 〈보기〉를 참고하여 E가 몇 번째로 줄을 서는지 고르시오.

─────〈 보 기 〉─────

- A와 F 사이에 2명이 줄을 선다.
- B 바로 앞에 D가 줄을 선다.
- C는 3번째로 줄을 선다.

① 1번째 ② 2번째 ③ 4번째
④ 5번째 ⑤ 6번째

18 각자 한 팀에 소속된 A, B, C, D, E, F는 원형의 탁자에 일정한 간격으로 앉는다. 6명이 속한 팀은 총 3개 팀이며 팀별 인원은 3명, 2명, 1명이라고 할 때 〈보기〉를 참고하여 항상 참인 것을 고르시오.

─────〈 보 기 〉─────

- 소속팀이 같은 사람끼리 이웃하게 있는다.
- C와 F는 마주 보고 앉는다.
- B와 D는 이웃하게 않으며 B와 D의 소속팀은 다르다.
- E와 A는 같은 팀 소속이다.

① B가 소속된 팀의 인원은 1명이다.
② F가 소속된 팀의 인원은 3명이다.
③ C가 소속된 팀의 인원은 1명이다.
④ D가 소속된 팀의 인원은 2명이다.
⑤ A가 소속된 팀의 인원은 3명이다.

19 A, B, C, D, E 중 2명이 타사로 이직한다. 이직하는 2명은 거짓을 말하고 이직하지 않는 3명은 진실을 말한다고 할 때 〈보기〉를 참고하여 거짓을 말하는 2명을 알맞게 짝지은 것을 고르시오.

〈 보 기 〉

A: B는 이직하지 않는다.
B: A는 이직하는 사람이 아니다.
C: B 또는 E가 이직한다.
D: E가 이직한다.
E: B 또는 D가 이직한다.

① A, E   ② B, C   ③ B, D
④ C, D   ⑤ C, E

20 A, B, C, D, E, F 중 일부 인원이 퇴직한다. 〈보기〉의 명제를 참고하여 6명 중 퇴직하는 사람이 항상 몇 명인지 고르시오.

〈 보 기 〉

– C와 D 중 1명은 퇴직하고 1명은 퇴직하지 않는다.
– C가 퇴직하면 B는 퇴직하지 않는다.
– A가 퇴직하면 E는 퇴직하지 않는다.
– F가 퇴직하지 않으면 B가 퇴직한다.
– A가 퇴직하지 않으면 D도 퇴직하지 않는다.

① 0명   ② 1명   ③ 2명
④ 3명   ⑤ 4명

문항수 20문항 | 제한시간 15분

해설 p.65

01 다음과 같이 일정한 규칙으로 숫자를 나열할 때, A + B의 값으로 알맞은 것을 고르시오.

5	8	7	13	9	(A)	11	23	(B)	28

① 27　　　　　　② 29　　　　　　③ 31

④ 33　　　　　　⑤ 35

02 다음과 같이 일정한 규칙으로 숫자를 나열할 때, B − A의 값으로 알맞은 것을 고르시오.

1	2	3	(A)	9	8	(B)	11

① 18　　　　　　② 19　　　　　　③ 20

④ 21　　　　　　⑤ 22

03 다음과 같이 일정한 규칙으로 숫자를 나열할 때, 9번째 항의 값으로 알맞은 것을 고르시오.

1.5	3.8	6.1	8.4	10.7	13.0

① 16.1　　　　　② 18.4　　　　　③ 19.9

④ 23.0　　　　　⑤ 25.3

04 다음과 같이 일정한 규칙으로 숫자를 나열할 때, 빈 칸에 들어갈 값으로 알맞은 것을 고르시오.

$$\frac{1}{4} \qquad 1 \qquad \frac{7}{4} \qquad \frac{5}{2} \qquad (\quad) \qquad 4$$

① $\dfrac{9}{2}$　　　　② $\dfrac{11}{4}$　　　　③ $\dfrac{13}{6}$

④ $\dfrac{13}{4}$　　　　⑤ 5

05 다음과 같이 일정한 규칙으로 숫자를 나열할 때, 10번째 항의 값으로 알맞은 것을 고르시오.

3.1	1.1	3.3	1.3	3.9	1.9

① 5.7　　　　② 3.7　　　　③ 9.1
④ 11.1　　　　⑤ 33.2

06 다음과 같이 일정한 규칙으로 숫자를 나열할 때, 8번째 항의 값으로 알맞은 것을 고르시오.

$$\frac{1}{3} \qquad \frac{1}{9} \qquad -\frac{1}{9} \qquad -\frac{1}{3} \qquad -\frac{5}{9}$$

① $-\dfrac{11}{9}$　　　　② -1　　　　③ $-\dfrac{4}{3}$

④ $-\dfrac{14}{9}$　　　　⑤ $-\dfrac{6}{5}$

07 다음과 같이 일정한 규칙으로 숫자를 나열할 때, 빈 칸에 들어갈 값으로 알맞은 것을 고르시오.

10	5	25	4	8	− 32	100	10	( )

① − 50　　　　　② 50　　　　　③ 450

④ 900　　　　　⑤ 1,200

08 다음과 같이 일정한 규칙으로 숫자를 나열할 때, 8번째 항의 값으로 알맞은 것을 고르시오.

$\dfrac{1}{4}$	$\dfrac{1}{4^2}$	$\dfrac{1}{4^3}$	$\dfrac{1}{4^4}$	$\dfrac{1}{4^5}$

① $\dfrac{1}{1,024}$　　　　　② $\dfrac{1}{4,096}$　　　　　③ $\dfrac{1}{16,384}$

④ $\dfrac{1}{65,536}$　　　　　⑤ $\dfrac{1}{262,144}$

09 다음과 같이 일정한 규칙으로 숫자를 나열할 때, 빈 칸에 들어갈 값으로 알맞은 것을 고르시오.

$\dfrac{1}{5}$	( )	$\dfrac{2}{5}$	$\dfrac{1}{5}$	$\dfrac{3}{5}$	$\dfrac{2}{5}$	$\dfrac{4}{5}$

① 0　　　　　② $-\dfrac{1}{5}$　　　　　③ $\dfrac{1}{5}$

④ $\dfrac{2}{5}$　　　　　⑤ $-\dfrac{2}{5}$

10 다음과 같이 일정한 규칙으로 숫자를 나열할 때, 12번째 항의 값으로 알맞은 것을 고르시오.

13	11	22	19	57	53	212	207	1,035

① 5,048 　　② 6,174 　　③ 6,167
④ 9,145 　　⑤ 43,169

11 다음과 같이 일정한 규칙으로 숫자를 나열할 때, 빈 칸에 들어갈 값으로 알맞은 것을 고르시오.

14.26	17.37	( )	23.59	26.7	29.81

① 19.45 　　② 20.48 　　③ 21.47
④ 22.65 　　⑤ 23.01

12 다음과 같이 일정한 규칙으로 숫자를 나열할 때, A + B의 값으로 알맞은 것을 고르시오.

4.2	2.1	6.3	(A)	9.45	4.725	(B)	7.0875

① 10.51 　　② 6.524 　　③ 10.6722
④ 17.392 　　⑤ 17.325

13 다음과 같이 일정한 규칙으로 숫자를 나열할 때, 12번째 항의 값으로 알맞은 것을 고르시오.

2	$\dfrac{9}{4}$	$\dfrac{5}{2}$	$\dfrac{11}{4}$	3	$\dfrac{13}{4}$

① $\dfrac{19}{4}$ 　　② $\dfrac{23}{4}$ 　　③ $\dfrac{21}{2}$

④ 5 　　⑤ $\dfrac{21}{4}$

14 다음과 같이 일정한 규칙으로 숫자를 나열할 때, 빈 칸에 들어갈 값으로 알맞은 것을 고르시오.

1,513	4,798	54	1,000	752	4,613	( )	6,178	186

① 1 ② 654 ③ 1,547
④ 1,698 ⑤ 2,573

15 다음과 같이 일정한 규칙으로 숫자를 나열할 때, 10번째 항의 값으로 알맞은 것을 고르시오.

54	954	1,008	1,962	2,970	4,932	7,902

① 12,834 ② 33,570 ③ 15,759
④ 20,736 ⑤ 54,306

16 다음과 같이 일정한 규칙으로 숫자를 나열할 때, A − B의 값으로 알맞은 것을 고르시오.

$\frac{21}{4}$	$\frac{7}{4}$	$\frac{7}{8}$	$\frac{21}{40}$	$\frac{7}{20}$	(A)	(B)

① $\frac{1}{2}$ ② $\frac{1}{4}$ ③ $\frac{3}{16}$
④ $\frac{1}{8}$ ⑤ $\frac{1}{16}$

17 다음과 같이 일정한 규칙으로 숫자를 나열할 때, 빈 칸에 들어갈 값으로 알맞은 것을 고르시오.

654	333	12	− 309	− 630	− 951	( )

① − 1,272 ② − 1,273 ③ − 1,274
④ − 1,275 ⑤ − 1,276

18 다음과 같이 일정한 규칙으로 숫자를 나열할 때, 12번째 항의 값으로 알맞은 것을 고르시오.

45	53	71	99	137	185	243

① 389 ② 477 ③ 575

④ 683 ⑤ 801

19 다음과 같이 일정한 규칙으로 숫자를 나열할 때, 12번째 항과 13번째 항을 곱한 값으로 알맞은 것을 고르시오.

$$\frac{16}{40} \qquad \frac{81}{3} \qquad \frac{32}{120} \qquad \frac{27}{3} \qquad \frac{64}{360} \qquad \frac{9}{3} \qquad \frac{128}{1,080} \qquad \frac{3}{3}$$

① $\dfrac{128}{1,080}$ ② $\dfrac{1,024}{29,160}$ ③ $\dfrac{1,024}{262,440}$

④ $\dfrac{2,048}{2,361,960}$ ⑤ $\dfrac{2,048}{21,257,640}$

20 다음과 같이 일정한 규칙으로 숫자를 나열할 때, 빈 칸에 들어갈 값으로 알맞은 것을 고르시오.

10.45	11.35	12.25	13.15	( )

① 14.15 ② 14.05 ③ 14.25

④ 15.05 ⑤ 15.15

LEtuiN Edu

2026 최신판

SK그룹 종합역량검사

제**02**회

기출동형 모의고사

영역	문항 수	시간
언어이해	20	15분
자료해석	20	15분
창의수리	20	15분
언어추리	20	15분
수열추리	20	15분

※ 2025년 하반기 기준 출제 문항 수와 시험 응시 시간입니다.

SK 취업은 렛유인

문항수 20문항 | 제한시간 15분

해설 p.23

01 다음 글의 빈 칸 ⓐ에 들어갈 문장으로 가장 적절한 것은?

> 열역학 제2법칙에 따르면 고립된 계 내에서 무질서도를 나타내는 엔트로피는 항상 증가하는 방향으로 흐른다. 이는 에너지가 사용될 때마다 일부가 열에너지 등으로 소실되어, 유용한 에너지가 무질서한 상태로 흩어지는 것이 자연의 보편적인 경향임을 의미한다. 따라서 우주 전체의 관점에서 볼 때, 모든 사물은 질서 있는 상태에서 무질서한 상태로 이행하는 것이 필연적이다.
>
> 하지만 생명체는 이러한 보편적 흐름을 거스르는 듯한 모습을 보여준다. 생물은 주변으로부터 에너지를 흡수하여 자신 내부의 분자 구조를 고도로 조직화하고, 복잡한 기관들을 정교하게 유지한다. 즉, 생명 활동이 일어나는 국소적인 범위 내에서는 오히려 (ⓐ   ) 이 나타나는 것이다.
>
> 이것은 생명체가 물리 법칙을 위반한다는 뜻이 아니다. 생명체가 내부의 질서를 유지하기 위해 소비하는 에너지의 대가로, 그 생명체를 둘러싼 외부 환경의 엔트로피는 훨씬 더 크게 증가하기 때문이다. 결국 생명이라는 국소적 질서는 주변 환경의 더 큰 무질서를 담보로 유지되는 셈이다.

① 외부 계와의 에너지 교환이 완전히 차단되는 현상
② 우주 전체의 무질서도가 일시적으로 감소하는 현상
③ 엔트로피가 감소하며 질서가 오히려 강화되는 현상
④ 열에너지가 유용한 화학 에너지로 무손실 전환되는 현상
⑤ 고립된 계 내부에서 에너지가 평형 상태에 도달하는 현상

02 다음 글의 주제로 가장 적절한 것은?

> 인공지능 기술의 발전은 예술 창작의 방식에 근본적인 변화를 가져오고 있다. 과거 예술은 인간의 감정과 경험을 직접적으로 표현하는 영역으로 인식되었지만, 최근에는 알고리즘이 작곡을 하고 그림을 그리며 글을 쓰는 사례가 늘어나고 있다. 이러한 변화는 예술의 생산 주체에 대한 기존 인식을 흔들고 있다.
>
> 그러나 인공지능 예술은 단순히 기술의 진보만을 의미하지 않는다. 인간은 여전히 인공지능이 만들어낸 결과물을 선택하고 해석하며 의미를 부여하는 역할을 수행한다. 즉, 창작 과정은 인간과 기계의 경쟁 관계라기보다 상호 보완적인 협력 관계로 재구성되고 있다. 이에 따라 예술의 본질을 인간 고유의 영역으로만 볼 것인지, 혹은 기술과 공존하는 새로운 창작 개념으로 확장할 것인지에 대한 논의가 활발히 이루어지고 있다.

① 인공지능 기술이 예술 산업의 생산성을 향상시키는 방식
② 예술 창작에서 인간의 역할이 완전히 사라지는 현상
③ 인공지능과 인간의 협력을 통해 재정의되는 예술의 개념
④ 기술 발전이 예술의 감정적 가치를 약화시키는 문제
⑤ 알고리즘 중심 사회로의 문화적 전환

03   다음 글의 제목으로 가장 적절한 것은?

전통적인 노동은 특정한 공간과 시간에 묶여 이루어지는 것이 일반적이었다. 그러나 디지털 기술의 발전과 플랫폼 경제의 확산으로 노동의 방식은 점차 유연해지고 있다. 특히 프리랜서, 크리에이터, 플랫폼 노동자들은 고정된 직장이나 소속 없이 다양한 프로젝트를 오가며 일하는 방식을 선택하고 있다. 이들은 단일한 직업 정체성보다는 여러 역할을 동시에 수행하는 다층적인 노동 주체로 등장하고 있다.

이러한 변화는 개인에게 자율성과 선택의 폭을 넓혀 주는 동시에, 고용 안정성의 약화라는 새로운 문제를 동반한다. 전통적인 사회 보장 제도와 노동법은 정규직 중심으로 설계되어 있어, 새로운 노동 형태를 충분히 포괄하지 못하고 있다. 이에 따라 각국에서는 플랫폼 노동자의 권리 보호, 사회 안전망의 재구성, 노동 개념의 재정의를 둘러싼 논의가 활발히 이루어지고 있다. 이는 단순한 고용 형태의 변화가 아니라, 노동을 바라보는 사회적 인식의 전환을 요구하는 흐름이라 할 수 있다.

① 디지털 기술이 만든 새로운 직업군
② 노동 유연화가 가져온 개인의 자유 확대
③ 플랫폼 경제 시대의 불안정 노동 문제
④ 고정된 일자리에서 벗어난 노동 개념의 변화
⑤ 프리랜서를 중심으로 한 고용 정책의 과제

04 다음 글의 내용과 일치하는 것은?

> 쇼펜하우어는 세계의 근본을 이성이나 합리적 질서가 아닌 맹목적인 '의지'로 설명했다. 이 의지는 목적이나 방향 없이 끊임없이 욕망을 만들어 내며, 인간은 이러한 의지의 지배를 받는 존재라고 보았다. 그 결과 인간의 삶은 욕망을 추구하는 과정에서 필연적으로 고통을 겪을 수밖에 없다고 주장했다. 욕망이 충족되면 잠시 만족을 느끼지만, 곧 새로운 욕망이 생겨 다시 결핍과 불만의 상태로 돌아가게 된다.
>
> 쇼펜하우어는 이러한 고통의 악순환에서 벗어나는 길을 모색했다. 그는 예술적 관조를 통해 인간이 일시적으로나마 욕망에서 벗어나 세계를 객관적으로 바라볼 수 있다고 보았다. 또한 타인의 고통을 이해하고 공감하는 연민에 기초한 윤리를 강조했으며, 궁극적으로는 욕망을 긍정하고 강화하기보다 의지를 부정하거나 절제함으로써 삶의 고통을 최소화할 수 있다고 주장했다. 이러한 관점에서 그는 인간의 행복을 적극적인 욕망의 실현이 아니라, 고통의 감소라는 소극적인 상태로 이해했다.

① 쇼펜하우어는 욕망의 실현이 인간에게 지속적인 만족과 행복을 가져다준다고 보았다.

② 예술적 관조는 인간이 욕망을 강화하여 삶의 의미를 적극적으로 창조하게 한다고 보았다.

③ 그는 인간의 삶을 이성적 판단에 따라 조화롭게 운영될 수 있는 것으로 이해했다.

④ 쇼펜하우어는 고통을 극복하기 위해 의지를 긍정하고 욕망을 적극적으로 추구해야 한다고 주장했다.

⑤ 쇼펜하우어는 욕망에서 비롯되는 고통을 줄이기 위해 의지를 절제하거나 부정해야 한다고 보았다.

다음 글의 빈 칸 ⓐ에 들어갈 문장으로 가장 적절한 것은?

> 블록체인은 중앙 관리자가 없는 분산 원장 기술로, 모든 참여자가 동일한 거래 기록을 공유하고 검증한다. 거래 정보는 블록 단위로 묶여 암호화되며, 이전 블록과 연결되어 변경이 사실상 불가능한 구조를 이룬다. 이러한 구조 덕분에 블록체인은 데이터 위·변조를 방지하고 신뢰를 기술적으로 확보할 수 있다.
>
> 또한 블록체인은 단순한 기록 저장 기술을 넘어, 스마트 계약을 통해 조건이 충족되면 자동으로 계약이 실행되는 환경을 제공한다. 이를 통해 중개자의 개입 없이도 거래의 투명성과 효율성을 높일 수 있으며, 금융뿐 아니라 공급망 관리, 투표 시스템, 디지털 자산 인증 등 다양한 분야로 활용 범위가 확장되고 있다. 이처럼 블록체인은 신뢰를 개인이나 기관에 의존하던 방식에서 벗어나, (ⓐ   ) 역할을 수행한다.

① 신뢰를 중앙 기관이 아닌 기술 구조에 의해 보장하는 기반

② 거래 참여자의 윤리 의식을 강화하는 교육 장치

③ 디지털 자산의 가격 변동성을 안정화하는 제도

④ 개인 정보 보호를 위해 거래 기록을 완전히 은폐하는 기술

⑤ 국가 간 금융 질서를 통합하는 국제 규범

06 다음 글의 문단배열 순서로 가장 적절한 것은?

(A) 예를 들어 알고리즘 기반 추천 시스템은 이용자의 선호를 빠르게 파악해 맞춤형 정보를 제공하지만, 필터 버블을 형성해 다양한 관점을 접할 기회를 제한할 수 있다. 이로 인해 사용자는 자신이 이미 선호하는 정보에만 반복적으로 노출되며, 사회적 분절이 심화될 가능성도 제기된다.

(B) 반면 전통적인 편집자 중심의 정보 유통 방식은 일정한 기준과 책임성을 바탕으로 공적 가치를 유지하려 했으나, 정보 전달 속도가 느리고 개인의 취향을 충분히 반영하지 못한다는 한계를 지닌다. 디지털 환경에서는 이러한 방식이 이용자 요구와 괴리를 보이기도 한다.

(C) 디지털 환경에서 정보가 생산·유통되는 방식은 크게 알고리즘 중심 모델과 인간 편집 중심 모델로 나누어 설명할 수 있다. 두 방식은 정보의 신속성, 신뢰성, 다양성이라는 측면에서 서로 다른 강점과 약점을 지닌다.

(D) 이처럼 어느 한 방식만으로는 정보 유통의 복합적인 요구를 충족하기 어렵기 때문에, 최근에는 알고리즘의 효율성과 인간의 판단을 결합하려는 시도가 확산되고 있다. 이는 기술의 자동성과 인간의 책임성을 조화시키려는 방향으로 이해할 수 있다.

---

① (C) − (A) − (B) − (D)

② (C) − (A) − (D) − (B)

③ (C) − (B) − (A) − (D)

④ (C) − (B) − (D) − (A)

⑤ (C) − (D) − (A) − (B)

07 다음 글에서 주장하는 내용이 사실일 때, 이를 비판하는 것으로 가장 적절한 것은?

> 디지털 플랫폼 기업은 단순히 상품이나 서비스를 제공하는 것을 넘어, 플랫폼 생태계를 구성하는 다양한 참여자(판매자, 이용자, 개발자 등)와 상호작용하며 함께 성장하는 전략을 활용한다. 플랫폼은 참여자들의 활동 데이터를 활용해 서비스를 개선하고, 새로운 참여자와 가치를 창출함으로써 생태계 전체의 진화를 촉진한다. 또한 플랫폼 전략은 단순한 사용자 확보를 넘어, 참여자 행동과 시장 구조에 영향을 주어 산업 표준을 재편하거나 새로운 규범을 만들어낼 수 있다.
>
> 예를 들어, 한 온라인 커머스 플랫폼이 혁신적 결제 시스템을 도입하면 이는 판매자와 소비자 행동을 변화시키고, 다른 경쟁 플랫폼과 금융 규제에도 영향을 미쳐 새로운 산업 기준이 형성되기도 한다. 반대로 정부 정책이나 기술 변화가 플랫폼 전략을 촉진하거나 참여자 행동을 유도할 수도 있다. 이러한 관점에서 플랫폼 전략은 단순한 시장 선도나 적응을 넘어, 플랫폼과 생태계가 상호 진화하는 과정을 강조한다.

① 플랫폼 생태계에 참여하는 다양한 주체들의 행동은 서로 영향을 주고받기 때문에, 플랫폼 전략이 시장 구조에 미치는 효과를 명확히 구분하기 어렵다.

② 플랫폼 전략이 산업 표준을 변화시킬 수 있다는 주장에는, 플랫폼이 시장에서 충분한 영향력을 갖추지 못한 경우도 존재한다는 점이 고려되지 않았다.

③ 플랫폼 기업이 참여자 데이터를 활용해 서비스를 개선한다는 점은, 개인정보 보호 측면에서 새로운 규제 필요성을 제기할 수 있다.

④ 플랫폼 전략이 성공적으로 작동하려면 참여자 간 신뢰 형성과 네트워크 효과가 중요하게 작용한다.

⑤ 정부 정책이나 기술 변화가 플랫폼 전략에 영향을 미칠 수 있다는 점은 플랫폼 전략이 외부 환경에 의해 제약받을 수 있음을 보여준다.

08 다음 글의 제목으로 가장 적절한 것은?

> 최근 신재생 에너지 산업의 급성장과 함께 탄소 규제와 환경 정책은 국제 논의의 핵심 의제로 떠올랐다. 주요 국가들은 자국 기업과 시민을 보호한다는 명목으로 탄소 배출 제한, 재생에너지 의무화, 환경 인증 강화 등을 추진하며, 에너지 기업의 글로벌 운영에 새로운 제약을 부과하고 있다.
>
> 하지만 에너지 기업과 일부 개발도상국은 이러한 규제가 산업 경쟁력 저하로 이어질 수 있다고 우려한다. 반대로 선진국은 기후 대응과 환경 보호를 강조하며, 이를 국제 규범으로 반영할 필요성을 주장한다. 특히 EU는 탄소 국경세(Carbon Border Adjustment Mechanism)를 기반으로 에너지 무역과 환경 규제를 통상 정책과 연계하려는 움직임을 보였다.
>
> 이러한 논의는 단순히 환경 규제와 산업 정책의 충돌을 넘어, 글로벌 에너지 시장에서 국제 규범 형성과 기업 운영 자유, 각국 정책 목표가 어떻게 균형을 이루는가를 보여주는 사례로 평가된다.

① 글로벌 에너지 기업과 탄소 규제 갈등
② 탄소 규제와 국제 에너지 협력의 전개
③ 국제 환경 규범 강화와 에너지 시장 통합
④ 선진국의 환경 정책이 촉발한 글로벌 규범 재편
⑤ 에너지 무역 체계에서 기업 운영 자유 논쟁

다음 글의 논지 전개 방식으로 가장 적절하지 않은 것은?

> 밴드왜건 효과는 어떤 선택이 대중적으로 유행하고 있다는 정보가 개인의 선택에 영향을 미치는 현상을 말하는 것으로, 서부 개척 시대의 역마차 대열(Bandwagon)이 악단을 선두에 세우고 가면 사람들이 뒤따라갔던 것에서 유래했다. 이는 흔히 '편승 효과'라고도 불리며, 타인과의 관계를 중시하는 대중 소비 사회에서 두드러지게 나타난다. 예를 들어, 특정 브랜드의 패딩 점퍼가 중고등학생들 사이에서 '교복'처럼 유행하자, 제품의 성능과 관계없이 너도나도 구매 대열에 합류하는 현상이 이에 해당한다. 사람들은 유행에 뒤처지지 않음으로써 집단 내에서 소속감을 느끼고자 한다. "개인은 타인의 선택을 모방함으로써 불확실한 상황에서 심리적 안정감을 얻는다"라는 심리학적 통찰은 이 현상을 뒷받침한다. 이는 상품의 절대적 품질보다 '남들이 많이 산다'는 사회적 증거가 구매 결정에 결정적 요인이 됨을 보여준다. 결과적으로 밴드왜건 효과는 현대인의 소비가 집단의 흐름과 타인의 시선에 의해 얼마나 큰 영향을 받는지를 잘 나타낸다.

① 정의 – '밴드왜건 효과'라는 용어의 개념을 명확히 규정하고 있다.
② 유래 – 용어가 만들어지게 된 배경이나 어원을 밝혀 이해를 돕고 있다.
③ 대조 – 밴드왜건 효과와 반대되는 현상을 예로 들어 차이점을 강조하고 있다.
④ 인용 – 심리학적 관점을 언급하여 논의의 타당성을 높이고 있다.
⑤ 예시 – 구체적인 소비 사례를 들어 독자가 현상을 쉽게 이해하도록 돕고 있다.

10 밑줄 친 (A)의 사례로 가장 적절하지 않은 것은?

> (A) 불쾌한 골짜기(Uncanny Valley)는 로봇공학이나 영상학에서 인간이 인간이 아닌 존재를 볼 때, 그것이 인간과 닮을수록 호감도가 높아지다가 어느 특정 수준에 도달하면 오히려 강한 거부감과 불쾌감을 느끼는 현상을 말한다. 이는 대상이 인간과 '어설프게' 닮았을 때, 뇌가 이를 '이상한 인간' 혹은 '시체나 환자'처럼 인지하여 본능적인 공포를 느끼기 때문에 발생한다. 하지만 대상의 외양이나 동작이 인간과 거의 구별할 수 없을 정도로 정교해져 이 '골짜기'를 넘어서게 되면, 호감도는 다시 상승하여 인간에게 느끼는 감정과 유사해진다. 따라서 단순히 외형이 흉측하여 불쾌감을 주는 괴물 캐릭터나, 아예 인간과 닮지 않아 친근감을 주는 캐릭터는 이 이론의 핵심 사례로 보기 어렵다.

① 애니메이션 영화 속 캐릭터의 피부 질감과 눈동자가 지나치게 인간과 흡사하지만, 표정의 움직임이 미세하게 부자연스러워 관객들이 기괴함을 느꼈다.

② 박물관에 전시된 밀랍 인형이 실제 사람과 매우 비슷하게 만들어졌으나, 초점 없는 눈빛과 딱딱한 피부색 때문에 관람객들이 섬뜩한 기분을 경험했다.

③ 최첨단 기술로 제작된 휴머노이드 로봇이 웃는 표정을 지을 때, 근육의 움직임이 인간의 것과 미묘하게 어긋나 보는 이들에게 소름 끼치는 느낌을 주었다.

④ 공포 영화에 등장하는 외계 생명체가 문어의 다리와 곤충의 눈을 가진 흉측한 모습으로 설계되어 시청자들이 혐오감과 공포를 느꼈다.

⑤ 가상 인간(Virtual Human) 모델이 실제 사람과 구별하기 힘들 정도로 정교해지기 직전의 단계에서, 어딘가 모를 불길함을 느껴 광고 효과가 저해되었다.

11 다음 글의 내용과 일치하지 않는 것은?

> 항생제는 세균의 증식을 억제하거나 사멸시켜 감염 질환을 치료하는 약물이다. 항생제는 주로 세균의 세포벽 합성을 방해하거나 단백질 제조 과정을 차단하는 방식으로 작용한다. 그러나 항생제를 오남용할 경우, 약물에 저항력을 가진 '내성균'이 출현하는 심각한 문제가 발생한다. 내성균은 유전자 변이를 통해 항생제의 공격 경로를 차단하거나 약물을 세포 밖으로 배출하는 능력을 갖추게 된다. 특히 여러 종류의 항생제에 모두 내성을 가진 '다제내성균(슈퍼박테리아)' 의 등장은 현대 의학의 큰 위협이 되고 있다. 이를 해결하기 위해 최근에는 박테리오파지(세균을 잡아먹는 바이러스)를 활용한 치료법이나, 세균의 통신 체계를 교란하여 독성 발현을 막는 연구가 진행 중이다. 이러한 신기술은 기존 항생제가 유익균까지 무차별적으로 공격하여 사멸시키던 한계를 극복하고, 특정 유해균만을 정밀하게 제어하는 것을 목표로 한다.

① 항생제는 세균의 세포벽 합성을 방해하는 등의 방식을 통해 감염병을 치료한다.

② 내성균은 유전자 변이를 일으켜 항생제의 공격을 무력화하는 능력을 획득할 수 있다.

③ 다제내성균은 여러 종류의 항생제에 대해 저항력을 가진 세균을 의미한다.

④ 박테리오파지를 활용한 치료법은 기존 항생제의 한계를 보완할 수 있는 대안으로 연구되고 있다.

⑤ 기존의 항생제는 내성균만을 선택적으로 공격하여 유익균에는 영향을 주지 않는다.

12　다음 글의 제목으로 가장 적절한 것은?

우리 은하의 가장 가까운 이웃 중 하나인 거대 마젤란 은하(LMC)는 현재 우리 은하 주위를 공전하고 있으나, 최신 궤도 계산에 따르면 약 20억 년 후 우리 은하와 충돌할 것으로 예측된다. 이는 안드로메다 은하와의 충돌보다 훨씬 앞선 시점이다. 거대 마젤란 은하가 우리 은하 내부로 진입하면, 그 안에 포함된 막대한 양의 암흑 물질과 가스가 우리 은하의 중력 구조를 뒤흔들게 된다. 이 과정에서 은하 중심부에 위치한 거대 질량 블랙홀인 '궁수자리 A'로 막대한 가스가 유입되면서 블랙홀이 활성화되고, 강력한 에너지를 방출하는 활동 은하핵(AGN) 현상이 나타날 수 있다.

이러한 충돌은 단순히 파괴적인 과정에 그치지 않는다. 유입된 가스 구름들이 압축되면서 폭발적인 항성 형성(Starbust)이 일어나 은하 전체의 별 탄생률이 급격히 증가하게 된다. 비록 은하 규모의 거대한 변화가 일어나겠지만, 별과 별 사이의 광활한 빈 공간 덕분에 태양계 내의 개별 행성들이 직접 충돌할 확률은 극히 희박하다. 다만, 중력적 섭동으로 인해 태양계가 은하 외곽으로 밀려나거나 궤도가 변형되는 등의 동역학적 재배치가 일어날 가능성이 크다. 이는 은하가 고정된 실체가 아니라 끊임없이 상호작용하며 진화하는 역동적인 시스템임을 보여주는 사례다.

① 은하 충돌이 태양계 행성 생존에 미치는 물리적 위협
② 거대 마젤란 은하와의 병합에 따른 은하의 역동적 진화
③ 활동 은하핵의 활성화가 은하 중심 블랙홀에 미치는 영향
④ 은하 간 거리와 항성 형성률의 상관관계 분석
⑤ 우리 은하의 탄생 비화와 미래의 소멸 시나리오

13 다음 글을 비판하는 내용으로 가장 적절하지 않은 것은?

> 디지털세는 다국적 기업이 물리적 사업장(고정 사업장)을 두지 않은 국가에서도 이윤을 창출할 경우, 해당 매출이 발생한 국가에 세금을 납부하도록 하는 제도다. 이는 전통적인 국제 조세 원칙이 제조업 중심의 물리적 거점을 기준으로 설계되어 있어, 서버만을 두고 막대한 수익을 올리는 거대 IT 기업들에 과세하기 어렵다는 한계를 극복하기 위해 제안되었다. 디지털세 도입은 조세 회피를 방지하고 국가 간 공정한 경쟁 환경을 조성하며, 세수 확대를 통해 공공 서비스의 질을 높이는 데 기여할 수 있다.
>
> 특히 데이터가 부의 원천이 되는 4차 산업혁명 시대에, 사용자들의 데이터를 활용해 이익을 얻는 기업들이 마땅히 지불해야 할 '데이터 이용료' 성격의 세금을 부과함으로써 사회적 정의를 실현할 수 있다. 이는 고정된 장소에서 일하는 방식이 점차 사라지는 미래 경제 구조에서 국가 재정의 안정성을 확보하는 필수적인 장치가 될 것이다. 현재 경제협력개발기구(OECD)를 중심으로 글로벌 최저한세 도입과 디지털세 배분 원칙에 대한 합의가 진행 중이며, 이는 전 지구적 조세 불균형을 해소할 대안으로 평가받는다.

① 디지털세는 이중 과세의 위험이 있으며, 기업이 늘어난 세금 부담을 서비스 가격 인상을 통해 소비자에게 전가할 우려가 있다.

② 국가마다 산업 구조가 다르기 때문에, IT 강국과 그렇지 못한 국가 간의 이해관계 충돌로 인해 국제적인 합의를 도출하기 매우 어렵다.

③ 디지털세 도입을 위해 기업의 국가별 매출을 정밀하게 산출하고 검증하는 과정에서 오히려 막대한 행정적 비용과 복잡한 절차가 수반될 수 있다.

④ 거대 플랫폼 기업의 이윤을 재분배하는 것은 IT 기업의 성장을 저해하여 시장 전체의 혁신 동력을 약화시키는 결과를 초래한다.

⑤ 디지털세는 물리적 사업장이 없는 기업에만 부과되므로, 현지에 공장을 두고 있는 전통적인 제조업 기반 다국적 기업은 이 세금의 영향을 전혀 받지 않는다.

14 다음 글의 빈 칸 ⓐ에 들어갈 문장으로 가장 적절한 것은?

경제 활동에서 정보는 자원 배분의 효율성을 결정하는 핵심 요소이다. 그러나 현실 시장에서는 거래 당사자 중 한쪽이 상대방보다 더 많은 정보를 가진 '정보의 비대칭성'이 빈번하게 발생한다. 이러한 불균형은 단순히 정보의 양적 차이를 넘어 시장의 질서를 근본적으로 왜곡하는 결과를 초래한다.

대표적인 사례가 중고차 시장에서 나타나는 '역선택' 현상이다. 판매자는 차량의 결함이나 사고 이력을 상세히 알고 있는 반면, 구매자는 겉모습만으로는 차량의 실제 성능을 파악하기 어렵다. 품질에 대한 확신이 없는 구매자는 (ⓐ   ). 이로 인해 고품질 차량의 소유주들은 제값을 받지 못하게 되자 시장을 떠나게 되고, 결국 시장에는 결함이 많은 이른바 '레몬(Lemon)'들만 남게 된다.

이러한 정보의 격차는 보험 시장이나 노동 시장에서도 공통적으로 관찰된다. 이를 극복하기 위해 정보가 적은 쪽은 상대방의 평판을 확인하거나 자격증 같은 '신호(Signaling)'를 요구하며, 정보가 많은 쪽은 자신의 품질을 보증하는 장치를 마련하기도 한다. 결국 시장의 신뢰를 회복하고 자원의 효율적 배분을 달성하기 위해서는 정보를 투명하게 공개하고 공유할 수 있는 제도적 설계가 필수적이다.

① 품질에 대한 정보 우위를 바탕으로 시장 가격을 주도하려고 한다.
② 평균적인 품질을 가정하여 낮은 가격만을 지불하려 할 가능성이 높다.
③ 판매자와의 협상을 포기하고 신차 시장으로 수요를 즉각 전환하게 된다.
④ 결함을 숨긴 판매자를 처벌하기 위해 공공 기관에 조사를 의뢰하게 된다.
⑤ 정보의 불균형을 해소하기 위해 스스로 차량 전문가가 되기로 결심한다.

15 다음 글의 문단배열 순서로 가장 적절한 것은?

(A) P형 반도체와 N형 반도체를 접합하면 경계면에서 전자와 정공이 결합하며 전류의 흐름을 조절하는 '공핍층'이 형성된다. 이 접합 구조는 전류를 한쪽 방향으로만 흐르게 하는 다이오드의 핵심 원리가 된다.

(B) 반도체는 전기 전도성이 도체와 부도체의 중간 정도인 물질로, 불순물을 첨가하는 도핑(Doping) 과정을 통해 그 특성을 조절할 수 있다. 어떤 불순물을 넣느냐에 따라 전자가 남는 N형이나 전자가 부족한 정공 상태의 P형으로 나뉜다.

(C) 하지만 현대 반도체 공학은 단순히 개별 접합에 머물지 않는다. 이러한 기본 원리를 바탕으로 수십억 개의 트랜지스터를 하나의 칩에 집적하여 복잡한 연산을 수행하는 초고밀도 집적회로(VLSI) 시대로 진화하고 있다.

(D) 또한 이러한 접합면에 순방향 전압을 걸어주면 전자와 정공이 활발히 이동하며 전류가 흐르지만, 역방향 전압을 걸면 공핍층이 두꺼워져 전류가 차단된다. 이러한 스위칭 작용 덕분에 디지털 신호인 0과 1을 제어할 수 있게 된다.

---

① (A) – (B) – (D) – (C)

② (B) – (A) – (D) – (C)

③ (B) – (D) – (A) – (C)

④ (C) – (B) – (A) – (D)

⑤ (D) – (B) – (A) – (C)

16 다음 글을 통해 비판하고 있는 내용으로 가장 적절한 것은?

특정 화학 물질을 포함한 가습기 살균제 사용으로 인해 수많은 가정이 비극을 맞이했다. 폐 섬유화로 인한 사망자와 중증 환자가 속출한 이 사건은 단순한 사고가 아닌 전형적인 '사회적 참사'였다.

문제는 이미 수년 전부터 전조 증상이 있었다는 점이다. 일부 의료계와 연구자들은 원인 미상의 폐 질환 환자가 급증하고 있음을 경고하며 특정 제품과의 연관성을 조사해야 한다고 주장했다. 그러나 당시 보건당국은 개별적인 질병 사례로만 치부했을 뿐, 제품의 독성 실험 결과를 요구하거나 사용 중단을 권고하는 등의 선제적 조치를 취하지 않았다. 심지어 기업들이 제출한 불충분한 안전성 데이터만을 근거로 제품 허가를 내주었으며, 유해성 심사 과정에서도 흡입 독성에 대한 구체적인 가이드라인을 마련하지 않은 상태였다. 대규모 역학 조사는 수백 명의 피해자가 발생하고 여론이 악화된 후에야 뒤늦게 시작되었다. 충분한 사전 검증과 관리 감독 권한이 있었음에도 불구하고, 비극이 현실화될 때까지 규제의 손길을 놓았던 행정 당국의 안일함은 지탄받아 마땅하다.

① 기업이 영리 목적으로 안전성 데이터를 조작하여 제출한 행위
② 보건당국이 유해성 심사 시 기업의 자율적 검증을 전적으로 신뢰한 것
③ 과학계가 독성 물질의 유해성을 명확하게 입증하는 데 실패한 점
④ 사전에 감지된 위험 신호와 규제 공백을 방치하다 피해가 커진 후에야 대응한 것
⑤ 화학 물질을 일상 가전제품에 무분별하게 혼합하여 사용하게 한 기술 지상주의

17   다음 글의 밑줄 친 ㉠에 해당하는 사례로 가장 적절하지 않은 것은?

> 현대 사회의 감시 체제는 단순히 소수가 다수를 감시하는 구조를 넘어선다. 과거 제레미 벤담이 제안한 판옵티콘(Panopticon)이 중앙의 감시탑에서 죄수들을 일방적으로 통제하는 모델이었다면, 정보 통신 기술의 발달은 다수가 소수의 권력자를 감시하거나 다수가 다수를 서로 감시하는 ㉠ 시놉티콘(Synopticon) 체제를 구축했다.
>
> ㉠ 시놉티콘 환경에서는 대중 매체나 인터넷을 통해 권력자의 비리가 폭로되기도 하고, 평범한 시민들이 서로의 일상을 공유하며 상호 감시와 견제의 역할을 수행하기도 한다. 이는 권력의 독점을 막고 사회적 투명성을 높이는 순기능이 있지만, 동시에 대중의 시선이 특정 개인에게 집중되어 사생활을 침해하거나 '익명의 폭력'으로 변질될 위험성도 내포하고 있다.

① 정치인의 실언이 담긴 영상이 SNS를 통해 실시간으로 퍼져나가 대중의 비판을 받는 상황
② 시민들이 블랙박스 영상을 커뮤니티에 공유하여 교통 법규 위반 차량을 신고하는 행위
③ 연예인의 사생활이 파파라치와 누리꾼들에 의해 낱낱이 파헤쳐져 온라인에 유포되는 경우
④ 중앙 정부가 모든 시민의 생체 정보를 데이터베이스화하여 출입국을 엄격히 통제하는 시스템
⑤ 기업의 부당한 노동 행위를 목격한 직원이 내부 고발 영상을 유튜브에 올리고 대중의 지지를 얻는 모습

18   다음 글의 내용과 일치하는 것은?

> 근대 철학의 아버지로 불리는 데카르트는 "나는 생각한다, 고로 존재한다"라는 명제를 통해 인간의 의식을 모든 진리의 확실한 기초로 설정했다. 그는 인간을 세계와 분리된 '주체'로, 사물을 그 주체에 의해 관찰되는 '대상'으로 파악하는 이분법적 세계관을 정립하였다. 이는 과학기술의 비약적 발전을 이끈 근대적 사고의 틀이 되었다. 그러나 현대 철학자 하이데거는 이러한 주객 이분법이 인간을 세계로부터 소외시켰다고 비판한다. 하이데거가 제시한 '현존재(Dasein)'는 세계를 밖에서 관찰하는 고립된 주체가 아니라, 이미 세계 안에 던져져 사물들과 관계를 맺으며 살아가는 '세계-내-존재'를 의미한다. 하이데거는 데카르트적 고립에서 벗어나 존재의 의미를 다시 묻는 것이 현대인의 상실된 존재감을 회복하는 길이라고 주장했다. 그는 주체 중심의 근대성을 전복하고 존재 자체에 귀를 기울이는 새로운 사유의 길을 열었다.

① 데카르트는 인간과 사물을 분리되지 않은 하나의 유기체로 보았다.
② 하이데거의 '현존재'는 세계를 객관적으로 관찰하는 고립된 주체를 의미한다.
③ 데카르트의 이분법적 세계관은 근대 과학 기술 발전에 기여했다.
④ 하이데거는 데카르트의 주체 중심적 사고를 계승하여 더욱 발전시켰다.
⑤ 하이데거는 인간이 세계 안에 이미 존재한다는 사실을 부정하고 주관성을 강조했다.

19 다음 글의 논지 전개 방식 중에서 가장 적절하지 않은 것을 고르면?

> 오리엔탈리즘이란 본래 동양을 연구하는 학문적 태도를 의미했으나, 에드워드 사이드에 의해 '서구의 시선으로 왜곡된 동양의 이미지'라는 비판적 의미로 재정의되었다. 사이드는 서구가 자신들을 이성적이고 진보적인 존재로 설정하고, 그 대척점에 있는 동양을 비이성적이고 정체된 존재로 타자화했음을 지적한다. 이러한 이분법적 구도는 서구의 동양 지배를 정당화하는 도구로 활용되었다.
>
> 예술 분야에서도 이러한 왜곡은 두드러진다. 19세기 장 레옹 제롬의 회화는 동양을 지나치게 신비롭거나 야만적으로 묘사하여 '정복되어야 할 땅'이라는 무의식을 심어주었다. 또한 오페라 '나비부인' 속 수동적인 동양 여성의 이미지는 인종적 편견이 결합된 전형을 보여준다.
>
> 오늘날 오리엔탈리즘 논의는 단순히 과거 비판에 그치지 않는다. 이는 서구 중심의 보편주의가 타 문화를 재단하는 방식을 성찰하게 하며, 평등한 문화적 소통을 위한 필수적인 이론적 토대로 평가받는다. 타자를 이해하는 방식이 곧 자신을 규정하는 방식임을 깨닫게 한다는 점에서 인문학적 가치가 크다.

① 용어의 개념이 시대나 관점에 따라 변화했음을 밝히고 있다.
② 구체적인 예술 작품을 예로 들어 논의의 타당성을 뒷받침하고 있다.
③ 대상이 지닌 이분법적 구조와 그 이면에 숨겨진 의도를 분석하고 있다.
④ 특정 이론을 옹호하는 학자들과 반대하는 학자들의 입장을 동시에 보여준다.
⑤ 대상이 현대 사회에서 지니는 인문학적 의의와 가치를 제시하며 마무리하고 있다.

20 다음 글의 빈 칸 ⓐ에 들어갈 문장으로 가장 적절한 것은?

> 인간의 뇌가 학습과 경험을 통해 변화할 수 있는 성질을 '신경 가소성'이라 하며, 그 핵심 기제는 신경세포 간의 연결 부위인 시냅스에서 일어난다. 특정 자극이 반복되면 시냅스 전세포와 후세포 사이의 신호 전달 효율이 강화되는데, 이를 '장기 강화(LTP)'라고 한다. 반대로 자극이 드물어지면 신호 전달 효율이 약화되는 '장기 억제(LTD)'가 발생한다. 이러한 과정에서 글루탐산 수용체인 NMDA와 AMPA 수용체의 밀도 변화가 결정적인 역할을 하며, 결과적으로 신경망의 물리적 구조를 재편한다. 즉, 시냅스는 고정된 통로가 아니라 자극의 빈도와 강도에 따라 그 전달 효율을 스스로 조절하는 가변적인 장치이다. 이처럼 시냅스 가소성은 외부 환경의 정보를 뇌에 각인시키고 보존하는 기반이 되며, 결과적으로 뇌가 (ⓐ   ) 역할을 수행하게 한다.

① 외부 자극을 차단하여 신경 피로를 방지하는
② 유전 정보를 해독하여 신경세포의 분화를 돕는
③ 경험을 물리적 구조로 변환하여 기억을 형성하는
④ 감각 정보를 무작위로 분산시켜 인지 과부하를 막는
⑤ 손상된 뇌 조직을 스스로 재생하여 본래 기능을 회복하는

01 다음은 연도별 A 전문 자격 시험의 응시현황에 대한 자료이다. 다음 〈보기〉의 내용 중 옳은 것을 모두 고르시오.

〈표〉 A 전문 자격 시험의 응시현황

(단위: 명)

구분		2022년	2023년	2024년	2025년
1차	응시 인원	1,800	2,000	2,300	2,560
	합격 인원	720	760	805	900
2차	응시 인원	710	720	800	690
	합격 인원	120	138	120	83

〈 보 기 〉

㉠ 조사 기간 동안 1차 시험의 합격률은 매년 감소하였다.

㉡ 조사 기간 중 2차 시험의 합격률이 가장 높았던 해는 2023년이다.

㉢ 2차 시험의 응시 인원은 2024년에 가장 많았다.

㉣ 2차 시험의 합격 인원은 조사 기간 동안 지속 감소하였다.

① ㉠, ㉡   ② ㉡, ㉢   ③ ㉢, ㉣

④ ㉠, ㉡, ㉣   ⑤ ㉡, ㉢, ㉣

02 다음은 연도별 서울로 상경한 인구에 대한 자료이다. 이에 대한 설명으로 옳은 것을 고르시오.

〈표〉 연도별 지역별 서울 유입 인구

(단위: 백 명)

구분	2021년	2022년	2023년	2024년	2025년
경기	450	500	420	300	410
충남	300	200	390	410	530
강원	200	150	350	540	400
경북	300	350	410	410	600

① 2024년 충남에서 상경한 인구는 2021년 대비 40% 이상 증가하였다.
② 주어진 기간 동안 경북의 평균 상경 인구는 4만 명 이상이다.
③ 주어진 기간 동안 상경 인구가 지속적으로 증가한 지역은 경북 1개 지역이다.
④ 2025년 상경 인구가 2021년 대비 증가한 지역은 4개 지역이다.
⑤ 2021년 대비 2023년 상경 인구가 가장 많이 증가한 지역은 충남이다.

03 다음은 서울시 자치구별 월평균 미세먼지 농도에 관한 자료이다. 이에 대한 설명으로 옳지 않은 것을 고르시오.

〈표〉 자치구별 월평균 미세먼지 농도

(단위: μg/㎥)

구분	1월	2월	3월	4월
노원구	22	25	23	25
구로구	27	22	24	20
강남구	14	57	14	56
강서구	30	18	17	14
마포구	41	50	31	27

① 주어진 기간 동안 평균 미세먼지 농도가 가장 낮은 자치구는 강서구이다.
② 2월 노원구의 미세먼지 농도는 강서구 대비 30% 이상 높다.
③ 3월 기준 전월 대비 미세먼지 농도가 증가한 자치구는 총 1개이다.
④ 4월 노원구의 미세먼지 농도 대비 구로구의 미세먼지 농도 비율은 80%이다.
⑤ 1월 대비 4월 강남구 미세먼지 농도는 3배 증가하였다.

04 다음은 A기업의 연도별 총 자동차 판매량이다. 이에 대한 설명으로 옳은 것을 고르시오.

〈표〉 A기업 연도별 총 자동차 판매량

(단위: 천 대)

구분	2021년	2022년	2023년
국내 판매	120	135	150
해외 판매	180	210	246
총 판매량	300	345	396

① 2021년 대비 2023년의 총 판매 증가율은 약 32%이다.
② 2021년 대비 2023년의 국내 판매 증가율은 해외 판매 증가율보다 크다.
③ 2022년 대비 2023년의 총 판매 증가율은 2021년에서 2022년의 증가율보다 크다.
④ 2023년 해외 판매 비중은 2021년보다 감소하였다.
⑤ 2021년 국내 판매 비중은 2022년보다 증가하였다.

05 다음은 세 반도체 공장의 월간 생산 현황이다. 이에 대한 설명으로 옳지 않은 것을 고르시오.

〈표〉 공장별 반도체 월간 생산 현황

(단위: 개)

구분	투입 웨이퍼 수	정상 칩 생산량
A 공장	10,000	8,700
B 공장	12,000	9,600
C 공장	8,000	6,800

* 수율(%) = (정상 칩 생산량 ÷ 투입 웨이퍼 수) × 100

① 세 공장 전체 평균 수율은 80% 이상이다.
② 총 불량 칩 생산량은 4,900개이다.
③ 가장 많은 불량 칩을 생산한 공장은 C 공장이다.
④ B 공장은 A 공장보다 정상 칩 생산량은 많지만 수율은 낮다.
⑤ C 공장의 수율이 5%p 개선되면 정상 생산량은 400개 증가한다.

06 다음은 국가별 전기차 생산량에 관한 자료이다. 이에 대한 설명으로 옳지 않은 것을 고르시오.

〈표〉 국가별 전기차 생산량

(단위: 만 대)

구분	2023년	2024년	2025년
미국	85	42	78
중국	98	96	100
한국	65	48	71
일본	22	14	11
독일	42	32	45

① 2023년 5개 국가 전기차 생산량 중 미국의 비중은 30% 이하이다.

② 주어진 기간 동안 중국의 평균 전기차 생산량은 98만 대이다.

③ 2025년 독일의 전년 대비 전기차 생산량 증감율은 +30% 미만이다.

④ 한국의 전기차 생산량은 2023년 대비 2025년에 5만 대 이상 증가하였다.

⑤ 주어진 기간 동안 국가별 자동차 생산량의 전년 대비 증감 추이는 동일했다.

07 다음은 2025년~2031년 대륙별 ITS 시장규모 전망이다. 이에 대한 〈보기〉의 설명 중 옳은 것만을 모두 고르면?

〈표〉 대륙별 ITS 시장규모 전망

(단위: 억 달러)

구분	2025년	2026년	2027년	2028년	2029년	2030년	2031년
북미	100	110	130	150	170	190	220
유럽	60	70	90	110	( )	140	160
아시아/태평양	40	80	110	140	170	200	280
중동/아프리카	20	60	80	90	100	130	160
중남미	10	20	10	30	40	50	60
총계	230	340	( )	520	600	710	880

〈 보 기 〉

㉠ 2026년 대비 2030년의 시장규모 증가율은 북미의 증가율이 아시아/태평양의 증가율보다 크다.

㉡ 유럽의 ITS 시장규모는 2025년부터 2031년까지 매년 증가한다.

㉢ 2031년의 중동/아프리카의 시장규모는 2027년보다 50억 달러 이상 증가한다.

㉣ 2030년 대비 2031년의 ITS 시장규모의 총계 증가량은 2026년 대비 2027년의 증가량의 2배 이하이다.

① ㉠, ㉡　　　　　② ㉡, ㉢　　　　　③ ㉢, ㉣
④ ㉠, ㉡, ㉢　　　⑤ ㉡, ㉢, ㉣

08 다음은 2024년 K공항의 항공사별 운항편 수와 여객이용객 수를 나타낸 자료이다. 다음 〈보기〉 중 옳은 것을 모두 고른 것은?

〈표〉 2024년 K공항 항공사별 운항편 수와 여객이용객 수

항공사명	운항(편)			여객(명)		
	도착	출발	계	도착	출발	계
BX	2,528	2,536	5,064	435,497	436,663	872,142
LJ	2,212	2,212	4,424	401,558	403,590	805,148
KE	92	92	184	16,118	18,013	34,131
TW	216	216	432	44,969	44,969	89,938
JL	7	8	15	1,315	1,497	2,812
NH	86	86	172	11,809	11,427	23,236
CX	8	8	16	883	785	1,668

〈 보 기 〉

㉠ 운항편 수가 최대인 항공사는 여객이용객 수도 최대이다.
㉡ 도착 운항편이 많은 순서와 도착 여객이용객 수가 많은 순서는 동일하다.
㉢ JL항공 운항편 중 출발편의 비중은 50% 미만이다.
㉣ 도착 여객이용객 수와 출발 여객이용객 수가 동일한 항공사는 1곳이다.

① ㉠, ㉡   ② ㉠, ㉢   ③ ㉠, ㉣
④ ㉡, ㉢   ⑤ ㉢, ㉣

09 다음은 국내 반도체 제조 장비 업체의 기업 유형별 현황에 대한 자료이다. 다음 〈보기〉 중 자료에 대한 설명으로 옳은 것을 모두 고르면?

〈표〉 국내 반도체 제조 장비 업체의 기업 유형별 현황

(단위: 개, 명, 십억)

구분	기업체 수	종사자 수	급여액	매출액
계	85,533	1,651,964	71,103	410,300
중견기업	81,112	1,627,291	70,454	407,737
중소기업	182	1,215	42	199
개인	4,239	23,458	607	2,364

〈 보 기 〉

㉠ 기업체 수가 많을수록 매출액도 높다.
㉡ 기업체 수 대비 종사자 수가 가장 많은 집단은 중견기업이다.
㉢ 전체 급여액에서 중견기업의 급여액이 차지하는 비중은 99% 이상이다.
㉣ 급여액이 가장 낮은 집단의 매출액은 전체 매출액의 0.1% 이상이다.

① ㉠
② ㉠, ㉢
③ ㉡, ㉢
④ ㉠, ㉡, ㉢
⑤ ㉠, ㉡, ㉢, ㉣

10 다음은 2024년 K공항과 J공항의 지연통계에 대한 자료이다. 다음 중 옳은 것은?

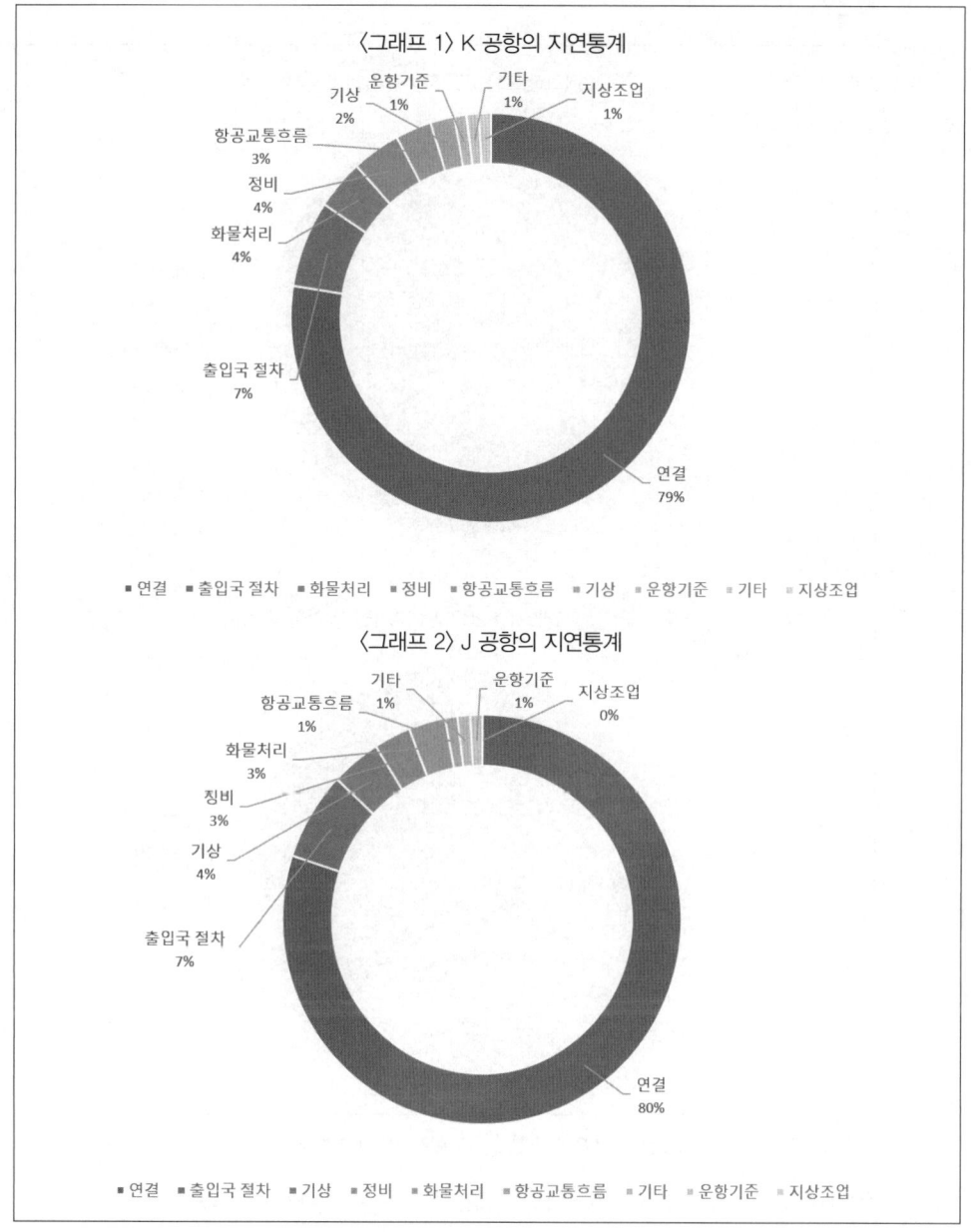

① 기상으로 인한 지연 비율은 K공항이 J공항보다 낮다.
② K공항의 지연 비율의 상위 4개 항목과 J공항의 지연 비율 상위 4개 항목이 동일하다.
③ K공항의 전체 지연 건수가 1,200건이면 운항기준으로 인한 지연 건수는 10건 미만이다.
④ J공항의 연결로 인한 지연 건수는 K공항의 연결로 인한 지연 건수보다 많다.
⑤ J공항의 기상으로 인한 지연 건수가 34건이라면 전체 지연 건수는 900건 이상이다.

11 다음은 반도체 생산 기업인 S사의 매출액과 영업이익의 비중에 대한 자료이다. 다음 중 옳지 않은 것은?

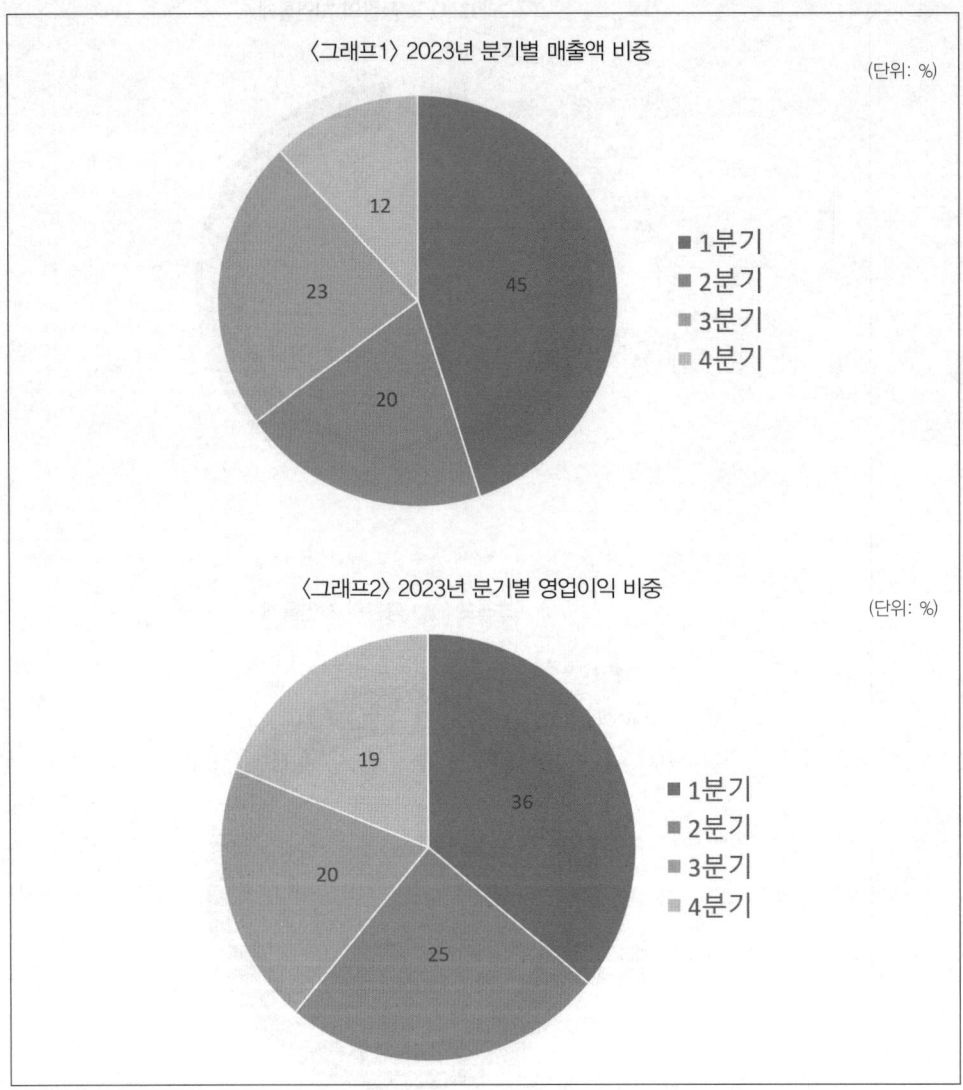

〈그래프1〉 2023년 분기별 매출액 비중

(단위: %)

- 1분기
- 2분기
- 3분기
- 4분기

〈그래프2〉 2023년 분기별 영업이익 비중

(단위: %)

- 1분기
- 2분기
- 3분기
- 4분기

* 해당분기 영업이익 비중 = (해당분기 영업이익 ÷ 해당분기 매출액) × 100

① 1분기 매출액이 360억이라 하면, 2023년 총매출액은 800억이다.
② 2023년 총매출액이 900억이라 하면, 2분기 영업이익은 45억이다.
③ 2023년 매출액은 매분기마다 지속 증가했다.
④ 2023년 2분기 대비 4분기 영업이익은 감소했다.
⑤ 2023년 총영업이익이 700억이라 하면, 1분기 영업이익과 4분기 영업이익의 합은 385억이다.

12 다음은 U항만의 2013년~2022년 연도별 선박 입항 추이에 대한 자료이다. 다음 중 옳은 것은? (단, 소수점 아래 둘째 자리에서 반올림한다.)

〈그래프〉 2013년~2022년 연도별 선박 입항 추이

(단위: 척)

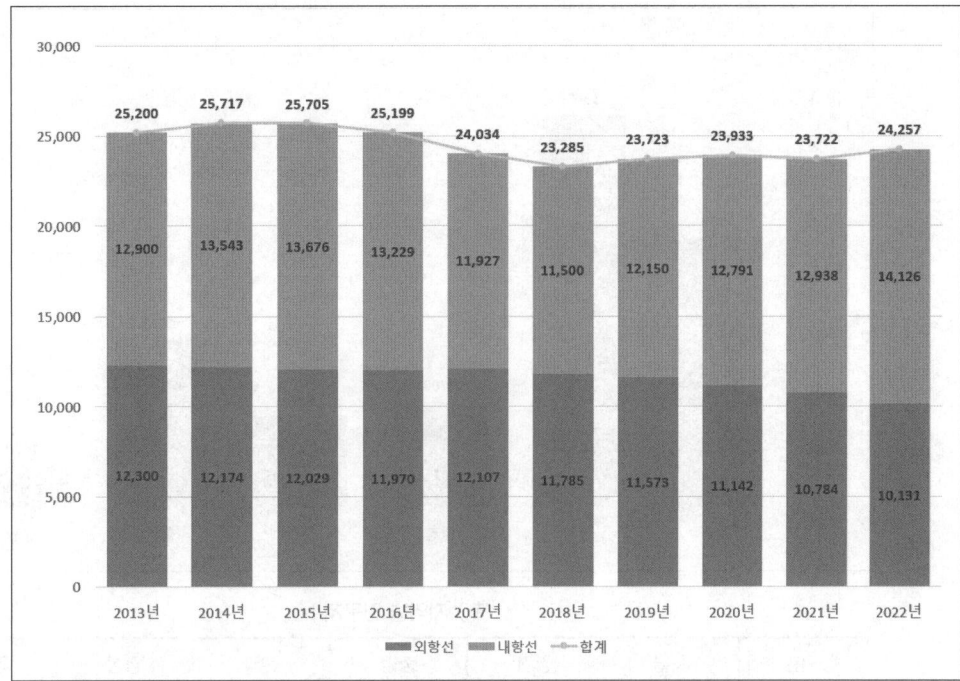

① 2015년 전체 선박입항 수 중 외항선이 차지하는 비중은 40% 미만이다.
② 조사기간 동안 외항선의 입항 수는 지속적으로 감소한다.
③ 2018년~2022년 내항선의 입항 수는 지속적으로 증가한다.
④ 2022년 내항선의 입항 수는 전년 대비 10% 이상 증가했다.
⑤ 2019년 내항선 입항 수 대비 2021년 외항선 입항 수는 90% 이상이다.

13 다음 자료는 2023년의 지역별 인구분포와 2020년~2023년 지역별 인구 지수이다. 이에 대한 설명 중 옳은 것은?

〈그래프〉 2023년 지역별 인구 현황

(단위: 천 명)

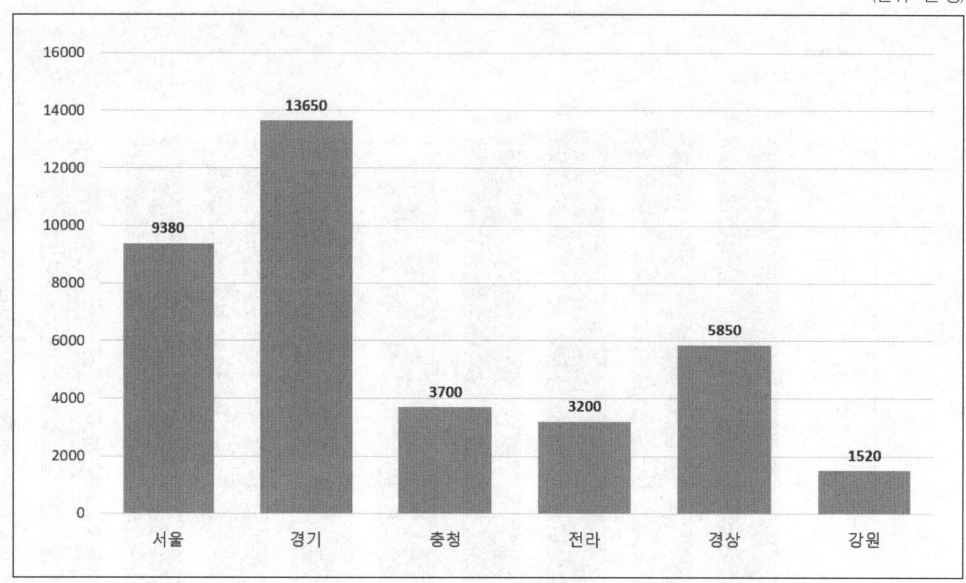

〈표〉 지역별 인구지수

구분	서울	경기	충청	전라	경상	강원
2020년	80	73	111	120	86	115
2021년	92	80	95	115	94	108
2022년	95	94	97	105	98	110
2023년	100	100	100	100	100	100

* 인구지수 = (해당연도 해당지역 인구 ÷ 2023년 해당지역 인구) × 100

① 2020년의 강원지역 인구는 2023년의 강원지역 인구보다 적다.
② 경기지역의 인구는 주어진 기간 동안 증감을 반복한 추이를 보인다.
③ 2021년의 충청지역 인구는 300만명 이하이다.
④ 2021년 대비 2022년 인구 증감률이 가장 큰 지역은 경기지역이다.
⑤ 2022년 인구가 가장 많은 지역은 서울지역이다.

14 다음 표는 2018년~2023년 S사의 제품별 매출 실적을 조사한 자료이다. 이에 대한 〈보기〉의 설명 중 옳지 않은 것을 모두 고르면?

〈표〉 S사 제품별 매출 실적

(단위: 십억 원)

구분	2018년	2019년	2020년	2021년	2022년	2023년
A제품	275	187	142	174	270	288
B제품	144	74	126	174	227	260
C제품	81	39	90	121	160	220
합계	500	300	358	469	657	768

〈 보 기 〉

㉠ 매년 S사의 매출 실적 중 C제품이 가장 적은 비중을 차지한다.

㉡ 2019년 대비 2022년의 매출 실적 증가율이 가장 큰 제품은 A제품이다.

㉢ 2021년 대비 2023년 매출 실적 증가액은 A제품이 B제품보다 적다.

㉣ 주어진 기간 동안 전체 제품의 매출 총액은 꾸준히 증가하였다.

① ㉠

② ㉡

③ ㉢, ㉣

④ ㉡, ㉢

⑤ ㉡, ㉢, ㉣

15 다음 표는 지난 5년간 A도시 지역복지센터에서 제공되는 서비스 유형 중 심리상담, 건강관리, 문화 및 교육 서비스 유형의 이용자 수와 비율에 관한 자료이다. 다음 중 옳은 것은?

〈표〉 지역복지센터 서비스 이용자 현황

(단위: 명)

구분		2018년	2019년	2020년	2021년	2022년
심리상담 서비스		1,000	1,200	1,300	1,500	1,700
건강관리 서비스		600	700	800	790	900
문화 및 교육 서비스		300	350	400	450	500
이용자 비율(%)	심리상담 서비스	52.6	53.3	52	54.8	54.8
	건강관리 서비스	31.6	31.1	32	28.8	29
	문화 및 교육 서비스	15.8	15.6	16	16.4	16.2

① 2020년 대비 2021년의 서비스 이용자 증가율이 가장 큰 서비스는 건강관리 서비스이다.

② 건강관리 서비스 이용자 비율은 매년 꾸준히 증가하는 추세를 보였다.

③ 문화 및 교육 서비스 이용자 수는 2020년을 기점으로 감소하기 시작했다.

④ 2022년의 심리상담 서비스 이용자 비율은 2018년 대비 증가하였다.

⑤ 주어진 기간 동안 건강관리 서비스 이용자 비율과 문화 및 교육 서비스 이용자 비율의 증감추이가 같다.

16 다음은 2020년과 2050년의 시도별 중위연령을 비교한 그래프이다. 아래의 그래프를 참고하였을 때 옳지 않은 것은?

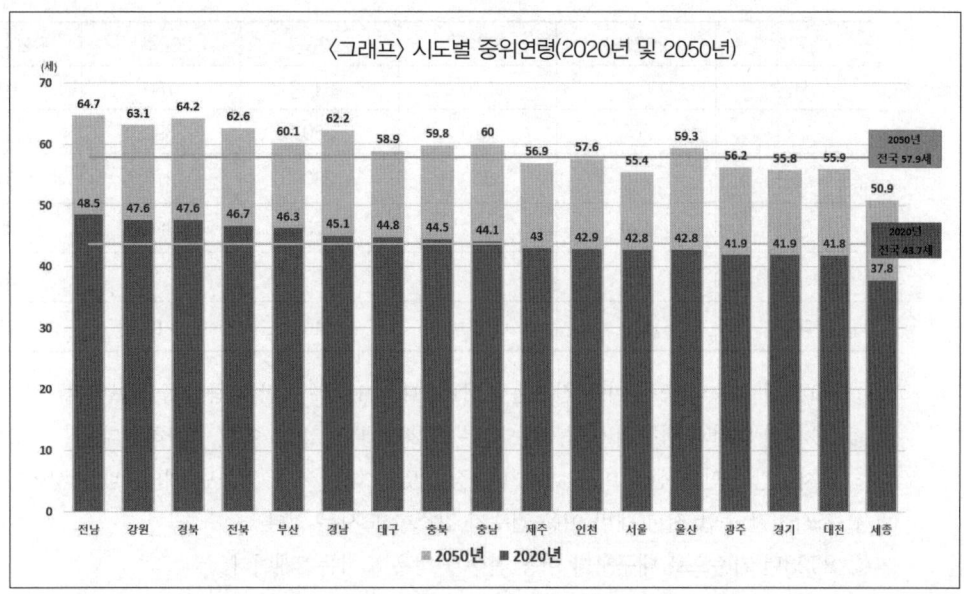

〈그래프〉 시도별 중위연령(2020년 및 2050년)

① 2020년 전국 평균연령 대비 차이가 가장 적은 지역은 충남이다.

② 2050년 전국 평균연령을 기준으로, 전남과의 차이보다 세종과의 차이가 더 크다.

③ 2050년 평균연령 60세 이상인 지역은 총 7개이다.

④ 2050년 전국 평균연령 대비 차이가 가장 적은 지역은 대구이다.

⑤ 2020년 대비 2050년 전국 평균연령은 14.2세 증가하였다.

17 다음은 도시별 전기차 충전 이용 건수에 관한 자료이다. 이에 대한 설명으로 옳은 것을 고르시오.

<표> 도시별 전기차 충전 이용 건수

(단위: 천 건)

구분	2021년	2022년	2023년	2024년	2025년
서울	420	520	640	780	910
부산	260	310	350	390	420
대구	210	250	280	310	340
인천	190	230	270	320	370
광주	120	150	190	230	270
대전	110	160	140	210	250

① 2025년 서울의 충전 이용 건수는 2021년 대비 110% 미만의 증가율을 보였다.
② 2024년 인천과 광주의 이용 건수 합은 2022년 대비 40% 이상 증가하였다.
③ 조사기간 동안 부산의 이용 건수가 가장 많았던 해는 가장 적었던 해의 2배 이상이다.
④ 조사기간 동안 전년 대비 이용 건수가 감소한 도시는 없다.
⑤ 2023년 기준으로 대구보다 이용 건수가 적은 도시는 2개이다.

18 다음은 반도체 공정별 웨이퍼 처리량에 관한 자료이다. 이에 대한 설명으로 옳지 않은 것만을 〈보기〉에서 모두 고르면?

<표> 반도체 공정별 웨이퍼 처리량 추이

(단위: 천 장)

구분	2018년	2019년	2020년	2021년	2022년
식각 공정	200	221	231	242	240
증착 공정	63	65	67	64	56
노광 공정	216	224	257	285	259

〈 보 기 〉

㉠ 조사기간 내내 웨이퍼 처리량 순위가 동일한 공정은 1개이다.
㉡ 2019년 기준 전년 대비 처리량 증가율이 가장 높은 공정은 식각 공정이다.
㉢ 조사기간 동안 식각 공정 처리량이 전년 대비 감소한 해는 2개년이다.
㉣ 2020년 전체 공정 처리량 중 노광 공정의 비중은 50% 이상이다.

① ㉠, ㉡   ② ㉡, ㉣   ③ ㉠, ㉡, ㉢
④ ㉠, ㉢, ㉣   ⑤ ㉡, ㉢, ㉣

19 다음은 반도체 산업의 연구 인력과 장비 수에 관한 자료이다. 이에 대한 설명으로 옳지 않은 것은?

〈표〉 연구 인력과 장비 수

(단위: 천 명, 대)

구분		2018년	2019년	2020년	2021년	2022년
연구 인력	전체	51,629	51,779	51,829	51,738	51,692
	수도권	25,713	25,892	26,043	26,081	26,124
장비 수	전체	20,818	21,310	21,673	21,917	22,236
	수도권	9,588	9,840	10,027	10,183	10,357

① 조사기간 동안 전체 연구 인력이 전년 대비 감소한 해는 2개년이다.
② 조사기간 동안 전체와 수도권의 장비 수가 가장 많은 해는 동일하다.
③ 2022년 수도권의 연구 인력 1명당 장비 수는 0.5대 이상이다.
④ 2021년 전체 연구 인력 중 수도권 연구 인력 비중은 전년 대비 증가하였다.
⑤ 조사기간 내내 전체와 수도권 장비 수는 전년 대비 증가하였다.

20 다음은 기관별 프로젝트 수행 건수에 관한 자료이다. 이에 대한 설명으로 옳은 것은?

〈표〉 기관별 프로젝트 수행 건수

(단위: 건)

구분	A기관	B기관	C기관	D기관	E기관
2020년	120	135	160	110	95
2021년	125	140	170	116	108
2022년	131	145	184	120	105
2023년	142	155	200	145	110
2024년	150	165	190	126	120

① 2024년 C기관 프로젝트 수행 건수는 A기관과 B기관의 프로젝트 수행 건수 합보다 130건 이상 적다.
② 2023년 D기관 프로젝트 수행 건수의 2020년 대비 증가율은 30% 이상이다.
③ 조사기간 동안 C기관의 프로젝트 수행 건수가 가장 많은 해에 5개 기관 프로젝트 수행 건수 합은 780건 이상이다.
④ 조사기간 동안 프로젝트 수행 건수가 전년 대비 지속 증가한 기관은 3개이다.
⑤ 2022년과 2023년 기관별 프로젝트 수행 건수 순위는 동일하다.

문항수 20문항 | 제한시간 15분

해설 p.33

01 한 의류 회사는 티셔츠 1벌당 25,000원의 원가로 제품을 제작한 후, 원가의 30%를 이익으로 가산하여 정가를 책정하였다. 이후 판매 촉진을 위해 정가에서 15%를 할인하여 총 800벌을 판매했을 때, 이 회사가 거둔 총 순이익은 얼마인가?

① 1,520,000원   ② 1,820,000원   ③ 1,920,000원
④ 2,092,000원   ⑤ 2,100,000원

02 500,000원을 연 3% 단리 예금에 3년 동안 넣었다. 매년 발생한 이자에 대해 이자소득세 14%를 공제하고, 세후 이자를 매년 현금으로 수령했다면, 3년 동안 실제 수령한 총 이자금액은 얼마인가?

① 38,670원   ② 38,700원   ③ 38,790원
④ 38,850원   ⑤ 38,890원

03 아버지와 딸의 나이 차이는 28살이다. 지금부터 9년 후에 아버지의 나이가 딸의 나이의 3배가 된다고 할 때, 현재 딸의 나이는 몇 살인가?

① 5살   ② 6살   ③ 7살
④ 9살   ⑤ 11살

04 작년에 한 도서관은 일반 도서와 전자책을 합쳐 총 500권을 구입하였다. 올해는 일반 도서 구입량이 20% 증가하였고, 전자책 구입량은 10% 감소하였다. 그 결과 올해 구입한 도서의 총합은 540권이 되었다고 할 때, 작년에 구입한 일반 도서의 수를 바르게 구한 것은?

① 200권   ② 250권   ③ 300권
④ 350권   ⑤ 400권

05 A 서버는 데이터를 단독으로 업로드하면 전체 저장 공간을 채우는 데 14시간이 걸리고, B 서버는 단독으로 업로드하면 21시간이 걸린다. 한편, C 정리 시스템은 저장된 데이터를 모두 삭제하는 데 42시간이 걸린다. A서버와 B서버가 동시에 데이터를 업로드하면서, C정리 시스템이 동시에 데이터를 삭제할 때 저장 공간이 모두 채워지는 데 걸리는 시간을 바르게 구한 것은?

① 8시간   ② 8시간 30분   ③ 9시간 45분
④ 10시간   ⑤ 10시간 30분

06 물 180g과 소금 20g을 섞어 소금물을 만들었다. 이 소금물을 가열하여 전체 용액의 20%를 증발시켰다. 그 후 물을 추가하였더니 최종 소금물의 농도가 10%가 되었다고 할 때, 추가해야 할 물의 양으로 옳은 것은?

① 40g   ② 80g   ③ 100g
④ 120g   ⑤ 125g

07 둘레가 일정한 공원 원형 산책로의 한 지점에서 A와 B가 같은 방향으로 동시에 출발했다. A는 시속 3.0km, B는 시속 2.5km의 속도로 일정하게 걸을 때, 출발한 지 12분 만에 두 사람이 처음으로 다시 만났다. 이때 공원 산책로의 전체 길이로 옳은 것은?

① 50m   ② 100m   ③ 150m
④ 200m   ⑤ 250m

08 수확한 사과를 상자에 담으려고 한다. 한 상자에 12개씩 담으면 15개가 남고, 한 상자에 15개씩 담으면 상자 1개가 남고 마지막 상자에는 6개만 담긴다. 이때 수확한 사과의 총 개수로 옳은 것은?

① 111개   ② 141개   ③ 154개
④ 171개   ⑤ 201개

09 한 축제에서 A, B, C 공연장에 각각 가수 1명과 사회자 1명을 배치하려고 한다. 현재 출연 가능한 가수는 5명, 사회자는 6명이다. 이때, 가수 1명과 사회자 1명을 선택하여 각 공연장에 배치하는 경우의 수는 얼마인가?

① 1,440가지   ② 2,880가지   ③ 5,360가지
④ 7,200가지   ⑤ 9,144가지

10 한 박물관 특별 전시회에서 입장료를 12,000원으로 책정하자 400명이 입장했다. 전시회 담당자는 입장료를 15% 인상하면 관람객 수가 20% 감소할 것이라고 예상한다. 예상대로 된다면, 입장료를 인상했을 때 감소하는 수익은 얼마인가?

① 278,000원   ② 326,000원   ③ 384,000원
④ 426,000원   ⑤ 513,000원

11 한 카페에서 라떼는 아메리카노보다 1,500원 비싸다. 두 음료 모두 케이크 세트와 함께 구매하면, 각 음료 가격에 4,500원이 추가된다. 아메리카노 세트 5개와 라떼 세트 2개를 주문했더니 총 48,500원이 나왔다. 이때, 아메리카노 단품 가격은 얼마인가?

① 1,500원   ② 1,800원   ③ 2,000원
④ 3,500원   ⑤ 4,200원

12 화가 P는 그림 1점을 완성하는 데 혼자서 8시간이 소요되고, 화가 Q는 동일한 그림 1점을 완성하는 데 혼자서 4시간이 소요된다. 최근 연구 결과에 따르면, 두 화가가 공동 작업을 수행할 경우 발생하는 시너지 효과로 인해 전체 작업 속도가 각자 작업할 때에 비하여 2배로 향상됨이 확인되었다. 이러한 협업 조건을 바탕으로 두 화가가 함께 그림 1점을 완성하는 데 소요되는 시간은 얼마인가?

① 1시간   ② 1시간 20분   ③ 1시간 40분
④ 2시간   ⑤ 2시간 20분

13 로봇 R1은 1시간에 부품 20개를 조립할 수 있고, 로봇 R2는 1시간에 16개를 조립할 수 있다. 두 로봇이 함께 작업을 시작했는데, 1시간 45분 후 R2가 고장 나서 작동을 멈췄다. 이후 R1이 1시간 추가로 작동하여 필요한 부품 조립을 모두 완료했다. 이때 조립된 전체 부품 수는 얼마인가?

① 58개   ② 65개   ③ 72개
④ 83개   ⑤ 98개

14 상자 A에는 블루베리 마카롱 6개, 치즈 마카롱 3개가 들어 있고, 상자 B에는 블루베리 마카롱 4개, 치즈 마카롱 5개가 들어 있다. 지수가 각 상자에서 무작위로 마카롱을 1개씩 꺼냈을 때 한 개는 블루베리 마카롱, 다른 하나는 치즈 마카롱이었다. 이때, 지수가 고른 치즈 마카롱이 상자 B에서 꺼냈을 확률로 옳은 것은?

① $\dfrac{3}{5}$ ② $\dfrac{5}{7}$ ③ $\dfrac{6}{7}$

④ $\dfrac{7}{10}$ ⑤ $\dfrac{7}{9}$

15 한 미술관의 작가팀은 화가와 조각가로만 구성되어 있다. 작가팀의 인원수 비율은 화가 : 조각 = 7 : 5이며, 화가들의 평균 경력은 15년, 조각가들의 평균 경력은 10년이다. 이때, 작가팀 전체의 평균 경력을 구하시오.(단, 평균 경력은 소수점 둘째자리에서 반올림한다.)

① 11.6년   ② 12.1년   ③ 12.9년
④ 13.4년   ⑤ 13.8년

16 놀이공원 입장권 한 장에 55,000원이고 30명 이상 관람하면 티켓 값이 20% 할인된다. A팀이 단체 관람을 하려고 알아보니 단체 할인을 받는 것보다 개별구매가 더 저렴하다고 할 때, A팀의 최대 인원으로 옳은 것은?

① 15명   ② 18명   ③ 20명
④ 23명   ⑤ 24명

17 택배 기사가 물류센터에서 목적지까지 오토바이로 이동하는데, 시속 30km로 가면 예정 시간보다 10분이 더 걸리고, 시속 40km로 가면 예정 시간보다 5분이 단축된다. 목적지까지 예정 시간으로 옳은 것은?

① 10분 ② 20분 ③ 30분
④ 40분 ⑤ 50분

18 5전 3선승제 경기에서 1승 1패 중인 J팀이 K팀에게 우승을 뺏길 확률을 바르게 구한 것은?

① $\dfrac{1}{4}$ ② $\dfrac{1}{3}$ ③ $\dfrac{1}{2}$
④ $\dfrac{3}{5}$ ⑤ $\dfrac{3}{4}$

19 25% 농도의 설탕물 500g이 있다. 이 설탕물에 6개의 파이프를 이용하여 물을 넣어 농도를 10%로 낮추려고 한다. 이때 1개의 파이프 당 몇 g의 물을 넣어야 하는가?

① 105g ② 115g ③ 120g
④ 125g ⑤ 130g

20 한 기업에서 프로젝트를 수행하기 위해 3명을 선발하고자 한다. 후보군은 총 12명으로, 남성 직원 8명과 여성 직원 4명으로 구성되어 있다. 이때, 선발된 3명 중 적어도 1명이 여성일 확률은 얼마인가?

① $\dfrac{14}{55}$ ② $\dfrac{21}{55}$ ③ $\dfrac{29}{55}$
④ $\dfrac{31}{55}$ ⑤ $\dfrac{41}{55}$

문항수 20문항 | 제한시간 15분

해설 p.36

01　A, B, C, D 중 1명이 실적왕을 차지했다. 4명 중 1명만 거짓을 말하고 나머지 3명은 진실을 말한다고 할 때 〈보기〉를 참고하여 거짓을 말하는 1명과 실적왕을 차지한 1명을 알맞게 짝지은 것을 고르시오.

〈 보 기 〉

A: C와 D는 실적왕이 아니다.
B: C는 실적왕이 아니다.
C: D는 진실을 말한다.
D: A와 C는 실적왕이 아니다.

① 거짓을 말하는 사람: A, 실적왕인 사람: B
② 거짓을 말하는 사람: A, 실적왕인 사람: D
③ 거짓을 말하는 사람: B, 실적왕인 사람: C
④ 거짓을 말하는 사람: B, 실적왕인 사람: D
⑤ 거짓을 말하는 사람: D, 실적왕인 사람: A

02　다음 중 결론을 항상 참으로 만드는 [전제1]을 고르시오.

[전제1] (　　　　　　　　　　　)
[전제2] 북쪽을 선호하는 사람은 남쪽을 선호하지 않는다.
[전제3] 서쪽을 선호하는 사람은 북쪽을 선호한다.
[결　론] 남쪽을 선호하는 사람은 동쪽을 선호하지 않는다.

① 서쪽을 선호하는 사람은 동쪽을 선호한다.
② 서쪽을 선호하는 어떤 사람은 동쪽을 선호한다.
③ 서쪽을 선호하지 않는 사람은 동쪽을 선호한다.
④ 서쪽을 선호하지 않는 사람은 동쪽을 선호하지 않는다.
⑤ 서쪽을 선호하지 않는 어떤 사람은 동쪽을 선호하지 않는다.

03 A, B, C, D, E 중 1명이 보너스를 받았다. 5명 중 2명의 진술이 거짓이고 나머지 3명의 진술이 진실일 때 〈보기〉를 참고하여 진술이 거짓인 2명을 알맞게 짝지은 것을 고르시오.

――――――――――〈 보 기 〉――――――――――

A: C와 E는 보너스를 받지 않았다.
B: D의 진술은 거짓이다.
C: A의 진술은 진실이다.
D: 나와 B는 보너스를 받지 않았다.
E: B는 보너스를 받지 않았다.

① A, C   ② A, E   ③ B, C
④ B, D   ⑤ D, E

04 A, B, C, D, E의 성적이 각기 다르다. 성적이 가장 높은 사람이 1등, 가장 낮은 사람이 5등과 같이 등수를 부여한다고 할 때 〈보기〉를 참고하여 E의 등수일 가능성이 있는 등수를 모두 짝지은 것을 고르시오.

――――――――――〈 보 기 〉――――――――――

– C의 성적은 E의 성적보다 높다.
– D보다 성적이 높은 사람은 2명이다.
– A의 등수는 1등이거나 4등이다.
– C의 등수는 홀수다.

① 1등, 2등   ② 2등, 4등   ③ 2등, 5등
④ 3등, 4등   ⑤ 4등, 5등

05 A, B, C 중 1명이 이혼했다. 3명 중 1명만 거짓을 말하고 나머지 2명은 진실을 말한다고 할 때 〈보기〉를 참고하여 다음 중 항상 참인 것을 고르시오.

> ─────────〈 보 기 〉─────────
>
> A: C는 이혼하지 않았다.
> B: C가 이혼했다.
> C: A 또는 B가 이혼했다.

① A는 거짓을 말한다.
② B는 거짓을 말한다.
③ C는 거짓을 말한다.
④ A가 이혼했다.
⑤ B가 이혼했다.

06 다음의 명제를 토대로 항상 참인 것을 고르시오.

> ─────────〈 보 기 〉─────────
>
> − 선비족의 힘이 세지 않으면 저족의 힘이 세지 않다.
> − 흉노족의 힘이 세면 갈족의 힘이 세지 않다.
> − 선비족의 힘이 세면 강족의 힘이 세지 않다.
> − 갈족의 힘이 세지 않으면 저족의 힘이 세다.

① 흉노족의 힘이 세면 강족의 힘이 세다.
② 선비족의 힘이 세면 흉노족의 힘이 세다.
③ 강족의 힘이 세면 갈족의 힘이 세다.
④ 저족의 힘이 세지 않으면 강족의 힘이 세다.
⑤ 강족의 힘이 세지 않으면 흉노족의 힘이 세다.

07 A, B, C, D, E, F가 원형의 테이블에 앉는다. 이들이 앉는 간격이 동일하여 누군가를 바라보고 앉는다고 할 때 〈보기〉를 참고하여 항상 C와 인접하게 앉는 사람을 고르시오.

〈 보 기 〉

- D는 A와 마주 보고 앉는다.
- B는 E 사이에 1명이 앉는다.
- F는 A와 이웃한 자리에 앉는다.

① A   ② B   ③ D
④ E   ⑤ F

08 A, B, C, D, E, F, G는 인사팀, 홍보팀, 마케팅팀 중 한 팀에 속한다. 각 팀의 인원이 1명 이상이라고 할 때 〈보기〉를 참고하여 반드시 거짓인 것을 고르시오.

〈 보 기 〉

- 홍보팀인 인원은 마케팅팀인 인원과 같다.
- 인사팀에 A, B, C, D 중 2명이 속한다.
- E와 F는 같은 팀이다.

① G는 마케팅팀이다.
② F는 홍보팀이다.
③ D는 인사팀이다.
④ C는 홍보팀이다.
⑤ B는 마케팅팀이다.

09 A, B, C, D, E 중 2명은 여직원이고 나머지 3명은 남직원이다. 5명 중 1명만 거짓을 말한다고 할 때 반드시 남직원인 사람으로 구성된 것을 고르시오.

───────〈 보 기 〉───────

A: B가 하는 말은 거짓이다.
B: C는 남직원이다.
C: E는 남직원이다.
D: C는 여직원이다.
E: 나와 B는 남직원이다.

① A, C   ② B, E   ③ C, D
④ A, B, D   ⑤ B, C, E

10 A, B, C, D, E의 휴일은 월요일부터 금요일까지 중 하루이다. 하루에 근무하는 사람이 4명씩이라고 할 때 〈보기〉를 참고하여 항상 참인 것을 고르시오.

───────〈 보 기 〉───────

− A의 휴일은 D의 휴일보다 빠르다.
− B의 휴일과 C의 휴일은 2일 차이다.
− E의 휴일은 D의 휴일보다 2일이 늦다.

① A의 휴일은 월요일이다.
② B의 휴일은 화요일이다.
③ C의 휴일은 수요일이다.
④ D의 휴일은 목요일이다.
⑤ E의 휴일은 금요일이다.

11 A, B, C, D, E, F의 직급은 대리와 과장 중 하나다. 〈보기〉를 참고하여 반드시 직급이 과장인 사람이 모두 몇 명인지 고르시오.

〈 보 기 〉

 ‒ F는 과장이다.
 ‒ E가 과장이라면 C는 대리가 아니고 D는 과장이 아니다.
 ‒ F가 과장이면 A는 대리이다.
 ‒ B 또는 E가 대리라면 A는 과장이다.

① 1명   ② 2명   ③ 3명
④ 4명   ⑤ 5명

12 A, B, C 중 1명이 출산했다. 3명 중 2명은 진실을 말하고 나머지 1명은 거짓을 말한다고 할 때 〈보기〉의 진술을 토대로 다음 중 항상 참인 것을 고르시오.

〈 보 기 〉

A: B 또는 C가 출산했다.
B: C는 출산하지 않았다.
C: A가 출산했다.

① A는 출산하지 않았다.
② B는 출산하지 않았다.
③ C는 출산하지 않았다.
④ A는 진실을 말한다.
⑤ C는 진실을 말한다.

13 A, B, C, D, E는 태국과 영국 중 한 곳으로 여행을 간다. 5명 중 2명이 여자이고 나머지 3명이 남자라고 할 때 〈보기〉를 참고하여 항상 참인 것을 고르시오.

〈 보 기 〉

– 태국으로 여행을 가는 인원은 영국으로 여행을 가는 인원보다 적다.
– A와 D는 같은 곳으로 여행을 간다.
– B와 E의 성별이 다르다.
– C는 태국으로 여행을 가고 C는 여자다.

① A는 영국으로 여행을 가고 A는 여자다.
② E는 태국으로 여행을 가고 E는 여자다.
③ 영국으로 여행을 가는 인원은 3명이다.
④ B는 태국으로 여행을 가고 B는 남자다.
⑤ D는 영국으로 여행을 가고 D는 남자다.

14 A, B, C, D, E 중 2명이 탄산음료를 마신다. 탄산음료를 마시는 2명은 거짓을 말하고 탄산음료를 마시지 않는 3명은 진실을 말한다고 할 때 〈보기〉를 참고하여 거짓을 말하는 2명을 알맞게 짝지은 것을 고르시오.

〈 보 기 〉

A: B는 탄산음료를 마신다.
B: E는 탄산음료를 마시지 않는다.
C: A와 D는 탄산음료를 마시지 않는다.
D: E가 하는 말은 진실이다.
E: A 또는 B는 탄산음료를 마신다.

① A, C   ② A, D   ③ B, C
④ B, E   ⑤ D, E

15 A, B, C, D, E, F가 4행 2열로 배치된 버스 좌석에 앉는다. 1행이 버스의 앞이고 4행이 버스의 뒤를 의미한다고 할 때 〈보기〉를 참고하여 항상 참인 것을 고르시오.

〈 보 기 〉

- C가 앉는 좌석과 같은 열이며 바로 앞의 좌석은 빈자리다.
- D는 1행 2열의 좌석에 앉는다.
- A와 F는 같은 행의 좌석에 앉는다.
- E는 3행 1열의 좌석에 앉는다.
- 2행의 좌석 중 한 좌석만 빈자리다.

① E와 같은 행이며 인접한 좌석은 빈자리다.
② A와 같은 열이며 바로 앞의 좌석은 빈자리다.
③ C와 같은 행이며 인접한 좌석은 빈자리다.
④ B와 같은 열이며 바로 뒤의 좌석은 빈자리다.
⑤ D와 같은 행이며 인접한 좌석은 빈자리다.

16 A, B, C의 직급은 과장, 차장, 부장 중 하나이고 직급이 같은 사람은 없다. 이들은 분당, 이천, 청주 중 한 곳으로 출장을 가며 출장지가 같은 사람은 없다고 할 때 〈보기〉를 참고하여 이들의 직급과 출장지를 확정할 수 있는 경우가 모두 몇 가지인지 고르시오.

〈 보 기 〉

- B의 직급은 C의 직급보다 높다. (참고: '부장 > 차장 > 과장' 순으로 부장이 제일 높다.)
- A는 이천으로 출장을 간다.
- 청주로 출장을 가는 사람은 차장이다.

① 1가지   ② 2가지   ③ 3가지
④ 4가지   ⑤ 5가지

17 A, B, C가 시험을 치러 1등, 2등, 3등으로 등수를 가렸다. A, B, C는 2번씩 진술하며 1번의 진술은 진실이고 나머지 1번의 진술은 거짓이라고 할 때 〈보기〉를 참고하여 다음 중 항상 참인 것을 고르시오.

〈 보 기 〉

A: 나는 1등이고 C는 3등이다.
A: C는 2등이 아니다.
B: A가 3등이고 C가 1등이다.
B: A가 2등이거나 C가 3등이다.
C: A가 2등이고 B가 3등이다.
C: 나는 1등이 아니다.

① C는 3등이다.   ② B는 3등이다.   ③ C는 2등이다.
④ A는 2등이다.   ⑤ B는 1등이다.

18 A, B, C, D, E, F가 신입사원 환영회에 참석했다. 6명이 도착한 순서가 각기 다르다고 할 때 〈보기〉를 참고하여 먼저 도착한 사람을 왼쪽부터 나열한 것을 고르시오.

〈 보 기 〉

− E가 도착하고 바로 뒤에 B가 도착했다.
− F는 두 번째로 도착했다.
− A보다 늦게 도착했으며 C보다 먼저 도착한 사람은 3명이다.

① D − F − A − E − B − C
② A − F − B − E − C − D
③ D − F − A − C − E − B
④ A − F − D − C − B − E
⑤ A − F − E − B − C − D

19 다음 중 결론을 항상 참으로 만드는 [전제3]을 고르시오.

[전제1] 매를 좋아하는 사람은 국을 좋아하지 않는다.
[전제2] 난을 좋아하는 사람은 국을 좋아한다.
[전제3] (   )
[결   론] 죽을 좋아하는 사람은 난을 좋아하지 않는다.

① 매를 좋아하는 사람은 죽을 좋아한다.
② 난을 좋아하는 사람은 죽을 좋아한다.
③ 죽을 좋아하는 사람은 매를 좋아한다.
④ 난을 좋아하는 사람은 죽을 좋아하지 않는다.
⑤ 매를 좋아하는 사람은 죽을 좋아하지 않는다.

20 A, B, C 중 1명이 은퇴했다. 3명 중 1명은 거짓을 말하고 나머지 2명은 진실을 말한다고 할 때 〈보기〉를 참고하여 항상 참인 것을 고르시오.

〈 보 기 〉

A: B는 은퇴하지 않았다.
B: C는 은퇴하지 않았다.
C: 나와 A는 은퇴하지 않았다.

① A의 말은 진실이다.
② B의 말은 진실이다.
③ C의 말은 진실이다.
④ A가 은퇴했다.
⑤ B가 은퇴했다.

문항수 20문항 | 제한시간 15분

해설 p.43

01 다음과 같이 일정한 규칙으로 숫자를 나열할 때, 빈 칸에 들어갈 값으로 알맞은 것을 고르시오.

| 24.86 | 16.47 | 41.33 | 57.8 | 99.13 | 156.93 | 256.06 | ( ) |

① 286.34   ② 315.36   ③ 333.79
④ 391.66   ⑤ 412.99

02 다음과 같이 일정한 규칙으로 숫자를 나열할 때, 빈 칸에 들어갈 값으로 알맞은 것을 고르시오.

| 16 | 23 | 368 | 46 | 12 | 552 | 19 | 16 | ( ) |

① 220   ② 304   ③ 386
④ 410   ⑤ 678

03 다음과 같이 일정한 규칙으로 숫자를 나열할 때, 빈 칸에 들어갈 값으로 알맞은 것을 고르시오.

| 907.5 | 544.5 | 326.7 | ( ) | 117.612 | 70.5672 |

① 284.52   ② 245.16   ③ 196.02
④ 167.14   ⑤ 134.821

04 다음과 같이 일정한 규칙으로 숫자를 나열할 때, 9번째 항의 값으로 알맞은 것을 고르시오.

$\frac{27}{40}$	$\frac{2}{3}$	$\frac{33}{50}$	$\frac{36}{55}$	$\frac{13}{20}$	$\frac{42}{65}$

① $\frac{1}{2}$　　　　② $\frac{7}{10}$　　　　③ $\frac{5}{8}$

④ $\frac{51}{80}$　　　　⑤ $\frac{21}{40}$

05 다음과 같이 일정한 규칙으로 숫자를 나열할 때, A + B의 값으로 알맞은 것을 고르시오.

74	242	222	484	666	(A)	1,998	1,936	(B)

① 2,574　　　　② 3,842　　　　③ 5,418

④ 6,962　　　　⑤ 7,851

06 다음과 같이 일정한 규칙으로 숫자를 나열할 때, 빈 칸에 들어갈 값으로 알맞은 것을 고르시오.

312	338	371	411	458	512	( )

① 546　　　　② 573　　　　③ 612

④ 638　　　　⑤ 684

07 다음과 같이 일정한 규칙으로 숫자를 나열할 때, A + B의 값으로 알맞은 것을 고르시오.

| 23 | 12 | 46 | 24 | 69 | (A) | (B) | 96 | 115 | 192 |

① 123   ② 140   ③ 167

④ 193   ⑤ 231

08 다음과 같이 일정한 규칙으로 숫자를 나열할 때, A의 값으로 알맞은 것을 고르시오.

| 6 | −18 | 2 | −6 | 14 | −42 | −22 | (A) |

① −44   ② −22   ③ 44

④ 66   ⑤ 88

09 다음과 같이 일정한 규칙으로 숫자를 나열할 때, 6번째 항의 값으로 알맞은 것을 고르시오.

| $\dfrac{5}{4}$ | $\dfrac{25}{12}$ | $\dfrac{125}{36}$ | $\dfrac{625}{108}$ | $\dfrac{3{,}125}{324}$ |

① $\dfrac{6{,}525}{451}$ ② $\dfrac{14{,}525}{751}$ ③ $\dfrac{15{,}625}{972}$

④ $\dfrac{97{,}415}{7{,}451}$ ⑤ $\dfrac{26{,}425}{1{,}151}$

10 다음과 같이 일정한 규칙으로 숫자를 나열할 때, 9번째 항의 값으로 알맞은 것을 고르시오.

| 267 | 354 | 441 | 528 | 615 | 702 |

① 772 ② 853 ③ 963
④ 1,023 ⑤ 1,175

11 다음과 같이 일정한 규칙으로 숫자를 나열할 때, 빈 칸에 들어갈 값으로 알맞은 것을 고르시오.

| 16 | 2.8 | 44.8 | 27 | 2 | 54 | 14 | 2.5 | ( ) |

① 35 ② 41 ③ 51.4
④ 63.5 ⑤ 96

12 다음과 같이 일정한 규칙으로 숫자를 나열할 때, 빈 칸에 들어갈 값으로 알맞은 것을 고르시오.

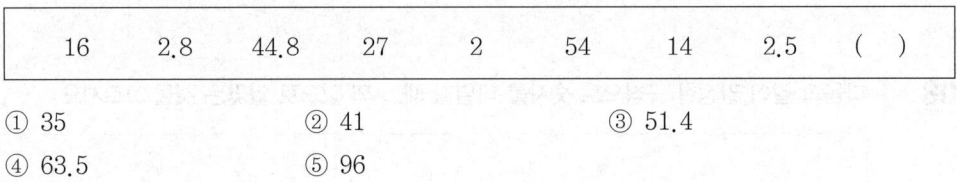

| $\dfrac{13}{6}$ | $\dfrac{13}{4}$ | $\dfrac{13}{3}$ | $\dfrac{65}{12}$ | $\dfrac{13}{2}$ | $\dfrac{91}{12}$ | $\dfrac{104}{12}$ | ( ) |

① $\dfrac{40}{3}$ ② $\dfrac{21}{2}$ ③ $\dfrac{47}{3}$
④ $\dfrac{39}{4}$ ⑤ $\dfrac{125}{12}$

13 다음과 같이 일정한 규칙으로 숫자를 나열할 때, 빈 칸에 들어갈 값으로 알맞은 것을 고르시오.

| 314 | 458 | 329 | 473 | 344 | 488 | 359 | 503 | ( ) |

① 276 ② 314 ③ 374
④ 401 ⑤ 518

14 다음과 같이 일정한 규칙으로 숫자를 나열할 때, 빈 칸에 들어갈 값으로 알맞은 것을 고르시오.

6	12	10	20	17	34	30	60	( )

① 40　　　　　　　② 50　　　　　　　③ 55

④ 90　　　　　　　⑤ 120

15 다음과 같이 일정한 규칙으로 숫자를 나열할 때, A + B의 값으로 알맞은 것을 고르시오.

27.2	−54.4	−34.4	68.8	88.8	−177.6	−157.6	(A)	(B)

① − 384.5　　　　　② − 88.6　　　　　③ 20

④ 394.4　　　　　　⑤ 650.4

16 다음과 같이 일정한 규칙으로 숫자를 나열할 때, 빈 칸에 들어갈 값으로 알맞은 것을 고르시오.

542	351	849	742	446	554	( )	648	125

① 384　　　　　　　② 571　　　　　　　③ 712

④ 969　　　　　　　⑤ 1,112

17 다음과 같이 일정한 규칙으로 숫자를 나열할 때, 8번째 항의 값으로 알맞은 것을 고르시오.

1.111	2.234	4.357	8.48	16.603	32.726

① 53.469　　　　　　② 64.849　　　　　③ 64.971

④ 128.849　　　　　　⑤ 128.972

18 다음과 같이 일정한 규칙으로 숫자를 나열할 때, B − A의 값으로 알맞은 것을 고르시오.

11	22	33	(A)	88	143	(B)	374

① 176   ② 192   ③ 213
④ 231   ⑤ 257

19 다음과 같이 일정한 규칙으로 숫자를 나열할 때, 빈 칸에 들어갈 값으로 알맞은 것을 고르시오.

$$\frac{2}{7} \quad -\frac{1}{7} \quad \frac{4}{7} \quad \frac{1}{7} \quad \frac{6}{7} \quad \frac{3}{7} \quad (\ ) \quad \frac{5}{7}$$

① $-\dfrac{2}{7}$ ② $\dfrac{2}{7}$ ③ $\dfrac{4}{7}$

④ $\dfrac{6}{7}$ ⑤ $\dfrac{8}{7}$

20 다음과 같이 일정한 규칙으로 숫자를 나열할 때, 빈 칸에 들어갈 값으로 알맞은 것을 고르시오.

$$\frac{1}{29} \quad \frac{1}{31} \quad \frac{1}{37} \quad \frac{1}{41} \quad \frac{1}{43} \quad \frac{1}{47} \quad (\ ) \quad \frac{1}{59}$$

① $\dfrac{1}{49}$ ② $\dfrac{1}{51}$ ③ $\dfrac{1}{53}$

④ $\dfrac{1}{56}$ ⑤ $\dfrac{1}{57}$

2026
최신판

SK그룹 종합역량검사

제01회

기출동형 모의고사

영역	문항 수	시간
언어이해	20	15분
자료해석	20	15분
창의수리	20	15분
언어추리	20	15분
수열추리	20	15분

※ 2025년 하반기 기준 출제 문항 수와 시험 응시 시간입니다.

SK 취업은 렛유인

문항수 20문항 | 제한시간 15분

해설 p.2

01　다음 글의 주제로 가장 적절한 것은?

> 　인공지능(AI) 기술이 예술 영역으로 확장되면서 '창의성'의 개념에 대한 근본적인 담론이 형성되고 있다. 과거에 창의성은 인간만의 고유한 영역이자 영감의 산물로 여겨졌다. 그러나 방대한 데이터를 학습한 생성형 AI가 화풍을 모방하거나 새로운 선율을 작곡하는 능력을 보여주면서, 예술적 창조의 주체에 대한 논쟁이 가열되고 있다. 이제 예술은 작가의 내면적 표출을 넘어, 데이터의 조합과 알고리즘의 최적화가 만들어내는 결과물로도 정의되기 시작한 것이다.
> 　이러한 기술적 변화는 예술의 생산 방식뿐만 아니라 소비 방식에도 혁신을 가져왔다. 누구나 AI 도구를 활용해 자신의 아이디어를 시각화하거나 음성으로 구현할 수 있게 됨으로써 '예술의 민주화'가 가속화되고 있다. 하지만 동시에 AI 생성물의 저작권 문제, 인간 작가의 노동 가치 하락, 그리고 예술적 독창성의 훼손에 대한 우려도 깊어지고 있다. 결국 AI 시대의 예술은 인간과 기계의 대립이 아니라, 기술을 도구로 수용하며 인간의 상상력을 확장하는 '협업적 창의성'의 단계로 진화하고 있다.

① 생성형 AI의 등장에 따른 예술 작품의 저작권 분쟁 현황
② 기술 발전이 초래한 인간 고유의 영감과 직관의 상실
③ AI 기술을 활용한 예술의 대중화와 창작 도구의 변천사
④ 인공지능 시대 예술적 창의성의 개념 변화와 새로운 지향점
⑤ 데이터 기반 알고리즘이 예술 시장의 경제적 가치에 미치는 영향

02 다음 글의 내용과 일치하는 것은?

> 실존주의 철학자 사르트르는 "실존이 본질에 앞선다"는 명제를 통해 인간의 자유와 책임을 강조했다. 그에 따르면, 칼이나 의자와 같은 사물은 특정한 목적(본질)을 가지고 만들어지지만, 인간은 아무런 설계도 없이 이 세상에 던져진 존재이다. 인간은 먼저 존재(실존)하고, 그 이후에 스스로 선택하고 행동함으로써 자기 자신을 만들어간다. 따라서 인간에게는 미리 정해진 운명이나 본성은 존재하지 않는다.
>
> 사르트르는 이러한 절대적 자유가 인간에게 '불안'을 가져다준다고 보았다. 정해진 답이 없는 상태에서 모든 선택의 책임을 온전히 개인이 져야 하기 때문이다. 일부 사람들은 이러한 불안에서 벗어나기 위해 종교, 관습, 혹은 사회적 역할 뒤로 숨어 마치 자신이 자유롭지 않은 것처럼 행동하는데, 사르트르는 이를 '기만(자기기만)'이라고 비판했다. 진정으로 실존하는 인간은 자신의 자유를 직시하고, 스스로가 선택한 가치에 대해 무한한 책임을 지는 주체적인 삶을 살아야 한다.

① 인간은 사물과 마찬가지로 태어날 때부터 고유한 본질을 부여받는다.
② 사르트르는 인간의 운명이 이미 결정되어 있으므로 불안을 느낄 필요가 없다고 보았다.
③ '기만'은 자신의 자유를 인정하고 그에 따른 책임을 기꺼이 수용하는 태도이다.
④ 실존주의에 따르면 인간은 스스로를 정의해 나가는 과정 속에 있는 존재이다.
⑤ 사회적 관습이나 종교에 의지하는 것은 주체적인 삶을 살기 위한 필수적인 단계이다.

다음 글의 빈 칸 ⓐ에 들어갈 문장으로 가장 적절한 것은?

전통 경제학은 인간을 언제나 합리적인 선택을 내리는 '이성적 존재'로 상정해 왔다. 그러나 행동경제학자들은 인간의 의사결정이 순수한 논리보다는 직관적인 판단이나 주변 상황의 맥락에 의해 크게 좌우된다는 점을 발견했다. 대표적인 현상인 '손실 회피(Loss Aversion)'에 따르면, 사람들은 동일한 액수의 이익을 얻었을 때의 기쁨보다 손실을 입었을 때의 고통을 훨씬 크게 느낀다. 또한, 정보가 너무 많을 경우 오히려 선택을 포기하거나 가장 먼저 제시된 정보에 휘둘리는 '앵커링 효과(Anchoring Effect)'를 보이기도 한다. 이러한 특성 때문에 사람들은 종종 자신에게 손해가 되는 선택을 반복하거나 감정적인 판단에 매몰되곤 한다. 결과적으로 행동경제학은 인간의 선택이 (ⓐ   )을 보여준다.

① 시장의 가격 결정 원리에 따라 철저히 계산된 결과임
② 이익 극대화를 위해 정보의 비대칭성을 활용하는 과정임
③ 완전한 합리성보다는 심리적 기제와 편향에 의해 왜곡될 수 있음
④ 타인과의 협력보다는 철저한 자기중심적 이윤 추구를 목표로 함
⑤ 장기적 보상보다는 당장의 생존을 우선시하는 진화적 본능의 산물임

04 다음 글의 문단배열 순서로 가장 적절한 것은?

(A) 이러한 직역과 의역의 갈등은 결국 번역이 단순한 언어적 치환을 넘어, 두 문화 사이의 가교 역할을 한다는 점을 시사한다. 번역가는 원문에 충실해야 한다는 윤리적 책임과 독자에게 의미를 전달해야 한다는 실용적 목표 사이에서 끊임없이 저울질하며 최적의 균형점을 찾아야 한다.

(B) 반면 의역은 원문의 자구적 형태보다는 '의미의 전달'과 '가독성'에 초점을 맞춘다. 목적어의 위치나 관용적 표현을 독자의 문화적 맥락에 맞게 과감히 수정함으로써 자연스러운 흐름을 만들어내지만, 이 과정에서 원작자의 의도나 고유한 문체가 훼손될 위험이 상존한다.

(C) 먼저 직역은 원문의 언어 구조와 어휘를 최대한 유지하여 원형을 보존하려는 방식이다. 이는 저자의 문체를 생생하게 전달하고 정보의 손실을 최소화한다는 장점이 있으나, 언어 간 구조적 차이로 인해 번역문이 부자연스럽거나 의미 전달이 불명확해지는 한계를 지닌다.

(D) 번역의 역사에서 가장 오래된 논쟁 중 하나는 원문에 충실한 '직역'과 독자의 이해를 돕는 '의역' 중 무엇이 더 우월한가에 관한 것이다. 이 두 방식은 언어의 충실성과 소통의 효율성이라는 상반된 가치를 대변하며 번역의 방향성을 결정짓는 핵심적인 축이 되어왔다.

① (A) − (C) − (B) − (D)
② (C) − (B) − (D) − (A)
③ (D) − (A) − (C) − (B)
④ (D) − (C) − (A) − (B)
⑤ (D) − (C) − (B) − (A)

05 다음 글에서 주장하는 내용이 사실일 때, 이를 비판하는 것으로 가장 적절한 것은?

> 공유경제는 한 번 생산된 제품을 여럿이 공유해 사용하는 협력적 소비 경제 체제로, 자원 활용의 극대화와 지속 가능성을 목표로 한다. 전통적인 소유 중심 경제가 과잉 생산과 환경 오염을 초래했다면, 공유경제는 에어비앤비나 우버와 같은 플랫폼을 통해 유휴 자원을 효율적으로 배분함으로써 사회적 비용을 절감한다. 공유경제 지지자들은 공유경제가 개인의 경제적 이익을 높일 뿐 아니라, 이용자 간의 신뢰를 바탕으로 한 '관계의 복원'이라는 사회적 가치를 창출한다고 주장한다. 즉, 기술을 매개로 한 자산의 공유는 배타적 소유권의 경계를 허물고 공동체적 유대를 강화하는 혁신적인 경제 패러다임이라는 것이다. 이는 자원을 소유하지 않고도 필요한 만큼 이용할 수 있다는 편리함과 경제성을 동시에 충족시킨다는 점에서 미래 경제의 핵심 모델로 평가받는다.

① 공유경제 모델은 플랫폼 기업에게만 과도한 이익이 집중되는 구조를 지닌다.
② 공유경제 모델은 전통적 숙박업이나 운송업 종사자들의 생존권을 위협하여 사회적 갈등을 야기할 수 있다
③ 자산 공유 과정에서 발생하는 개인정보 유출은 플랫폼 기술의 한계로 인해 해결하기 어렵다.
④ 공유경제는 효율성을 강조하지만, 실제로는 자원 사용의 편리함이 오히려 소비 총량을 늘려 환경에 악영향을 줄 수 있다.
⑤ 공유가 개인 간의 신뢰를 바탕으로 한다고 하나, 실제로는 플랫폼의 평판 시스템이라는 자본 논리에 의한 통제일 뿐 진정한 공동체적 유대라 보기 어렵다.

06 다음 글의 내용과 일치하는 것은?

> 그래핀(Graphene)과 탄소 나노튜브(Carbon Nanotube, CNT)는 나노소재 분야에서 주목받는 탄소 기반 물질이다. 그래핀은 단일 원자 두께의 2차원 구조로, 전기 전도성이 뛰어나고 기계적 강도가 높으며, 투명 전극이나 고속 전자소자에 적용 가능하다. 그러나 대규모 합성 기술은 아직 제한적이며, 균일한 품질 확보가 어렵다.
>
> 탄소 나노튜브는 원통형 1차원 구조로, 전기적 · 기계적 특성이 우수하고, 복합재료 강화 및 센서, 배터리 전극 등 다양한 응용이 가능하다. 단일벽(SWCNT)과 다중벽(MWCNT) 구조에 따라 특성이 달라지며, 정밀한 분리와 정렬 기술이 필수적이다. 최근 연구에서는 그래핀과 CNT를 결합하여 전자 이동성과 강도를 동시에 높이는 복합 소재 개발도 활발히 진행되고 있다.

① 그래핀은 1차원 원통 구조로, 배터리 전극이나 센서에 주로 사용된다.
② 탄소 나노튜브는 2차원 구조로, 투명 전극과 고속 전자소자에 적합하다.
③ 그래핀은 대규모 합성과 균일 품질 확보가 기술적 과제로 남아 있다.
④ 탄소 나노튜브는 균일한 품질 확보가 어렵지만, 2차원 투명 전극에 적합하다.
⑤ 그래핀과 CNT는 성질이 거의 동일하여 응용 분야가 겹치지 않는다.

07 다음 글의 빈 칸 ⓐ에 들어갈 문장으로 가장 적절한 것은?

2022년 서울대학교 의과대학 연구팀은 도시 대기오염, 특히 미세먼지가 호흡기 질환 발병에 중요한 영향을 미친다는 사실을 실증적으로 밝혔다. 연구팀은 서울, 부산, 대구 등 5개 도시의 주민 2만 명을 대상으로 PM2.5 농도, 생활습관, 호흡기 건강 지표를 4년간 추적 관찰했다. 연구 결과 평균 PM2.5 농도가 $35\mu g/\text{m}^3$ 이상인 지역 주민은 $15\mu g/\text{m}^3$ 미만 지역보다 천식, 기관지염 진단율이 약 1.8배 높게 나타났으며, 장기적으로 노출될수록 폐 기능 저하가 뚜렷했다.

또한 연구팀은 개인 요인과 환경 요인의 상호작용도 분석했다. 흡연, 실내 환기 상태, 운동량 등 생활습관 요인이 좋지 않은 경우, 미세먼지 농도가 높지 않더라도 호흡기 질환 발병률이 일부 증가했으나, 환경적 요인이 장기간 누적될 경우 개인 생활습관보다 질병 발생에 더 큰 영향을 미쳤다. 특히 이 연구는 (ⓐ   )을 강조했다. 지속적이고 반복적인 미세먼지 노출은 폐 조직 염증을 만성화시키고 면역 반응을 변화시켜 호흡기 방어 능력을 저하시킨다. 이는 호흡기 질환이 단순한 개인 생활습관의 문제가 아니라 환경적 요인과 장기적 상호작용 속에서 형성되는 복합적 결과임을 시사한다.

---

① PM2.5 농도보다는 생활습관이 더 큰 영향을 미친다는 점
② 미세먼지 노출이 반복될수록 폐 건강에 복합적으로 영향을 준다는 점
③ 호흡기 질환은 개인적 요인과 환경적 요인이 독립적으로 작용한다는 점
④ 호흡기 질환은 예방 접종만으로 충분히 예방될 수 있다는 점
⑤ 미세먼지 농도보다 계절적 변동이 건강에 더 큰 영향을 준다는 점

08 다음 글을 읽고 〈보기〉의 빈칸 A, B, C에 들어갈 단어를 순서대로 나열한 것으로 적절한 것은?

시장 경제에서 어떤 경제 주체의 행위가 제3자에게 의도치 않은 이익이나 손해를 끼치는 것을 외부 효과라 한다. 그 중 타인에게 이득을 주지만 보상을 받지 못하는 것을 외부 경제라 하며, 반대로 손해를 끼치지만 대가를 지불하지 않는 것을 외부 불경제라 한다. 한편, 국방이나 치안처럼 대가를 지불하지 않은 사람도 소비에서 배제할 수 없는 재화를 공공재라고 한다.

〈 보 기 〉

(A)의 사례로는 공장이 폐수를 방류하여 인근 양어장에 피해를 주었음에도 불구하고 그 손해에 대해 충분한 보상을 하지 않는 경우를 들 수 있다. (B)의 사례로는 정원 주인이 정원을 아름답게 가꾸어 지나가는 행인들에게 즐거움을 주지만, 행인들로부터 어떠한 비용도 받지 않는 상황을 들 수 있다. (C)의 사례로는 가로등 설치로 인해 마을 전체가 밝아졌을 때, 설치 비용을 내지 않은 주민들도 그 혜택을 함께 누리며 이른바 '무임승차' 문제가 발생하는 것을 들 수 있다.

	A	B	C
①	외부경제	외부 불경제	공공재
②	외부경제	공공재	외부 불경제
③	외부 불경제	외부경제	공공재
④	외부 불경제	공공재	외부경제
⑤	공공재	외부 불경제	외부경제

09 다음 글의 내용과 일치하는 것은?

16세기 코페르니쿠스가 제안한 지동설은 당시 천년 넘게 서구 사회를 지배해온 프톨레마이오스의 천동설에 정면으로 도전하는 혁명적인 사건이었다. 이전까지의 우주관은 지구가 우주의 중심이며 모든 천체가 지구 주위를 원운동 한다는 것이었다. 하지만 이 모델은 행성들이 가끔 뒤로 가는 것처럼 보이는 '역행 현상'을 설명하기 위해 복잡한 주전원 이론을 도입해야만 하는 한계가 있었다.

코페르니쿠스는 태양을 중심에 두고 지구가 그 주위를 공전한다고 가정함으로써 우주의 구조를 훨씬 단순하고 체계적으로 설명해냈다. 그러나 그의 주장이 곧바로 받아들여진 것은 아니었다. 당시의 종교적 권위는 성경의 해석을 근거로 지동설을 이단시했으며, 관측 기술의 한계로 인해 지구가 움직인다면 느껴져야 할 강력한 바람이나 시차 현상을 증명하기 어려웠기 때문이다. 이후 갈릴레이의 망원경 관측과 케플러의 타원 궤도 법칙이 더해지면서 지동설은 비로소 과학적 사실로 확립되었고, 이는 현대 과학 혁명의 결정적인 도약점이 되었다.

① 코페르니쿠스 이전의 천동설은 행성의 역행 현상을 설명하지 못해 폐기되었다.
② 지동설은 제안되자마자 종교계의 전폭적인 지지를 받으며 빠르게 확산되었다.
③ 코페르니쿠스는 지구가 태양 주위를 도는 구조가 천동설보다 더 복잡하다고 믿었다.
④ 16세기 당시 사람들은 지구가 움직인다는 물리적 증거를 감각적으로 체감할 수 있었다.
⑤ 갈릴레이와 케플러의 성과는 지동설이 과학적 체계로 인정받는 데 중요한 기여를 했다.

다음 글의 빈 칸 ⓐ에 들어갈 문장으로 가장 적절한 것은?

지구상의 수많은 생명체는 서로 분리된 개체로 독립적으로 생존하는 것처럼 보이지만, 실제 자연 생태계에서는 타 종과의 지속적인 상호작용 속에서 생존 전략을 형성해 왔다. 이러한 상호작용의 대표적인 형태가 바로 '공생'으로, 이는 생명체가 환경 변화에 적응하고 생태계의 균형을 유지하는 데 중요한 역할을 한다. 공생은 양쪽 모두 이익을 얻는 상리 공생, 한쪽만 이익을 얻는 편리 공생, 그리고 한쪽이 피해를 입는 기생으로 나뉘며, 각 유형은 생태계의 에너지 흐름과 물질 순환에 서로 다른 방식으로 기여한다. 예를 들어 콩과 식물의 뿌리혹박테리아는 공기 중 질소를 식물이 이용할 수 있는 형태로 바꾸어 주고, 그 대가로 식물로부터 탄수화물을 공급받는다. 또한 인간의 장내 미생물은 소화 작용과 면역 기능을 돕는 대신 안정적인 서식 환경을 제공받는다. 이러한 공생 관계는 개별 생물의 생존을 넘어 종의 진화와 생태계의 복원력을 강화한다. 결국 생물의 생존은 개체 간의 무한 경쟁이 아니라 (ⓐ   ) 을 통해 완성된다고 볼 수 있다.

① 환경 변화에 적응하기 위한 개별적인 유전적 변이
② 종 내에서 이루어지는 위계질서와 역할 분담
③ 타자와의 유기적인 연결과 상호 의존적 협력
④ 먹이사슬의 상위 포식자가 주도하는 질서 확립
⑤ 자원 선점을 위한 물리적 충돌과 경쟁 우위 확보

11　다음 글의 문단배열 순서로 가장 적절한 것은?

(A) 예를 들어 뜨거운 물과 차가운 물을 섞으면 온도가 평준화된 미지근한 물이 되지만, 스스로 다시 뜨거운 물과 차가운 물로 분리되는 일은 일어나지 않는다. 이는 자연의 변화가 단순히 에너지가 보존되는 방향이 아니라, 확률적으로 더 높은 무질서한 상태를 향해 나아간다는 것을 의미한다.

(B) 열역학 제2법칙에 따르면 고립계 내에서 전체 엔트로피는 시간이 흐름에 따라 결코 감소하지 않는다. 엔트로피란 물리적 계의 '무질서도' 혹은 '사용 불가능한 에너지의 양'을 나타내는 척도로, 모든 자연 현상은 비가역적인 방향성을 지닌다.

(C) 이러한 우주의 원리는 인류에게 자원 이용의 효율성에 대한 중요한 시사점을 던져준다. 에너지는 형태를 바꿀 뿐 사라지지는 않지만, 유용한 형태에서 무용한 형태로 변하는 과정은 되돌릴 수 없기 때문에, 지속 가능한 시스템 구축을 위한 기술적 노력이 필수적으로 요구되는 것이다.

(D) 하지만 이러한 무질서의 증가는 단순히 파괴적인 과정만을 의미하지는 않는다. 국소적인 영역에서 엔트로피를 낮추어 고도의 질서를 형성하는 생명 현상이나 복잡한 구조의 진화 역시, 우주 전체의 엔트로피가 증가하는 거대한 흐름 속에서 에너지를 효율적으로 소산시킨 결과로 해석될 수 있기 때문이다.

---

① (A) − (B) − (D) − (C)

② (B) − (C) − (D) − (A)

③ (B) − (A) − (D) − (C)

④ (C) − (B) − (A) − (D)

⑤ (D) − (C) − (B) − (A)

다음 글에서 주장하는 내용이 사실일 때, '넛지'에 대해 비판하는 것으로 가장 적절한 것은?

'넛지(Nudge)'는 강압적인 지시나 법적 금지 대신, 인간의 심리적 특성을 이용해 타인의 선택을 유연하게 유도하는 '선택 설계' 전략을 의미한다. 이는 인간이 언제나 합리적으로 판단하지 않는다는 행동경제학적 전제하에, 선택의 환경을 변경함으로써 공익이나 개인의 건강에 도움이 되는 방향으로 행동을 이끌어낸다. 예를 들어, 식당에서 건강 음식을 눈에 잘 띄는 곳에 배치하거나 장기 기증 의사를 기본 설정(Default)으로 해두는 것만으로도 강제성 없이 높은 정책 효과를 거둘 수 있다.

넛지의 옹호자들은 이러한 방식을 '자유주의적 개입주의'라고 부른다. 이는 개인의 선택권을 직접적으로 박탈하지 않으면서도 최소한의 비용으로 사회적 난제를 해결할 수 있는 가장 효율적이고 민주적인 정책 도구라는 주장이다. 그러나 이러한 낙관론에 대해 비판론자들은 넛지가 대중이 인지하지 못하는 사이 심리적 취약성을 파고들어 의사결정에 영향을 미친다는 점을 지적한다. 이는 소수의 설계자가 대중의 선택을 은밀하게 조종하는 결과를 초래할 수 있으며, 시민의 주체적인 숙의 과정을 생략하게 만든다. 결과적으로 넛지는 민주적 정당성과 개인의 자율적 결정권을 본질적으로 훼손할 소지가 있다는 점에서 비판의 대상이 된다.

① 넛지 전략은 정책 대상자의 심리적 기제를 정확히 파악하지 못할 경우 의도치 않은 결과를 초래할 수 있다.

② 넛지는 소수의 전문가가 대중의 선택을 은밀하게 조종한다는 점에서 민주적 정당성과 개인의 자율적 결정권을 훼손할 소지가 있다.

③ 기본 설정을 바꾸는 방식은 정보 취약 계층에게만 효과가 있을 뿐, 고학력층에게는 설득력이 떨어진다.

④ 사회적 문제를 해결하기 위해서는 넛지와 같은 부드러운 개입보다 강력한 법적 규제가 언제나 더 효과적이다.

⑤ 넛지 전략을 수행하기 위해 투입되는 초기 설계 비용은 정책이 가져오는 장기적 이득보다 큰 경우가 많다.

13 다음 글의 빈 칸 ⓐ에 들어갈 문장으로 가장 적절한 것은?

> 고산 지대에서의 등반 활동은 평지와 현저히 다른 대기 환경 속에서 이루어지며, 이로 인해 인체는 다양한 생리적 부담을 받게 된다. 해발 고도가 높아질수록 대기압은 점차 감소하고, 이에 따라 공기 중 산소가 차지하는 비율은 동일하더라도 실제로 인체가 이용할 수 있는 산소의 양은 줄어들게 된다. 특히 폐에서 혈액으로 산소가 확산되는 과정은 산소의 분압 차이에 의해 이루어지는데, 고도가 상승할수록 이 분압 차이가 감소하여 산소 전달 효율이 낮아진다.
>
> 인체는 이러한 환경 변화에 대응하기 위해 호흡 횟수를 늘리거나 심박수를 증가시키는 등의 보상 기전을 작동시키지만, 이러한 적응에는 일정한 시간이 필요하다. 따라서 충분한 순응 과정 없이 급격하게 고도가 높아질 경우 (ⓐ   ) 두통, 메스꺼움, 어지럼증과 같은 초기 증상이 나타날 수 있으며, 심한 경우 폐나 뇌에 체액이 축적되어 생명을 위협하는 고산병으로 발전할 수도 있다. 이러한 위험을 예방하기 위해 등반가는 일정 고도마다 충분한 휴식을 취하며 점진적으로 상승해야 하고, 필요할 경우 산소 보조 장비를 사용하기도 한다.

① 혈액 내 이산화탄소 농도가 급격히 증가하면서
② 산소 분자가 폐포에서 비정상적으로 응집하면서
③ 대기 중 산소의 절대량이 급격히 감소하면서
④ 혈액으로 공급되는 산소의 분압이 낮아지면서
⑤ 심장 박동 수가 일시적으로 감소하면서

14 다음 글의 제목으로 가장 적절한 것은?

> 2008년 글로벌 금융위기 이후 주요 국가들은 금융 시장의 안정성을 확보하기 위해 각종 규제 강화 정책을 도입하였다. 특히 은행의 자기자본 비율을 높이고 과도한 위험 추구를 억제하기 위한 국제적 공조가 필요하다는 인식이 확산되면서, 바젤위원회를 중심으로 한 국제 금융 규제 논의가 본격화되었다. 이는 금융 시장의 자유로운 자본 이동이 위기 확산을 가속화할 수 있다는 반성에 기초한 것이었다.
>
> 그러나 이러한 규제 강화는 국가별 금융 산업 구조와 이해관계의 차이로 인해 일관되게 적용되기 어려웠다. 일부 국가는 자국 금융기관의 경쟁력 약화를 우려하며 규제 도입에 소극적인 태도를 보였고, 반대로 금융위기의 직접적 타격을 받은 국가들은 보다 강력한 규제 체계를 요구하였다. 이 과정에서 국제 금융 규제는 단순한 기술적 기준을 넘어 국가 간 정책 조율과 정치적 협상의 대상이 되었다.
>
> 결과적으로 글로벌 금융 규제는 단일한 규범으로 수렴되기보다는, 공통의 원칙을 공유하되 각국이 자율적으로 적용 범위를 조정하는 방식으로 발전해 왔다. 금융 안정성과 시장 효율성 사이의 균형을 어떻게 설정할 것인가는 여전히 국제 금융 질서의 핵심 쟁점으로 남아 있다.

① 금융 자유화에 따른 국제 자본 이동의 확대 과정
② 글로벌 금융위기 이전 국제 규제의 정치화 양상
③ 국제 금융 규범 형성을 둘러싼 국가 간 이해 충돌
④ 바젤 협약을 중심으로 한 금융 규제의 기술적 발전
⑤ 금융 규제 완화를 통한 시장 효율성 회복 전략

15 다음 글의 빈 칸 ⓐ에 들어갈 문장으로 가장 적절한 것은?

공유 경제 서비스는 유휴 자원을 활용하여 효율성을 극대화한다는 점에서 혁신적인 경제 모델로 평가받지만, 기존 산업 생태계 내에서는 (ⓐ). 숙박 공유나 차량 공유 플랫폼은 낮은 비용과 이용의 편리함을 앞세워 시장 점유율을 빠르게 높여가고 있다. 그러나 이러한 플랫폼들의 등장은 기존에 막대한 면허 비용과 설비 투자를 감당하며 운영되어 온 기존 업계의 수익 구조를 근본적으로 뒤흔든다.

기존 사업자들은 법적 규제와 납세 의무를 충실히 이행해 온 반면, 공유 경제 모델은 상당 부분 기존 법망의 사각지대에서 운영되는 경우가 많다. 예를 들어, 전문 숙박업체는 소방 시설 기준과 위생 관리 규정을 엄격히 준수해야 하지만, 공유 숙박은 개인 간 거래라는 명목하에 이러한 규제에서 비교적 자유롭다. 이러한 제도적 비대칭은 기존 사업자들에게 불공정한 경쟁 환경으로 인식되어 거센 반발을 불러일으킨다.

이러한 갈등을 해결하기 위해 최근 각국 정부는 공유 경제 모델을 제도권 안으로 편입하려는 시도를 하고 있다. 새로운 서비스에 합당한 규제를 부과하는 동시에, 기존 산업이 변화된 환경에 적응할 수 있도록 지원책을 마련하는 것이다. 그러나 이해관계자 간의 대립이 워낙 첨예하여 타협점을 찾기란 쉽지 않다. 따라서 진정한 공유 경제의 안착을 위해서는 혁신을 장려하는 것만큼이나 기존 시장 질서와의 조화로운 공존 방안을 모색하는 것이 필수적이다.

① 사회적 인프라의 확충을 주도하게 된다.
② 필연적인 마찰과 이해관계의 충돌을 빚는다.
③ 기술적 혁신을 통한 동반 성장을 이룩한다.
④ 새로운 소비자 권익 보호 기준을 확립한다.
⑤ 무분별한 자본 유입으로 인한 거품 경제를 형성한다.

16 다음 글을 읽고 문맥상 (A)~(E) 중 〈보기〉가 들어갈 문단으로 적절한 것은?

(A)

도시 재생은 낙후된 지역에 새로운 기능을 도입하고 물리적 환경을 개선하여 도시를 활성화하는 과정이다. 이를 통해 쇠퇴하던 도심은 다시 활기를 찾고, 주거 환경의 질이 개선되며 다양한 상업 시설이 들어서게 된다.

(B)

이러한 긍정적 변화의 이면에는 '젠트리피케이션'이라는 부작용이 도사리고 있다. 외부 자본이 유입되고 지역의 가치가 상승하면 임대료가 급등하게 된다. 결과적으로 그 지역의 고유한 분위기를 만들어왔던 영세 상인과 저소득층 주민들은 높아진 비용을 감당하지 못하고 삶의 터전에서 밀려나게 된다.

(C)

단순히 건물을 새로 짓는 외형적 정비에만 치중할 것이 아니라, 기존 공동체가 유지될 수 있는 사회적 안전망이 동반되어야 한다. 임대료 상한제나 공공 임대 상가 운영 등은 지역의 정체성을 보존하며 상생할 수 있는 구체적인 방안이 될 수 있다.

(D)

도시 재생은 단순히 자산 가치를 높이는 투자의 대상이 아니라, 그곳에 사는 사람들의 삶을 지속시키는 복합적인 사업이다. 공간의 개선이 거주민의 축출로 이어지지 않도록 정책적 배려와 시민들의 윤리적 인식이 요구된다.

(E)

〈 보 기 〉

이 과정에서 지역의 다양성은 파괴되고 거리는 어디에서나 볼 수 있는 대형 프랜차이즈 점포들로 채워진다. 지역 특유의 문화적 자산이 상업화의 도구로 전락하면서, 결국 도시 재생의 본래 목적인 지역 활성화마저 위협받게 되는 것이다.

---

① (A) 　　　 ② (B) 　　　 ③ (C)

④ (D) 　　　 ⑤ (E)

17 다음 글의 제목으로 가장 적절한 것은?

> 비행기가 전진할 때 공기로부터 받는 저항인 항력은 연료 효율을 결정하는 핵심 요소이다. 항력은 크게 발생 원리에 따라 유도 항력과 유해 항력으로 나뉜다.
>
> 유도 항력은 날개가 양력을 생성하는 과정에서 필연적으로 발생한다. 날개 상하부의 압력 차로 인해 날개 끝단에서 공기가 소용돌이치는 '익단 와류'가 형성되는데, 이것이 주변 공기 흐름을 아래로 꺾어 항력을 유발한다. 유도 항력은 비행 속도가 느릴수록 더 커지는 특성이 있다. 저속에서는 고도를 유지하기 위해 날개의 받음각을 높여야 하고, 이로 인해 익단 와류가 더욱 강해지기 때문이다.
>
> 반면 유해 항력은 양력 발생과는 무관하게 기체의 외형이나 표면 특성 때문에 발생한다. 이는 공기 입자와 기체 표면의 마찰로 생기는 '마찰 항력'과, 기체 전면에 부딪힌 공기가 뒤로 밀려나며 생기는 '형상 항력'을 포함한다. 유해 항력은 유도 항력과 정반대로 비행 속도가 빨라질수록 공기 저항이 거세짐에 따라 속도의 제곱에 비례하여 급격히 증가한다.
>
> 전체 항력은 이 두 항력의 합으로 계산된다. 속도가 높아지면 유도 항력은 줄고 유해 항력은 늘어나므로, 항공기 설계자들은 이 두 힘의 합이 최소가 되는 '최적 운항 속도'를 찾아 기체를 설계한다. 즉, 항력 제어는 단순히 저항을 줄이는 것이 아니라 두 항력 사이의 역학적 균형을 찾는 과정이다.

① 비행 속도 증가에 따른 유도 항력과 유해 항력의 동반 상승 효과
② 양력 발생의 극대화를 위한 익단 와류의 형성 원리와 활용 방안
③ 발생 기진과 속도 변화에 따른 두 항력의 대조적 특성과 상호작용
④ 항공기 연료 효율 향상을 위한 기체 표면 마찰력의 원천적 제거 기술
⑤ 고속 비행 시 발생하는 형상 항력의 감소가 유도 항력에 미치는 영향

18 다음 글의 내용과 일치하지 않는 것은?

장기 이식은 손상된 장기를 대체하여 생명을 연장하는 획기적인 의료 행위이지만, 수혜자의 면역 체계가 이식된 장기를 '자기(Self)'가 아닌 '비자기(Non-self)'로 인식하여 공격하는 면역 거부 반응이 나타나기도 한다.

면역 거부 반응 중 가장 치명적인 것은 초급성 거부 반응이다. 이는 수혜자가 기증자의 장기에 대해 이미 가지고 있는 항체가 이식 직후 혈관 벽을 공격하여 혈전과 괴사를 일으키는 현상이다. 이를 방지하기 위해 이식 전 반드시 교차 시험(Cross-matching)을 거친다. 교차 시험은 기증자의 림프구와 수혜자의 혈청을 직접 반응시켜 항체 존재 여부를 확인하는 것으로, 여기서 양성 반응이 나오면 이식은 불가능하다. 급성 거부 반응은 이식 후 며칠에서 몇 주 사이에 발생하며, 항체가 아닌 T세포가 이식된 조직을 직접 파괴하면서 나타난다. 이는 현대 의학에서 면역억제제를 통해 어느 정도 조절이 가능하다. 마지막으로 만성 거부 반응은 수년에 걸쳐 서서히 진행되는데, 이식된 장기의 혈관이 점진적으로 좁아지며 기능을 상실하게 된다.

장기 이식의 성공을 위해서는 혈액형의 일치뿐만 아니라 조직적합성항원(HLA)의 일치도가 높아야 하며, 이식 후에도 수혜자는 평생 면역억제제를 복용하여 면역계의 활동을 적절히 관리해야 한다.

① 초급성 거부 반응은 수혜자 내부에 기성 항체가 존재할 때 발생하며, 이식 직후 급격한 조직 괴사를 유발한다.

② 교차 시험은 기증자의 면역 세포와 수혜자의 혈청 내 성분을 반응시켜 적합 여부를 판별하는 필수적인 사전 단계이다.

③ 급성 거부 반응은 혈액 내 항체가 혈관 벽을 직접 타격하여 발생하므로, T세포의 활성도를 낮추는 약물로는 제어하기 어렵다.

④ 만성 거부 반응은 장기적인 혈관 손상을 동반하며, 이식 직후보다는 시간이 경과함에 따라 장기의 기능 저하로 나타난다.

⑤ 조직적합성항원(HLA)의 일치도가 높을수록 수혜자의 면역 체계가 이식 장기를 공격할 가능성이 낮아진다.

19 다음 글의 문단배열 순서로 가장 적절한 것은?

(A) 이때 핵심이 되는 장치는 '부력재'와 '밸러스트 탱크'이다. 잠수정은 탱크 안에 물을 채워 밀도를 높임으로써 하강을 시작하며, 목표 수심에 도달하면 정밀한 조절을 통해 주위 바닷물과 밀도가 같은 '중성 부력' 상태를 유지한다.

(B) 하지만 심해로 갈수록 가해지는 수압은 상상을 초월한다. 단순히 탱크 안의 공기를 조절하는 방식만으로는 거대한 압력을 견디기 어렵기 때문에, 현대의 심해 잠수정은 압축되지 않는 고체 물질이나 특수 유체를 활용한 혁신적인 설계 방식을 채택하고 있다.

(C) 부력은 물체가 액체 속에 잠겨 있을 때 밀어낸 액체의 무게만큼 위로 떠오르려는 힘을 의미한다. 심해 탐사를 목적으로 하는 잠수정은 이러한 물리적 원리를 이용하여 거대한 수압 속에서도 수직 이동과 수평 이동을 자유롭게 수행한다.

(D) 또한 심해의 저온 환경은 잠수정 내부 기체의 부피를 수축시켜 예기치 못한 침강을 유발할 수 있다. 따라서 잠수정의 부력 제어 시스템은 수압뿐만 아니라 외부 온도 변화에 따른 밀도 변화까지 실시간으로 계산하여 반영해야 한다.

① (C) − (A) − (B) − (D)
② (C) − (B) − (A) − (D)
③ (A) − (D) − (B) − (C)
④ (A) − (B) − (D) − (C)
⑤ (B) − (C) − (A) − (D)

20 다음 글에서 주장하는 내용이 사실일 때, 이를 비판하는 것으로 가장 적절하지 않은 것은?

> 중앙은행 디지털 화폐(CBDC)의 도입은 현금 없는 사회로의 이행을 가속화하며 금융 효율성을 제고한다. CBDC의 장점은 다음과 같다. 첫째, CBDC는 민간 은행을 거치지 않고 중앙은행이 직접 가계와 기업에 자금을 공급할 수 있게 하여, 통화 정책의 전파 경로를 단순화하고 정책 시차를 단축시킨다. 이는 경제 위기 시 유동성을 즉각적으로 공급하는 데 유리하다. 둘째, 모든 거래 기록이 디지털 장부에 남기 때문에 자금 세탁이나 탈세 등 지하 경제의 규모를 축소시켜 조세 정의를 실현할 수 있다. 셋째, 기존 신용카드나 간편결제 시스템이 부과하는 중개 수수료를 획기적으로 낮추어 소상공인의 비용 부담을 완화한다. 다만, CBDC는 실명 기반의 거래가 원칙이므로 이용자의 프라이버시 침해 우려가 제기되나, 이는 암호화 기술을 통해 보완 가능하다. 또한, CBDC로의 자금 쏠림은 시중 은행의 예금 감소로 이어져 민간 금융기관의 자금 중개 기능을 위축시킬 가능성이 있다.

① 통화 정책의 시차가 단축되더라도, 중앙은행이 시장에 직접 개입하는 비중이 커지면 민간 부문의 자율적인 자원 배분 기능이 저해될 수 있다.

② 거래 기록의 투명성이 확보된다 하더라도, 국가가 개인의 모든 소비 행태를 감시할 수 있는 '빅 브라더' 문제가 발생할 위험은 여전히 존재한다.

③ 수수료 절감 효과는 긍정적이나, CBDC 결제 시스템을 유지하기 위한 공공 인프라 구축 및 보안 유지 비용이 중개 수수료 감소분보다 더 클 수 있다.

④ 시중 은행의 예금이 감소하면 대출 공급이 줄어들어, 결과적으로 혁신 기업에 대한 민간 차원의 신용 공급이 어려워지는 부작용이 나타날 수 있다.

⑤ 익명성이 보장되지 않는 CBDC의 특성상, 현금 사용이 익숙한 정보 취약 계층이 금융 서비스에서 소외되는 '디지털 격차' 문제가 해소될 수 있다.

문항수 20문항 | 제한시간 15분

해설 p.6

01　다음은 2025년 A영업본부 산하 7개팀의 실적 평가 점수이다. 주어진 자료에 대한 설명 중 옳지 않은 것을 고르시오.

〈표〉 2025년 A영업본부 산하 7개팀의 실적 평가 점수

(단위: 점)

구분	신규 고객 확보	계약 성사율	고객 만족도	매출 달성률	고객 유지율
국내영업팀	510	430	225	2,400	1,250
해외영업팀	380	400	210	2,050	1,180
신규사업팀	395	425	220	2,100	1,210
온라인영업팀	280	320	155	1,480	900
전략영업팀	295	340	165	1,610	950
공공영업팀	230	260	145	1,210	680
교육영업팀	320	300	160	1,780	840

① 매출 달성률이 2,000점 이상인 팀은 국내영업팀, 해외영업팀, 신규사업팀 3곳이다.
② 고객 유지율이 1,000점 이상인 팀은 국내영업팀, 해외영업팀, 신규사업팀 3곳이다.
③ 신규사업팀의 계약 성사율은 국내영업팀보다 높다.
④ 전략영업팀의 고객 만족도 점수는 온라인영업팀보다 높다.
⑤ 공공영업팀의 신규 고객 확보 점수는 교육영업팀보다 낮다.

02 다음은 2024년과 2025년의 온라인 스트리밍 서비스별 구독자 수 자료이다. 2025년 구독자 수가 2024년에 비해 가장 많이 증가한 서비스와 해당 서비스의 구독자 수 증가율은 얼마인가? (단, 증가율은 소수점 첫째 자리에서 반올림한다.)

〈표〉 온라인 스트리밍 서비스별 구독자 수

(단위: 명)

스트리밍 서비스	2024년	2025년
라이트	9,000	10,700
베이직	12,500	15,000
스탠다드	18,000	22,500
프리미엄	20,000	23,500
얼티밋	25,000	27,000

	가장 많이 증가한 서비스	구독자 수 증가율
①	스탠다드	20%
②	스탠다드	25%
③	프리미엄	18%
④	프리미엄	20%
⑤	베이직	20%

03 다음은 2026년 국내 주요 10개 대학 학과 학생들의 온라인 학습 플랫폼 이용 현황이다. 2026년 기준, '실시간 강의' 콘텐츠를 이용하는 학생 수가 가장 많은 학과와 두 번째로 많은 학과를 합한 수가 전체 '실시간 강의' 콘텐츠 이용 학생 수에서 차지하는 비율은 약 얼마인가? (소수점 둘째 자리에서 반올림한다.)

〈표〉 2026년 대학 학과별 온라인 학습 플랫폼 이용 현황

(단위: 명)

구분	합계	영상 강의	실시간 강의	문제풀이	자료 다운로드
경영학과	500	200	150	50	100
전자공학과	300	80	70	20	130
정치외교학과	100	30	40	10	20
경제학과	100	25	20	15	40
기계공학과	200	60	100	20	20
컴퓨터공학과	300	50	110	40	100
간호학과	200	70	90	20	20
심리학과	150	40	30	20	60
교육학과	200	60	50	10	80
기타학과	100	20	25	15	40

① 32.0% ② 33.3% ③ 35.2%
④ 37.6% ⑤ 38.0%

04 다음은 다섯 개 공공도서관의 2022년부터 2026년까지 연도별 컴퓨터 교체 비용이다. 각 도서관은 2022년부터 매년 교체 비용의 7%를 별도로 유지보수비로 예산에 반영하고 있다. 2022년부터 2026년까지 유지보수비 총액이 가장 적은 도서관의 유지보수비는 얼마인가?

〈표〉 도서관별, 연도별 컴퓨터 교체 비용

(단위: 만 원)

구분	2022년	2023년	2024년	2025년	2026년
A도서관	550	580	610	640	670
B도서관	580	600	620	640	660
C도서관	520	540	560	580	600
D도서관	540	560	580	600	620
E도서관	590	605	620	635	650

① 180만 원 ② 182만 원 ③ 189만 원
④ 196만 원 ⑤ 200만 원

05 다음은 2023년~2025년 주요 K-푸드 수출 현황에 대한 자료이다. 다음 중 옳지 않은 것은? (단, 소수점 아래 둘째 자리에서 반올림한다.)

〈표〉 2023년~2025년 주요 K-푸드 수출액 상위 5개 품목

(단위: 백만 불)

구분	2023년		2024년		2025년	
	품목	수출액	품목	수출액	품목	수출액
1	김	690	김	650	라면	950
2	라면	670	라면	760	김	790
3	음료	480	음료	510	음료	570
4	김치	160	쌀 가공식품	180	쌀 가공식품	210
5	인삼	140	김치	140	김치	150

① 조사 기간 동안 수출액 상위 5위 안에 공통적으로 포함된 품목은 김, 라면, 음료, 김치로 총 4개이다.
② 2025년 라면의 수출액은 2024년 대비 30% 이상 증가했다.
③ 2024년 쌀 가공식품의 수출액이 전년 대비 12.5% 증가했다고 할 때, 2023년 쌀가공식품의 수출액은 160백만 불이다.
④ 2025년 수출액 상위 5개 품목 중 수출액이 가장 큰 품목은 라면이다.
⑤ 2025년 김치의 수출액은 2024년에 비해 약 7.1% 증가하였다.

06 다음은 공연 기획 연습을 위해 시험적으로 구성한 굿즈 패키지 3종(A, B, C)에 대한 자료이다. 각 패키지는 포토카드와 스티커로 구성되어 있으며, 1개당 제작원가는 포토카드 2,000원, 스티커 1,500원이다. 판매 시 적용되는 이익률은 두 굿즈 모두 제작원가의 50%이다. 패키지별 판매 수량이 아래와 같을 때, 총 이익금이 가장 큰 패키지와 그 금액은 얼마인가?

〈표1〉 패키지별 굿즈 구성

(단위: 개)

패키지	포토카드 수량	스티커 수량
A 패키지	10	21
B 패키지	22	15
C 패키지	12	12

〈표2〉 패키지별 판매량

A 패키지	B 패키지	C 패키지
4개	3개	5개

① A세트, 103,000원   ② A세트, 99,750원   ③ B세트, 99,750원

④ C세트, 105,000원   ⑤ C세트, 103,000원

07 다음은 E 발전소에서 운영 중인 설비들의 구축 비용과 연간 유지비를 정리한 자료이다. 설비 B와 설비 C의 연간 유지비는 구축 비용의 5%라고 할 때, 설비 B의 연간 유지비와 설비 C의 구축 비용의 합은 얼마인가?

〈표〉 E 발전소 설비별 구축 비용 및 연간 유지비 현황

(단위: 억 원)

설비 구분	구축 비용	연간 유지비
A	2,000	100
B	1,200	( )
C	( )	180
D	3,000	210

① 3,120억 원   ② 3,660억 원   ③ 4,280억 원

④ 4,970억 원   ⑤ 5,480억 원

08 다음은 A기관의 연도별 사업 운영 현황에 대한 자료이다. 이에 대한 설명으로 〈보기〉에서 옳은 것을 모두 고른 것은?

〈표〉 A기관 연도별 사업 운영 현황

(단위: 개별 표기)

구분	2024년	2025년
이용자 수(만 명)	180	225
재이용률(%)	42	50
사업 수익(억 원)	960	1,140
1인당 평균 이용료(원)	12,000	11,500
1인당 평균 운영비(원)	8,500	9,200

〈 보 기 〉

ⓒ 2024년 대비 2025년 이용자 수 증가율은 20%를 초과한다.
ⓒ 2024년 대비 2025년 1인당 평균 이용료는 감소하였다.
ⓒ 2024년과 2025년 모두 1인당 평균 이용료는 1인당 평균 운영비보다 높다.

① ㉠   ② ㉡   ③ ㉠, ㉡
④ ㉠, ㉢   ⑤ ㉠, ㉡, ㉢

09 다음은 2025년 주요 도시 도서관 유형별 인구 1명당 연간 이용 횟수를 조사한 자료이다. 1인당 연간 이용 횟수가 가장 적은 도시의 인구수는 100만 명일 때, 해당 도시 중앙 도서관과 전문 도서관의 실제 이용 건수 합계를 구하시오.

〈표〉 주요 도시 도서관 유형별 1인당 연간 이용 횟수

(단위: 회)

도시	어린이 도서관	일반 도서관	중앙 도서관	지역 도서관	대학 도서관	전문 도서관
서울	13	28	55	61	24	17
뉴욕	17	39	93	75	11	19
런던	15	53	76	68	22	16
도쿄	12	24	12	54	35	14
베를린	11	47	51	79	22	13

① 1,680만 회   ② 2,180만 회   ③ 2,600만 회
④ 3,260만 회   ⑤ 3,620만 회

10 다음은 2022년~2025년 연령대별 공유자전거 이용 현황에 대한 자료이다. 2024년 청년층 이용 비율이 전체의 30%라고 할 때, 2024년 중장년층의 이용 건수는 얼마인가?

〈표〉 2022년~2025년 연령대별 공유자전거 이용 현황

(단위: 만 건)

구분	2022년	2023년	2024년	2025년
청년층	72	75	90	94.5
중장년층	54.6	60	( )	82
고령층	38.4	52.5	15	118
관광객	66	98	120	130.5
기타	12	15	30	32.1
전체	243	300.5	( )	457.1

① 25만 건 ② 35만 건 ③ 45만 건
④ 55만 건 ⑤ 65만 건

11 다음은 2025년 5개 슈퍼마켓 지점에서 진행한 상품 프로모션 참여율과 참여 고객 수를 정리한 자료이디. 디음 중 자료에 대한 설명으로 옳은 것을 고르시오.

〈표〉 지점별 프로모션 참여율 및 참여 고객 수

(단위: 개별 표기)

지점	강남	역삼	신촌	잠실	광화문
참여율(%)	90	75	65	80	65
참여 고객 수(명)	270	330	390	280	260

* 참여율 = (프로모션 참여 고객 수 ÷ 방문 고객 수) × 100

① 광화문 지점의 참여 고객 수는 전체 평균보다 적다.
② 방문 고객이 가장 많은 지점은 역삼이다.
③ 역삼 지점 참여율이 전체 지점 중 최저이다.
④ 참여 고객이 280명 이상인 지점은 4개 이상이다.
⑤ 방문 고객이 가장 적은 지점은 잠실점이다.

12 다음은 S국의 2022년~2025년 실내 체육시설 운영 현황에 대한 자료이다. 다음 중 자료에 대한 설명으로 옳은 것을 고르시오.

〈표〉 S국의 2022년~2025년 실내 체육시설 운영 현황

(단위: 개별 표기)

구분	2022년		2023년		2024년		2025년	
	총계	전년 대비 증감률	총계	전년 대비 증감률	총계	전년 대비 증감률	총계	전년 대비 증감률
시설 수(개)	9,800	−3.5%	9,300	−5.1%	8,900	−4.3%	8,700	−2.2%
근무 인원(명)	21,600	−2%	20,100	−6.9%	18,900	−6%	18,200	−3.7%
연간 이용료 수입 (억원)	18,400	4.8%	19,100	3.8%	20,500	7.3%	21,600	5.4%
일평균 이용객(명)	85,200	6.2%	88,700	4.1%	90,300	1.8%	89,400	−1%

① 시설 수와 근무 인원은 조사 기간 동안 지속 감소했다.

② 조사 기간 동안 연간 이용료 수입과 일평균 이용객 수의 증감 추이가 동일하다.

③ 2022년 대비 2025년 시설 수 증감률이 근무 인원 증감률보다 작다.

④ 이용객 수가 줄어든 해에는 연간 이용료 수입도 줄었다.

⑤ 조사 기간 동안 시설 한 곳당 일평균 이용객 수는 지속 감소했다.

13 다음은 C대학교의 2021년~2023년 영역별 만족도 조사 결과이다. 다음 중 자료에 대한 설명 중 〈보기〉에서 옳은 것을 모두 고르시오.

〈표〉 2021년~2023년 영역별 만족도 점수

(단위: 점)

구분	2021년	2022년	2023년
교과	3.60	3.41	3.45
비교과	3.73	3.50	3.56
교수활동	3.72	3.52	3.57
학생복지	3.39	3.27	3.31
교육환경 및 시설	3.66	3.48	3.56
교육지원	3.57	3.39	3.41

〈 보 기 〉

㉠ 모든 연도에서 비교과 영역의 만족도 점수는 교과 영역보다 높다.

㉡ 2022년에 가장 낮은 만족도 점수를 기록한 영역은 학생복지이다.

㉢ 교수활동 영역의 2023년 만족도 점수는 2021년 대비 0.15점 이상 증가하였다.

㉣ 교육환경 및 시설 영역의 2022년 만족도 점수는 교육지원 영역의 같은 해 점수보다 높다.

① ㉠, ㉡   ② ㉠, ㉢   ③ ㉡, ㉣
④ ㉠, ㉡, ㉣   ⑤ ㉠, ㉡, ㉢, ㉣

14 다음은 2018년부터 2022년까지 양자기술 분야별 정부 R&D 투자금액을 정리한 자료이다. 다음 중 자료에 대한 설명으로 옳은 것을 고르시오.

〈표〉 양자기술 분야별 정부 R&D 투자금액

(단위: 백만 원)

구분	2018년	2019년	2020년	2021년	2022년	합계
양자컴퓨팅	61	119	200	285	558	1,223
양자내성암호	102	209	314	395	754	1,774
양자통신	110	192	289	358	723	1,672
양자센서	77	106	125	124	209	641
합계	350	626	928	1,162	2,244	5,310

① 2022년 양자내성암호 분야의 투자금액은 양자컴퓨팅 분야보다 200백만 원 이상 많다.
② 2020년에 가장 많은 투자가 이루어진 분야는 양자통신이다.
③ 모든 연도에서 양자내성암호 분야의 투자금액은 양자컴퓨팅 분야보다 많다.
④ 양자센서 분야의 투자금액은 2020년 대비 2021년에 증가하였다.
⑤ 2019년 양자내성암호 분야의 투자금액은 양자통신 분야보다 적다.

15 다음은 2024년 기준 A 기업의 보험 가입자 현황이다. 30대에서 50대의 가입자 비중은 얼마인가? (단, 소수점 아래 셋째 자리에서 반올림한다.)

〈표〉 2024년 연령대별 보험 가입자 현황

(단위: 만 명, %)

구분	인구	비중
20대 미만	210	4.8
20대	480	11.0
30대	720	( )
40대	930	( )
50대	820	( )
60대	630	14.4
70대	380	8.7
80대	190	4.4
합계	4,360	100

① 46.27% 　② 49.02% 　③ 52.16%
④ 56.65% 　⑤ 57.84%

16 다음은 2025년 1월~5월 제조업 경기지수(CSI)에 대한 자료이다. 실적CSI가 두 번째로 높은 기간의 실현율은 얼마인가? (단, 소수점 아래 둘째 자리에서 반올림한다.)

⟨표⟩ 2025년 1월~5월 제조업 경기지수(CSI)

구분	2025년 1월	2025년 2월	2025년 3월	2025년 4월	2025년 5월
실적CSI	112	105	108	101	99
전망CSI	110	107	104	100	102

* 실현율(%) = $(1 - \dfrac{|\text{전망CSI} - \text{실적CSI}|}{\text{실적CSI}}) \times 100$

① 88.2% ② 91.8% ③ 94.5%
④ 96.3% ⑤ 98.1%

17 다음은 온라인 교육 서비스 시장 현황에 대한 자료이다. 이에 대한 설명으로 ⟨보기⟩에서 옳은 것을 모두 고른 것은?

⟨표⟩ 온라인 교육 서비스 시장 현황

(단위: 개별 표기)

구분	2024년	2025년
이용자 수(만 명)	1,240	1,380
국내 점유율(%)	46	41
매출액(억 원)	9,600	11,200
강의 평균 수강료(천 원)	52	58
교재 평균 가격(천 원)	34	31

⟨ 보 기 ⟩

㉠ 2025년 기준으로 2024년에 비해 이용자 수 1인당 평균 매출액이 증가하였다.
㉡ 2024년, 2025년 모두 국내 점유율이 50%를 넘지 못하였다.
㉢ 2024년 기준 강의 평균 수강료가 교재 평균 가격보다 높다

① ㉠ ② ㉡ ③ ㉠, ㉡
④ ㉠, ㉢ ⑤ ㉠, ㉡, ㉢

18 다음은 L시의 자전거 대여소 설치 및 철거 현황이다. 2026년 현재 55개의 대여소가 있다고 할 때, 가장 많은 대여소가 있었던 해는?

〈표〉 L시의 자전거 대여소 설치 및 철거 현황

(단위: 개소)

구분	2021년	2022년	2023년	2024년	2025년	2026년
개장	3	9	2	5	4	6
폐점	1	2	5	7	2	5

① 2022년 ② 2023년 ③ 2024년
④ 2025년 ⑤ 2026년

19 다음은 국내 외국 국적 근로자 현황을 조사한 자료이다. 다음 중 자료에 대한 설명으로 옳은 것을 고르시오.

〈표〉 국내 외국 국적 근로자 현황

(단위: 명)

구분	2024년		2025년	
	전문인력	비전문인력	전문인력	비전문인력
아시아	42,150	185,400	45,300	198,200
유럽	5,200	1,200	5,800	1,100
아메리카	8,400	350	9,100	420
오세아니아	1,100	90	1,120	85
아프리카	600	1,300	750	1,550
총계	57,450	188,340	62,070	201,355

① 2025년 모든 대륙의 전문인력과 비전문인력은 전년 대비 증가하였다.
② 2024년 전체 외국 국적 근로자 중 아시아계 근로자가 차지하는 비중은 90% 이상이다.
③ 2025년 유럽계 근로자 중 전문인력의 전년 대비 증가율은 20%를 초과한다.
④ 2025년 아메리카계 비전문인력의 전년 대비 증가율은 아메리카계 전문인력의 전년 대비 증가율보다 낮다.
⑤ 2025년 아프리카계 비전문인력은 아프리카계 전문인력의 2배를 넘지 않는다.

20 다음은 한 제조업체에서 사용되는 부품의 생산비와 유지관리비를 정리한 자료이다. 부품 W의 유지관리비와 부품 Y의 생산비의 합은 얼마인가?

<표> 부품별 생산비 및 유지관리비

(단위: 천 원, %)

부품	생산비	유지관리비	유지관리비 비율
W	4,200	( )	6
X	28,500	3,420	12
Y	( )	315	5
Z	38,000	2,280	6

* 유지관리비 비율(%) = (유지관리비 ÷ 생산비) × 100

① 4,882천 원   ② 5,535천 원   ③ 6,552천 원
④ 7,854천 원   ⑤ 8,142천 원

문항수 20문항 | 제한시간 15분

해설 p.9

01 어느 농장에서 작년에 감자와 고구마를 합하여 400kg을 수확하였다. 올해는 감자의 수확량이 작년 보다 20% 증가하였고, 고구마의 수확량은 작년보다 10% 감소하였다. 그 결과 올해 수확한 총 수확 량은 420kg이었다. 이때 작년에 수확한 감자량은 얼마인가?

① 180kg   ② 200kg   ③ 220kg

④ 240kg   ⑤ 260kg

02 길이가 200m인 기차가 일정한 속력으로 달리고 있다. 이 기차가 길이가 400m인 터널을 완전히 통 과하는 데 40초가 걸린다. 이 기차가 길이가 700m인 터널을 같은 속력으로 통과하면, 터널 진입 후 완전히 빠져나오기까지 걸리는 시간은 얼마인가?

① 50초   ② 55초   ③ 60초

④ 65초   ⑤ 70초

03 15% 소금물 400g이 있다. 이 소금물을 끓여 물을 일부 증발시킨 후, 증발한 물의 양만큼의 소금을 더 넣었더니 40%의 소금물이 되었다. 이때 증발시킨 물의 양은 몇 g인가?

① 90g   ② 100g   ③ 135g

④ 140g   ⑤ 150g

04 0, 1, 2, 3, 4, 5의 숫자가 적힌 6장의 카드 중에서 서로 다른 3장을 뽑아 만들 수 있는 세 자리 자연수 중, 5의 배수의 개수는?

① 28개 ② 32개 ③ 36개
④ 40개 ⑤ 44개

05 어떤 일을 완성하는 데 지훈이는 10일, 민아는 15일이 걸린다. 이 일을 지훈이가 먼저 4일 동안 하다가 나머지는 지훈이와 민아가 함께하여 완성했다. 두 사람이 함께 일한 기간은 며칠인가?

① 3.6일 ② 4일 ③ 4.2일
④ 4.6일 ⑤ 5일

06 어떤 물건의 원가에 30%의 이익을 붙여 정가를 정하였다. 이 물건이 팔리지 않아 정가에서 1,000원을 할인하여 판매하였더니, 한 개를 팔 때마다 원가의 10%에 해당하는 이익을 얻었다. 이 물건의 원가는?

① 4,000원 ② 4,500원 ③ 5,000원
④ 5,500원 ⑤ 6,000원

07 어떤 물탱크에 물을 가득 채우는 데 A 수도꼭지로는 4시간, B 수도꼭지로는 6시간이 걸린다. 물탱크 아래에 있는 배수구 C를 열어두면 가득 찬 물이 다 빠지는 데 12시간이 걸린다. A, B 수도꼭지를 모두 틀고 동시에 배수구 C를 열었을 때, 빈 물탱크를 가득 채우는 데 걸리는 시간은?

① 3시간 ② 3.5시간 ③ 4시간
④ 4.5시간 ⑤ 5시간

08 D회사는 직원 복지 행사 예산으로 200만원을 확보하였다. 총 예산의 30% 이내에서 물품을 구입할 수 있으며, 다음 세 가지 물품을 개수 기준으로 최대한 많이 구매하려 한다. E상품 40,000원, F상품 28,000원, G상품 15,000원이며 각 상품은 종류별로 최대 8개까지 구입할 수 있다. 이때 기념품을 최대한 많이 구입할 경우, 기념품 구입비의 총액은 얼마인가?

① 560,000원 ② 584,000원 ③ 600,000원
④ 620,000원 ⑤ 640,000원

09 A사원은 B대리점에서 C대리점까지 이동한다. B대리점에서 C대리점을 10km/h로 가면, 20km/h로 가는 것보다 30분 더 걸린다. B대리점과 C대리점 사이의 거리는 얼마인가?

① 5km ② 10km ③ 15km
④ 20km ⑤ 25km

10 농도 8% 설탕물 200g에 물을 더 넣어서 5% 설탕물을 만들려고 한다. 이때 추가해야 하는 물의 양은 몇 g인가?

① 90g ② 100g ③ 120g
④ 140g ⑤ 150g

11 1부터 10까지의 자연수가 적힌 10개의 공이 들어 있는 주머니에서 2개의 공을 동시에 꺼낼 때, 꺼낸 공에 적힌 두 수의 합이 3의 배수일 확률은?

① $\dfrac{1}{3}$ ② $\dfrac{4}{15}$ ③ $\dfrac{13}{45}$
④ $\dfrac{1}{5}$ ⑤ $\dfrac{2}{9}$

12 한 영화관에서 일반 영화 티켓은 12,000원이며, 20명 이상 단체 관람 시 티켓 가격의 25%를 할인해 준다. A팀이 단체 관람을 계획하던 중, 단체 할인을 적용하는 것보다 개별 구매하는 것이 더 저렴하다는 사실을 알게 되었다. 이때 A팀의 최대 인원을 구하여라.

① 11명   ② 13명   ③ 14명
④ 15명   ⑤ 17명

13 원가가 10,000원인 가방에 a%의 이익을 붙여 정가를 정하였다. 이 가방을 정가의 20% 할인된 가격으로 판매하였더니 400원의 손해를 보았다. 이때 a의 값은 얼마인가?

① 15   ② 18   ③ 20
④ 22   ⑤ 25

14 A 기계는 1시간에 2개의 벽을, B 기계는 1시간에 3개의 벽을 색칠할 수 있다. 두 기계가 동시에 작업을 시작하여 16개의 벽을 칠하던 중, 2시간 후 A 기계가 고장 났다. 이후 남은 벽을 B 기계가 모두 칠했다면, 전체 벽을 다 칠하는 데 걸린 시간은 얼마인가?

① 2시간 30분   ② 3시간   ③ 3시간 30분
④ 4시간   ⑤ 4시간 30분

15 민수와 영희가 둘레가 400m인 원형 트랙의 같은 지점에서 동시에 같은 방향으로 출발했다. 민수는 초속 5m, 영희는 초속 3m의 속력으로 달릴 때, 민수가 영희를 처음으로 추월하는 데 걸리는 시간은 얼마인가?

① 100초   ② 150초   ③ 200초
④ 250초   ⑤ 300초

16 A반에는 남학생 5명, 여학생 4명이 있다. 운동회 종목 중 이어달리기, 줄다리기, 피구에 나갈 남학생 3명과 여학생 3명을 뽑는 경우의 수는? (단, 한 사람이 두 개 이상의 종목을 맡을 수 없다.)

① 1,240가지   ② 1,290가지   ③ 1,340가지

④ 1,390가지   ⑤ 1,440가지

17 작년 한 농장에서 귤과 복숭아를 합쳐 400개를 수확하였다. 올해는 귤의 수확량이 작년보다 20% 증가하였고, 복숭아의 수확량은 작년보다 10% 감소하였다. 그 결과 올해 수확한 과일의 총합은 420개였다. 이때 작년 귤의 수확량을 바르게 구한 것은?

① 150개   ② 180개   ③ 200개

④ 225개   ⑤ 240개

18 A가 혼자서 전단지 900장을 인쇄하는 데는 6시간이 걸리고, B가 같은 양을 인쇄하는 데는 9시간이 걸린다. 두 사람이 함께 전단지 900장 인쇄 작업을 시작했으나, 2시간 후에 A가 다른 작업으로 인해 중도 하차하게 되었다. 남은 작업을 B가 혼자서 마무리했을 때, 전체 인쇄 작업을 완료하기까지 걸린 총 시간은 얼마인가?

① 4시간   ② 6시간   ③ 7시간

④ 8시간   ⑤ 10시간

19 농도 12%의 소금물 400g이 있다. 이 소금물에서 일정량을 덜어낸 뒤, 같은 양의 물을 다시 부어 잘 섞었더니 소금물의 농도가 9%로 낮아졌다. 이때 처음 덜어낸 소금물의 양을 바르게 구한 것은?

① 85g   ② 100g   ③ 120g

④ 140g   ⑤ 150g

20 한 창고를 물품으로 채우는 데 작업자 A는 12시간, B는 18시간이 걸린다. 한편, 정리 작업을 통해 가득 찬 창고의 물품을 모두 비우는 데는 36시간이 걸린다. 작업자 A와 B가 함께 물품을 채우는 동시에 정리 작업도 계속 진행될 때 창고가 가득 차는 데 걸리는 시간을 바르게 구한 것은?

① 9시간   ② 10시간   ③ 11시간

④ 12시간   ⑤ 13시간

문항수 20문항 | 제한시간 15분

해설 p.12

01 다음을 참고하여 A, B, C, D, E 중 반드시 출근하는 사람이 몇 명인지 고르시오.

───〈 보 기 〉───

- B는 출근하지 않는다.
- D가 출근하면 E는 출근한다.
- C와 D 중 1명만 출근한다.
- A가 출근하거나 B가 출근하지 않으면 C는 출근하지 않는다.

① 0명   ② 1명   ③ 2명

④ 3명   ⑤ 4명

02 A, B, C, D, E가 일렬로 줄을 선다. 〈보기〉를 참고하여 다섯 번째로 줄을 서는 사람이 누군지 고르시오.

───〈 보 기 〉───

- B는 E보다 앞에 줄을 선다.
- A는 C와 이웃하게 줄을 선다.
- D와 B 사이에 2명이 줄을 선다.

① A   ② B   ③ C

④ D   ⑤ E

03 A, B, C 중 1명이 물건을 훔쳤다. 3명 중 1명이 거짓을 말하고 나머지 2명은 진실을 말한다고 할 때 〈보기〉의 진술을 참고하여 항상 참인 것을 고르시오.

〈 보 기 〉

A: 나와 C는 물건을 훔치지 않았다.
B: 나와 C는 물건을 훔치지 않았다.
C: A 또는 B가 물건을 훔쳤다.

① A는 물건을 훔치지 않았다.
② B는 물건을 훔치지 않았다.
③ C는 물건을 훔치지 않았다.
④ A의 말은 거짓이다.
⑤ B의 말은 거짓이다.

04 A, B, C, D, E 부서는 기념품을 하나씩 받는다. 기념품은 만년필 2개, 텀블러 2개, 티셔츠 1개라고 할 때 〈보기〉를 참고하여 항상 참인 것을 고르시오.

〈 보 기 〉

- A 부서와 같은 기념품을 받은 부서가 존재한다.
- C 부서는 텀블러를 받는다.
- E 부서는 티셔츠를 받지 않는다.

① C 부서와 A 부서는 각기 다른 기념품을 받는다.
② D 부서와 E 부서는 같은 기념품을 받는다.
③ E 부서와 B 부서는 각기 다른 기념품을 받는다.
④ A 부서와 C 부서는 같은 기념품을 받는다.
⑤ B 부서와 D 부서는 각기 다른 기념품을 받는다.

05 다음 중 결론을 항상 참으로 만드는 [전제3]을 고르시오.

> [전제1] 수학을 좋아하는 사람은 역사를 좋아한다.
> [전제2] 수학을 좋아하지 않는 사람은 물리를 좋아한다.
> [전제3] (   )
> [결 론] 영어를 좋아하는 사람은 역사를 좋아한다.

① 영어를 좋아하는 사람은 물리를 좋아하지 않는다.
② 물리를 좋아하는 사람은 영어를 좋아한다.
③ 물리를 좋아하지 않는 사람은 영어를 좋아한다.
④ 영어를 좋아하는 사람은 물리를 좋아한다.
⑤ 영어를 좋아하는 어떤 사람은 물리를 좋아한다.

06 A, B, C, D, E가 일렬로 줄을 선다. 5명 중 1명만 거짓을 말한다고 할 때 세 번째로 줄을 서는 사람과 거짓을 말하는 사람을 알맞게 짝지은 것을 고르시오.

> ⟨ 보 기 ⟩
>
> A: B는 첫 번째로 줄을 선다.
> B: A는 첫 번째로 줄을 서거나 다섯 번째로 줄을 선다.
> C: D는 두 번째로 줄을 서고 E는 다섯 번째로 줄을 선다.
> D: B는 네 번째로 줄을 선다.
> E: 거짓을 말하는 사람은 A이다.

① 세 번째로 줄을 서는 사람: A, 거짓을 말하는 사람: A
② 세 번째로 줄을 서는 사람: B, 거짓을 말하는 사람: D
③ 세 번째로 줄을 서는 사람: B, 거짓을 말하는 사람: E
④ 세 번째로 줄을 서는 사람: C, 거짓을 말하는 사람: A
⑤ 세 번째로 줄을 서는 사람: C, 거짓을 말하는 사람: D

07 A, B, C, D가 일본, 독일, 호주, 스페인 중 두 곳씩 출장을 간다. 각 국가로 출장을 가는 사람이 2명이라고 할 때 〈보기〉를 참고하여 항상 참인 것을 고르시오.

> ─〈 보 기 〉─
> − A의 두 출장지 중 한 곳으로 C가 출장을 간다.
> − D는 일본으로 출장을 가고 B는 스페인으로 출장을 가지 않는다.
> − 독일로 출장을 가는 사람은 C와 D이다.

① A는 호주와 스페인으로 출장을 간다.
② A는 일본과 호주로 출장을 간다.
③ B는 일본과 독일로 출장을 간다.
④ B는 독일과 호주로 출장을 간다.
⑤ C는 독일과 호주로 출장을 간다.

08 A, B, C, D, E는 5층인 아파트의 각 층에 산다. 인당 한 층에만 살고 있으며 같은 층에 사는 사람은 없다고 할 때 〈보기〉를 참고하여 3층에 살 가능성이 있는 사람을 모두 짝지은 것을 고르시오.

> ─〈 보 기 〉─
> − B는 찍수 층에 산다.
> − C가 사는 층과 E가 사는 층은 2층 차이다.
> − A가 사는 층보다 1층이 높은 층에 C가 산다.

① A, C   ② A, E   ③ C, E
④ A, C, E   ⑤ C, D, E

09 A, B, C, D, E 중 1명이 차를 샀다. 5명 중 2명이 거짓을 말하고 나머지 3명은 진실을 말한다고 할 때 거짓을 말하는 2명을 알맞게 짝지은 것을 고르시오.

─────────〈 보 기 〉─────────

A: E가 차를 샀다.
B: D는 거짓을 말한다.
C: E가 하는 말은 진실이 아니다.
D: A와 E는 차를 사지 않았다.
E: A 또는 D가 차를 샀다.

① A, B   ② A, E   ③ B, C
④ C, D   ⑤ D, E

10 다음 명제를 참고하여 항상 참인 것을 고르시오.

─────────〈 보 기 〉─────────

– SRP를 준수한 코드는 OCP를 준수하지 않는다.
– LSP를 준수한 코드는 ISP를 준수한다.
– DIP를 준수한 코드는 ISP를 준수하지 않는다.
– LSP를 준수하지 않는 코드 OCP를 준수한다.

① DIP를 준수한 코드는 SRP를 준수한다.
② SRP를 준수한 코드는 ISP를 준수한다.
③ ISP를 준수한 코드는 OCP를 준수한다.
④ OCP를 준수한 코드는 DIP를 준수한다.
⑤ LSP를 준수한 코드는 SRP를 준수한다.

11 A, B, C, D, E 중 2명이 커피를 마신다. 커피를 마시는 2명은 거짓을 말하고 나머지 3명은 진실을 말한다고 할 때 커피를 마시는 2명을 알맞게 짝지은 것을 고르시오.

〈 보 기 〉

A: B와 D는 커피를 마시지 않는다.
B: E는 커피를 마시지 않는다.
C: D는 커피를 마신다.
D: B가 커피를 마신다.
E: D의 말은 거짓이다.

① A, B   ② A, D   ③ B, C
④ C, E   ⑤ D, E

12 공장인 A, B, C, D의 위치는 울산, 부산, 창원, 거제 중 한 곳이다. 점검자가 네 공장을 1일부터 4일까지 중 하루에 한 곳씩 방문하여 안전 점검과 설비 점검 중 한 가지를 진행한다고 할 때 〈보기〉를 참고하여 항상 참인 것을 고르시오.

〈 보 기 〉

– A 공장은 울산에 있으며 3일에 점검을 받는다.
– 부산에 있는 공장은 설비 점검을 받는다.
– 창원에 있는 공장은 1일에 점검을 받는다.
– 4일에 방문하는 공장은 안전 점검을 받는다.

① A 공장은 안전 점검을 받는다.
② 4일에 방문하는 공장은 C 공장이다.
③ 부산에 있는 공장은 D 공장이다.
④ 1일에 방문하는 공장은 안전 점검을 받는다.
⑤ 거제에 있는 공장은 안전 점검을 받는다.

13 A, B, C 중 1명만 남직원이고 나머지 2명은 여직원이다. A, B, C는 2번씩 진술하며 1번의 진술은 진실이고 나머지 1번의 진술은 거짓이라고 할 때 〈보기〉를 참고하여 다음 중 항상 참인 것을 고르시오.

〈 보 기 〉

A: 나와 B는 여직원이다.

A: B와 C는 여직원이다.

B: 나와 A는 여직원이다.

B: 나와 C는 여직원이다.

C: A가 남직원이다.

C: A와 B는 여직원이다.

---

① A는 남직원이다.　　② B는 남직원이다.　　③ C는 남직원이다.

④ B는 여직원이다.　　⑤ C는 여직원이다.

14 A, B, C, D, E, F가 일렬로 줄을 선다. 〈보기〉를 참고하여 반드시 세 번째로 줄을 서는 사람이 누구인지 고르시오.

〈 보 기 〉

– D는 4번째로 줄을 선다.

– B와 E 사이에 2명이 줄을 선다.

– A 바로 뒤에 C가 줄을 선다.

– F는 B와 이웃하게 줄을 서지 않는다.

---

① A　　　　　　② B　　　　　　③ C

④ E　　　　　　⑤ F

15 〈보기〉의 명제를 토대로 다음 중 항상 거짓인 것을 고르시오.

> ───〈 보 기 〉───
>
> ― 약지가 예쁜 사람은 소지가 예쁘지 않다.
> ― 중지가 예쁘지 않은 사람은 검지가 예쁘지 않다.
> ― 소지가 예쁘지 않은 사람은 검지가 예쁘다.
> ― 검지가 예쁜 사람은 엄지가 예쁘지 않다.

① 중지가 예쁜 사람은 엄지가 예쁘다.
② 엄지가 예쁜 사람은 약지가 예쁘다.
③ 약지가 예쁜 사람은 중지가 예쁘다.
④ 소지가 예쁜 사람은 중지가 예쁘다.
⑤ 엄지가 예쁜 사람은 소지가 예쁘다.

16 A, B, C, D, E는 일본행 비행기와 중국행 비행기 중 하나를 탄다. 5명 중 2명의 좌석은 이코노미이고 나머지 3명의 좌석은 비즈니스라고 할 때 〈보기〉의 조건을 모두 만족하는 경우가 몇 가지인지 고르시오.

> ───〈 보 기 〉───
>
> ― 중국행 비행기를 타는 사람이 일본행 비행기를 타는 사람보다 많다.
> ― A의 좌석은 이코노미다.
> ― B와 C의 좌석은 같은 종류의 좌석이다.
> ― A와 B는 일본행 비행기를 탄다.

① 1가지   ② 2가지   ③ 3가지
④ 4가지   ⑤ 5가지

17 A, B, C 중 1명만 진급했다. 이들 중 1명은 거짓을 말하고 나머지 2명은 진실을 말한다고 할 때 〈보기〉를 참고하여 항상 참인 것을 고르시오.

〈 보 기 〉

A: C가 진급했다.
B: 나와 A는 진급하지 않았다.
C: 나와 B는 진급하지 않았다.

① A가 진급했다.
② B가 진급했다.
③ C가 진급했다.
④ A는 거짓을 말한다.
⑤ B는 거짓을 말한다.

18 다음 중 결론을 항상 참으로 만드는 [전제2]를 고르시오.

[전제1] 티미를 좋아하는 사람은 포미를 좋아하지 않는다.
[전제2] (   )
[전제3] 큐리를 좋아하지 않는 사람은 뭉치를 좋아한다.
[결 론] 포미를 좋아하는 사람은 뭉치를 좋아한다.

① 큐리를 좋아하는 사람은 티미를 좋아하지 않는다.
② 티미를 좋아하는 사람은 큐리를 좋아한다.
③ 티미를 좋아하는 사람은 포미를 좋아한다.
④ 큐리를 좋아하는 사람은 티미를 좋아한다.
⑤ 포미를 좋아하는 사람은 티미를 좋아한다.

19 A, B, C, D, E, F는 전주와 태안 중 한 곳으로 출장을 간다. 6명의 직급은 하나씩이며 차장이 2명, 과장이 2명, 대리가 2명이라고 할 때 〈보기〉를 참고하여 항상 참인 것을 고르시오.

〈 보 기 〉

- 전주로 출장을 가는 사람은 3명이며 3명의 직급은 서로 다르다.
- C와 E는 직급이 같다.
- A와 B는 서로 다른 곳으로 출장을 간다.
- F는 태안으로 출장을 가며 차장이다.

① A의 직급은 차장이다.
② B는 태안으로 출장을 간다.
③ C의 직급은 과장이다.
④ D는 전주로 출장을 간다.
⑤ E의 직급은 대리이다.

20 A, B, C, D, E 중 1명이 벌을 받았다. 5명 중 1명의 진술만 참이고 나머지 4명의 진술은 거짓이라고 할 때 〈보기〉를 참고하여 벌을 받은 사람과 진실을 말하는 사람을 알맞게 짝지은 것을 고르시오.

〈 보 기 〉

A: E는 벌을 받지 않았다.
B: C의 진술은 거짓이다.
C: 나와 B는 벌을 받지 않았다.
D: B와 E는 벌을 받지 않았다.
E: 나와 D는 벌을 받지 않았다.

① 벌을 받은 사람: B, 진실을 말하는 사람: B
② 벌을 받은 사람: B, 진실을 말하는 사람: C
③ 벌을 받은 사람: D, 진실을 말하는 사람: C
④ 벌을 받은 사람: E, 진실을 말하는 사람: B
⑤ 벌을 받은 사람: E, 진실을 말하는 사람: C

문항수 20문항 | 제한시간 15분
해설 p.21

01 다음과 같이 일정한 규칙으로 숫자를 나열할 때, A + B의 값으로 알맞은 것을 고르시오.

| 4 | 7 | 6 | 11 | 8 | (A) | 10 | 19 | (B) | 23 |

① 20   ② 27   ③ 34
④ 40   ⑤ 44

02 다음과 같이 일정한 규칙으로 숫자를 나열할 때, A 위치에 들어갈 알맞은 수를 고르시오.

| 150.2 | 30.04 | 6.008 | (A) | 0.24032 | 0.048064 |

① 0.48064   ② 0.96032   ③ 1.2016
④ 1.5016   ⑤ 3.004

03 다음과 같이 일정한 규칙으로 숫자를 나열할 때, 빈 칸에 들어갈 값으로 알맞은 것을 고르시오.

| 18 | 7 | 126 | 28 | 6 | 168 | 45 | 4 | ( ) |

① 160   ② 180   ③ 200
④ 225   ⑤ 240

04 다음과 같이 일정한 규칙으로 숫자를 나열할 때, A 위치에 들어갈 알맞은 수를 고르시오.

106	128	234	362	596	(A)

① 642 ② 715 ③ 792
④ 842 ⑤ 958

05 다음과 같이 일정한 규칙으로 숫자를 나열할 때, A 위치에 들어갈 알맞은 수를 고르시오.

1	4	−8	−5	10	13	−26	(A)

① −52 ② −29 ③ −23
④ 26 ⑤ 28

06 다음과 같이 일정한 규칙으로 숫자를 나열할 때, A 위치에 들어갈 알맞은 수를 고르시오.

10	12	16	24	40	(A)

① 60 ② 64 ③ 68
④ 72 ⑤ 80

07 다음과 같이 일정한 규칙으로 숫자를 나열할 때, 빈 칸에 들어갈 값으로 알맞은 것을 고르시오.

2.1	4.2	8.3	16.4	32.5	( )	128.7

① 58.6   ② 58.8   ③ 64.6

④ 64.8   ⑤ 72.8

08 다음과 같이 일정한 규칙으로 숫자를 나열할 때, 9번째 항의 값으로 알맞은 것을 고르시오.

$\dfrac{1}{11}$	$\dfrac{2}{15}$	$\dfrac{3}{19}$	$\dfrac{4}{23}$	$\dfrac{5}{27}$

① $\dfrac{7}{36}$ ② $\dfrac{8}{31}$ ③ $\dfrac{8}{29}$

④ $\dfrac{9}{37}$ ⑤ $\dfrac{9}{43}$

09 다음과 같이 일정한 규칙으로 숫자를 나열할 때, 8번째 항의 값으로 알맞은 것을 고르시오.

$\dfrac{3}{4}$	$\dfrac{3}{8}$	$\dfrac{3}{16}$	$\dfrac{3}{32}$	$\dfrac{3}{64}$

① $\dfrac{3}{128}$ ② $\dfrac{3}{256}$ ③ $\dfrac{3}{356}$

④ $\dfrac{3}{512}$ ⑤ $\dfrac{3}{656}$

10 다음과 같이 일정한 규칙으로 숫자를 나열할 때, 빈 칸에 들어갈 값으로 알맞은 것을 고르시오.

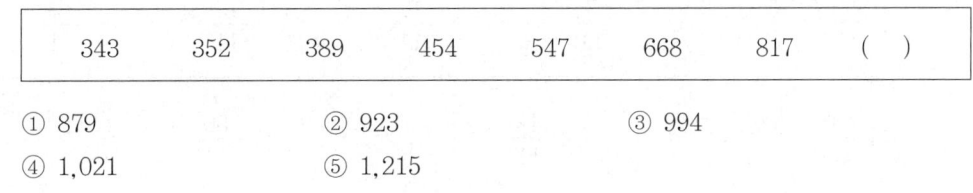

132	253	342	412	123	192	( )	217	195

① 154   ② 245   ③ 264

④ 315   ⑤ 487

11 다음과 같이 일정한 규칙으로 숫자를 나열할 때, 빈 칸에 들어갈 값으로 알맞은 것을 고르시오.

343	352	389	454	547	668	817	( )

① 879   ② 923   ③ 994

④ 1,021   ⑤ 1,215

12 다음과 같이 일정한 규칙으로 숫자를 나열할 때, 12번째 항의 값으로 알맞은 것을 고르시오.

20,315	19,563	18,811	18,059	17,307	16,555	15,803

① 11,571   ② 12,043   ③ 13,112

④ 13,814   ⑤ 14,251

13 다음과 같이 일정한 규칙으로 숫자를 나열할 때, 빈 칸에 들어갈 값으로 알맞은 것을 고르시오.

| 4 | −8 | 2 | −4 | 6 | −12 | −2 | 4 | ( ) |

① −14   ② −7   ③ 4

④ 7   ⑤ 14

14 다음과 같이 일정한 규칙으로 숫자를 나열할 때, 6번째 항의 값으로 알맞은 것을 고르시오.

| $\dfrac{5}{11}$ | $\dfrac{7}{11}$ | $\dfrac{12}{11}$ | $\dfrac{19}{11}$ | $\dfrac{31}{11}$ |

① $\dfrac{37}{11}$ ② $\dfrac{42}{11}$ ③ $\dfrac{50}{11}$

④ $\dfrac{62}{11}$ ⑤ $\dfrac{68}{11}$

15 다음과 같이 일정한 규칙으로 숫자를 나열할 때, 8번째 항의 값으로 알맞은 것을 고르시오.

| 80 | 40 | $\dfrac{80}{3}$ | 20 | 16 |

① $\dfrac{40}{3}$ ② 10   ③ $\dfrac{20}{3}$

④ 8   ⑤ 4

16 다음과 같이 일정한 규칙으로 숫자를 나열할 때, 빈 칸에 들어갈 값으로 알맞은 것을 고르시오.

| 20.48 | 6.144 | 1.8432 | 0.55296 | 0.165888 | 0.0497664 | ( ) |

① 0.01292992 ② 0.01392992 ③ 0.01492992
④ 0.01592992 ⑤ 0.01692992

17 다음과 같이 일정한 규칙으로 숫자를 나열할 때, 빈 칸에 들어갈 값으로 알맞은 것을 고르시오.

| $\dfrac{2}{9}$ | $\dfrac{1}{9}$ | $\dfrac{1}{2}$ | $\dfrac{5}{7}$ | $\dfrac{1}{2}$ | $\dfrac{7}{10}$ | $\dfrac{11}{12}$ | ( ) | $\dfrac{2}{3}$ |

① $\dfrac{1}{2}$ ② $\dfrac{3}{4}$ ③ $\dfrac{7}{6}$

④ $\dfrac{11}{18}$ ⑤ $\dfrac{11}{36}$

18 다음과 같이 일정한 규칙으로 숫자를 나열할 때, 빈 칸에 들어갈 값으로 알맞은 것을 고르시오.

| ⁻1.83 | 2.76 | 4.69 | 8.62 | ( ) | 32.48 | 64.41 |

① 20.55 ② 20.34 ③ 16.78
④ 16.55 ⑤ 15.78

19 다음과 같이 일정한 규칙으로 숫자를 나열할 때, 빈 칸에 들어갈 값으로 알맞은 것을 고르시오.

464	480	515	569	642	734	( )

① 812　　　　　② 845　　　　　③ 869

④ 912　　　　　⑤ 975

20 다음과 같이 일정한 규칙으로 숫자를 나열할 때, A × B의 값으로 알맞은 것을 고르시오.

$\frac{6}{7}$	$\frac{5}{9}$	$\frac{4}{7}$	$\frac{5}{6}$	$\frac{8}{21}$	$\frac{5}{4}$	$\frac{16}{63}$	$\frac{15}{8}$	(A)	(B)

① $\frac{10}{21}$　　　　　② $\frac{18}{35}$　　　　　③ $\frac{17}{42}$

④ $\frac{5}{7}$　　　　　⑤ $\frac{25}{8}$